JOHN D.HOGAN

野孩子、女巫獵殺和巴甫洛夫的狗，揭開隱藏在實驗背後的細節與真相

24個最受歡迎的心理學故事

Twenty-Four Stories From Psychology

約翰・霍根——著　林金源——譯

【目錄】

序言 007

第一部分　前科學時代的萌芽期心理學

第1個故事　塞倫的女巫 013

第2個故事　亞維宏的野男孩 026

第3個故事　頭上有洞的男人 040

第二部分　百花齊放的早期心理學

第4個故事　催眠與歇斯底里　057
第5個故事　神秘案例安娜．歐　069
第6個故事　神奇寶馬——聰明漢斯　081
第7個故事　探險家、優生學家和非正統心理學家　092
第8個故事　男人和狗　106
第9個故事　聲名狼藉的墨漬測驗　120
第10個故事　兒童之家　136
第11個故事　佛洛伊德唯一的一次美國行　152
第12個故事　左右為難的應用心理學先驅　165
第13個故事　追求學術地位的女性拓荒者　178
第14個故事　黛博拉及她的糟糕家族　190
第15個故事　教孩子學會害怕　202
第16個故事　當天才長大　214

第三部分　多元樣貌的當代心理學

第17個故事　明尼蘇達飢餓研究　231
第18個故事　心理學史上最怪異事件　244
第19個故事　跟動物說話　255
第20個故事　從洋娃娃到最高法院　269
第21個故事　挑戰同性戀的社會規範　281
第22個故事　愛的禮讚　293
第23個故事　驚世駭俗的社會心理實驗　307
第24個故事　凱蒂·吉諾維斯謀殺案　322

重要探討主題　334
參考資料　336

序言

在我的整個職涯中，我一直擔任大學教授，大半時間都在教授心理學史的課程。儘管這門課程的內容受到教綱的規範，但只要跟課程相關，我擁有離題探討更多深入話題的自由。這本書中有一部分的內容，就是這些離題的討論。

市面上固然有許多很棒的心理學教科書，但它們讀起來令人氣餒。因為這些書籍在介紹有趣的人物或背景環境時，往往只是匆匆交代過去，緊接著就進入各別專題的論述，言簡意賅。然而，我想知道更多。

其實，這種簡略的寫法很正常，因為寫教材的作者被要求在相對短小的篇幅中，必須涵括極為大量的材料，但是，這樣從一個主題快速切換到另一個主題，往往會遺漏掉某些東西。以概略的方式來呈現資訊，難免忽略了過程中複雜又豐富的細節。此外，即便是專門論述心理學的研究者，也鮮少分配到有份量的篇幅。當然，許多涉及心理學史的文本，往往會稍微著墨於研究者的背景資料，但即便如此，也多半是一般常見的論述材料。

本書以從容的步調瀏覽心理學歷史上的二十四個主題。事實上，我無意拼湊起一部完整的歷史，書中收錄的篇章，多半出自我個人主觀的選擇，這些選擇來自於我長久的教學生涯中，有太多有趣的主題引發了我課堂學生的關注。

舉例來說，書裡開篇的第一個故事，就出自於我在課堂上的討論，那是關於一六九二年發生在麻薩諸塞州塞倫村的「獵巫事件」。這些女巫的故事從來不會出現在大多數的心理學課本，但某天，我上課時偶然提到了這個議題，沒想到，我的學生竟然被深深吸引住了。他們興致盎然地踴躍討論，讓我沒辦法匆匆帶過或捨棄不談。此後，我的課堂開始出現討論的聲音。

不過，並非所有的主題都是這樣挑選而來的。菲尼亞斯．蓋奇（Phineas Gage）的事蹟在教科書裡經常出現，但是，他發生意外之後的傳奇人生，究竟遭遇了哪些事情？他是如何度過還算漫長的一生？這些幾乎找不到資料。我對他的故事著迷不已，還特地前往佛蒙特州的卡文迪什（Cavendish）去參觀這起事故的發生地。那次的參訪，讓我更覺得這個故事是有血有肉的，遠不如一般教材記載的刻板乏味。

書裡關於小艾伯特（Little Albert）的故事也是一樣。小艾伯特幾乎是所有教科書裡都會出現的要角，但同樣的，這個故事曲折的發展，包括當時所引起的批評，以及一大堆後續驗證艾伯特身分的嘗試，這些迷人的插曲和細節，通常只能在專業期刊裡讀到。

書裡的某些篇章具有爭議性。例如，著名英國心理學家伯特（Cyril Burt）在死後被指控欺騙、偽造實驗數據，他的貢獻也在大多數心理學史的記述中被抹滅，然而，後來的學者卻認為，儘管他這個人個性有些怪癖，但並非前人所描述的萬惡之徒。又例如，史丹利．米爾格蘭（Stanley Milgram）的研究從他五十多年前首度發表便引來質疑的聲浪，即便到了今天，仍然帶出心理學領域關於研究欺騙，以及研究對象可能受到傷害的倫理問題。

有時候，我只是想以更完整的方式，敘述一個人們所熟悉的故事，例如巴甫洛夫的奮鬥歷程；某些時候，我刻意釐清一個故事被述說的方式。而更多時候，某些篇章的選擇是為了凸顯那些被忽略的細節，這些細節的流失，導致整個故事的價值和趣味都被低估了。我傾向於以傳記體的方式寫作，我希望這種寫作方式，可以讓讀者感受到一部更為靈活鮮明的歷史。

這本書的撰寫，也考慮到近年來讀者對於心理學主題的關切。舉例來說，在早期心理學概論的出版品中，提到女性對心理學貢獻的相關論述，一向不合理的少，甚至絕口不提。雖然在心理學的早期歷史中，女性的貢獻確實無法與男性等量齊觀，但不代表她們應該被忽略。事實上，她們的缺席，可能正是將她們含括在內的最有力理由，而這個理由，也適用於其他代表性不足的族群。

在我們還是學生時，我們經常被教導「科學」是一門客觀學問，它發生於某些抽象層面，在人類日常碰觸不到的地方。近來這種想法已經轉變，大多數的科學家會盡其所能在研究中保持客觀。然而，科學家畢竟也是人，他們存在著自己的看法和偏見，而這一切都可能影響到他們的研究方法，以及他們所提出的問題。一旦更理解這些研究執行者的特質，我們或許就能更理解科學本身。

撰寫這本書時，我心中預設的讀者是剛入門的學生，或者是不屬於心理學領域的外行人士，因為閱讀這本書不需要具備科學和心理學的特定知識；同時，書裡也沒有任何內容被草率地簡化了，以致於遺漏了重要的部分，或者刻意去迴避某些爭議。

在閱讀的過程中，如果能按照書中的篇章順序來理解，固然是有好處，但是書裡每一個故事都可以獨立存在。如同這類書籍的撰寫目的，我希望這些故事能引領讀者去找尋更多與那個主題有關的資料。

最後我想說，一部心理學的歷史，就是嘗試瞭解人類處境的歷史，其中充滿了錯誤、死胡同和偶爾出現的勝利曙光。正因如此，我發現心理學的歷史，基本上是由許多我所知道最迷人的故事所構成的萬花筒，而我衷心期待，本書的讀者也會發現，心理學的故事是如此豐富而有趣。

本書作者約翰．霍根，紐約州柏油鎮

第一部分　前科學時代的萌芽期心理學

第1個故事　塞倫的女巫

一六九二年初，麻薩諸塞灣殖民地一個名為「塞倫村」（Salem）的鄉間地區，有兩名女孩突然出現奇怪的舉動。她們會痙攣著發出怪叫，肢體扭曲成古怪的姿勢。她們不時大吼大叫，或者躲在家具底下訴說著針扎的痛苦。人們徵詢了村長和醫師的意見，最終得到一個解釋來說明這兩個女孩的怪異行為——她們是中了巫術！

消息傳開後，鄰近社區很快陷入對巫術的恐懼。不久，村民們開始彼此指控對方施行巫術，短短幾個月內，就有許多人被冠上「女巫」的稱號。地方法官介入調查，提出正式的控告。在這起漫長的事件結束前，共有十九個人遭到絞殺，一個人被重壓致死，另有一百多人被囚禁在駭人的環境；至少有五名被告死於獄中。

該起案件的驚人事實並無太多的爭議，而且那兩名女孩最初的行為及經審訊後確定的罪名和證詞，都被妥善地記錄了下來。然而，這個歷時數個月之久的惱人事件，至今找不到一個令人滿意的解釋。

巫術大爆發

早在塞倫事件發生前，歐洲和北美已經出現過巫術事件的報導。事實上，自從一五〇〇年代以來，歐洲發生過幾次著名的「巫術大爆發」，尤其在英國、法國和德國。受指控者一旦被確認為施行巫術的女巫，後果非常嚴重。欽定版《舊約聖經》（〈出埃及記〉第二十二章第十八節）建議：「行邪術的女人，不可容她存活。」的確，在十六、十七世紀的歐洲，不少人被當成女巫處死，其中多半是婦女。

當時許多虔誠人士相信，上帝活躍於生活中各個層面，每天都會指導他們，也會因為人類的行為失當而降下懲罰。同樣的，撒旦也一樣活躍，他們是日常邪惡的源頭。任何一件無法明確解釋的事情，從農作物歉收到嬰兒夭折，都可以歸因於上帝或魔鬼。

而女巫則扮演著傳達撒旦命令的角色，她們有時透過供其使喚的動物執行任務。一旦女巫簽署了「惡魔之書」，同意服侍魔鬼，她們便擁有飛行、變形或展現巨大力氣等各種不尋常的力量，當然了，這些能力成為辨識女巫的證據。

儘管在北美殖民地施行巫術會被處以死刑，但在塞倫事件之前，只有一些做出死刑判決的零星報告。更早幾年，波士頓有一位年長婦人格洛弗（Goody Glover）被指控折磨孩童，她在審訊中承認自己是女巫，甚至示範如何讓孩童痙攣。法庭在確認她神志清醒後，下令將她處以死刑，於一六八八年行刑。參與此案的審判者中，有些人後來也參與了塞倫案的審判。

事實上，此次波士頓審判可能正是塞倫審判的預演練習。然而，發生在塞倫的事件有它特別的地方，包括牽涉了龐大的規模。最終，在塞倫被處決的人數，超過整個殖民地至當時為止因巫術而被處決的總人數的兩倍。

一六九二年的塞倫村是個鄉下小社區，位於波士頓以北十五公里處，在更加繁榮的塞倫鎮西北方。作為港市的塞倫鎮，是麻薩諸塞灣殖民地最早的聚落之一。塞倫村與塞倫鎮非常不同，而且兩地的人經常起衝突。（如今塞倫村隸屬於丹佛斯鎮〔Danvers〕，而塞倫鎮簡稱為塞倫。）塞倫村的居民多為虔誠的清教徒，宗教信仰主宰了村民生活的各種層面。

被指控為巫術的行為，最早是出現在兩名小女孩身上，時間是一六九二年一月中旬，她們是派利斯（Samuel Parris）牧師的九歲女兒貝蒂和十一歲的外甥女艾碧蓋兒。派利斯牧師本身很有爭議，村裡並非人人都喜歡他。他經驗不足、喜歡批評別人，聲望並不好。許多當地人都不願成為派利斯牧師的會眾，當然，派利斯牧師本人也對此感到不快。塞倫村的這些嫌隙被視為往後事件的促成因素。

當這兩名女孩開始出現怪異的行為，派利斯和他妻子伊莉莎白相信，他們目睹了不太尋常的事情。兩個女孩被帶到當地醫師格里格斯（William Griggs）那裡接受評估。經過一番長考，格里格斯醫師斷定她們的症狀超乎了一般醫學範疇，是魔鬼造成了她們的反常行為。

這樣的「醫學」鑑定在當時並不罕見，因為醫學與靈學問題經常被合併看待，一旦醫生無法找出明確的病因，就會歸咎為撒旦的力量。派利斯找來其他牧師商議，一起祈禱減輕女孩的痛苦，並且獲得神的指引。然而不久之後，村子裡又有兩名女孩伊莉莎白．哈伯德（Elizabeth Hubbard）和安．普特南（Ann Putnam）也出現了怪異的舉動。很快地，更多奇怪的行為在社區迅速蔓延開來。

指控與審判

這兩名女孩在首度被訊問時還保持著沉默，但最終居然指認了幾個造成她們痛苦的人。在被指控的人當中，值得注意的是派利斯家裡的奴隸提杜芭（Tituba）、據說來自西印度群島、出身貧苦家庭的古德（Sarah Good），還有以不熱中參與宗教活動而聞名的奧斯本（Sarah Osborne）。

在宗教信仰上不夠虔誠，在塞倫社區可謂一件嚴重的事，這三個女人在村子裡都算得上「邊緣人」。在村民提出正式控告後，她們被帶到地方法官霍桑（John Hathorne）和科溫（Jonathan Corwin）的面前接受審訊。

莎拉．古德首先受審。即使在霍桑的嚴厲訊問下，她仍然否認涉及任何與巫術有關的事。（幾十年後，霍桑的孫子納撒尼爾〔Nathaniel Hawthorne〕成為著名小說家）。打從一開始，霍桑法官顯然就認定古德有罪，他將受苦的孩子帶到古德面前，而這些孩子立刻指認古德就是折磨她們的人！古德再度否認，但這回她反咬那個折磨孩子的人，其實是奧斯本。奧斯本在接受訊問時，同樣否認涉及魔鬼的作為，但即便是奧斯本的家人都不得不承認，奧斯本已經一年多沒有上過教堂了！

然而，最具爆炸性的是提杜芭的證詞。由於黑皮膚和特殊的出生背景，提杜芭在被指控者中是最與眾不同的一個，自然而然成為被指控行巫術的對象。在她首度否認她並非女巫後，她親口承認魔鬼曾在她面前現身。此外，她還指出奧斯本和古德都是女巫，因為她有目擊證據。她證實了一群女巫曾在派利斯牧師的家中聚會，不過派利斯並不知情。再者，她也承認，她跟住在附近的其他女巫一同簽署了「惡魔之書」。

在提杜芭的作證後，幾位在現場聆聽的村民開始出現痙攣，這個現象被解讀成社區中有女巫存在的進一步證據。被指控為女巫的人最後只好入監囚禁，短短兩個月內，早已久病纏身的奧斯本就死在獄中。

訊問和控告行動持續進行中，當時被指控的人包括兩名正直的會眾寇里（Martha Corey）和訥斯（Rebecca Nurse），看來，連乖乖上教堂的虔誠信徒都難保不被指控施行巫術，捲入這場風波。隨著更多人被控告，被指控者又點名了社區裡的其他人涉案。

其中，普羅克特（John Proctor）抗議別人對他妻子的指控，結果自己也成為被指控的對象。古德的四歲女兒多可斯被指控現身在那些女孩面前，並因為她母親的入獄而咬了那些女孩，她也被監禁了好幾個月。儘管古德最終獲釋，但她父親表示，她已經無法再過正常人的生活，餘生都得依賴別人照料過活。

隨著被指控的人數增加到四十人、甚至六十人，監獄裡開始人滿為患。最早提出指控的女孩派利斯，由父母親撤回告訴，因為持續接受訊問已經超出她的負荷，使她出現精神不穩的跡象。

此時，訊問活動已經從塞倫村轉移到塞倫鎮，由副總督丹福斯（Deputy Governor Danforth）和地方法官主持，然而，要繼續進行審判卻問題重重。當時麻薩諸塞殖民地已經沒有正式的政府體制，當地人士不具備審判巫術案的權力。英國總督早在一六八九年被驅逐離職，繼任者也還沒被任命。當地官員認為在恢復正式權力之前，不宜繼續進行審判。

不久，菲普斯爵士（Sir William Phipps）在新憲章下被任命為總督的消息傳到殖民地，他到任不久，隨即安排了一個「特別審判法庭」（以聆聽證據和進行判決），並於一六九二年在塞倫鎮傳喚被告來接受審問。最終，他制定了一項程序：經訊問後，如果有施行巫術的充分證據，案件將交由大陪審團進行最終的審理。

那個時候，用來鑑識女巫的證據有許多形式。直接承認施行巫術，就是一種重要證據，另外，也必須觀察被告是否有超乎常人的事跡，例如能夠飛行或舉起重物。其中較具爭議性的證據類型稱作「靈異據證」，這種證據通常奠基在受害者表示他們看見了折磨他們的人，或許只有一些外形或輪廓，而且通常發生在受害者遭受折磨的那一瞬間。

另一種靈異證據，是有已故者現身，指認造成他們死亡的女巫。此外，身體上出現不尋常的斑點或疣之類的贅生物，也可以作為與魔鬼結盟的證據。這類斑點被視為是用來滋養惡魔的部位。可以說，用來鑑識女巫的徵象不勝枚舉，而且已經成為常識一般的看法。

第一個遭受處決的人是畢夏普（Bridget Bishop），她在一六九二年六月被起訴並接受審判，十日內就被處以絞刑。畢夏普先前被指控為女巫，甚至以身為女巫而聞名。有幾位地方人士發誓看見她在夜裡現身於受害者的家中，把每個人都嚇壞了，就連她丈夫也作出對她不利的證詞。

有兩名男子說，他們將她住過的房子的一面牆給拆了，在裡面發現了被扎針的玩偶。雖然不確定這些玩偶是否為畢夏普所擁有，但運用玩偶是當時眾所周知的「黑魔法」，女巫通常會用這些玩偶來折磨受害者。

幾週內，又有五名女子接連受審，包括古德、何奧（Elizabeth Howe）、馬丁（Susannah Martin）、訥斯和懷爾滋（Sarah Wildes）。這五個人全被判決有罪並處以絞刑，在七月伏刑。

控告和審判仍持續進行中，八月有五個人被絞殺，九月又有八個人被絞殺。所有的處決都發生在六月上旬到九月下旬之間。八十歲的寇里（Giles Corey）是被告之一，他以拒絕答辯來抗議法庭的訴訟程序。結果他遭受拷打，身體被壓上大石，最後死於拷打過程，他不曾提出抗辯。

我們可以理解伴隨著許多無辜者死亡而產生的巨大傷痛，有些人還是育有幼兒的母親。並非每個被處決者都承認自己是女巫，然而奇怪的是，承認自己是女巫的人，卻沒有一個遭受處決，連引發這一長串事件的核心人物提杜芭，最後也逃過一死。審判過後，她和丈夫從歷史紀錄中完全消失了。

審判法庭於一六九二年十月解散，新的高等司法法院於隔年成立。儘管大陪審團依舊提出了數十份起訴書，但不到一半繼續受審。新的法院審判中，只有幾個人被判為有罪，但沒有人再被處決。一六九三年，總督發布全面緩刑，據估計有一百五十名被告獲釋出獄。（雖然獲釋，他們依舊被要求支付監禁費用才能重獲自由。）在一六九二年九月的絞刑後，被判決的人理所當然地逃過了處決。事後看來，整起事件似乎因為情勢的轉變，讓這個可怕漫長的過程終於劃下了句點。

虛構與真實

有不少小說和詩歌取材自發生在塞倫的這起事件，最受歡迎的描寫是一部戲劇作品。一九五三年，米勒（Arthur Miller）的戲劇作品《熔爐》（*The Crucible*）在百老匯上演。雖然這是對塞倫事件的虛構描寫，但運用了許多真實主角的姓名和情節。

劇作家米勒幾年前才因《推銷員之死》（*Death of a Salesman*）而受到讚揚，眾所周知，《熔爐》描寫的不只隱射到塞倫的女巫審判事件，而是米勒從中看見了在威斯康辛州參議員麥卡錫（Joseph McCarthy）領導下，由眾議院非美活動調查委員會所進行的、對共產黨滲入美國政府所做出的類似指控。

即便在今日，「獵巫」一詞差不多就是「麥卡錫主義」的同義詞，但也可適用於指稱任何涉及假想的道德憤慨，以及未經合法訴訟程序、毫無事實根據的指控。如今《熔爐》在世界各地演出，成為高中和大學的參考教材。

***

過了沒多久，該區居民開始質疑起這件事情的來龍去脈。一六九六年，十二名陪審員簽署了一項聲明，表達了對審判結果的悔罪。不久，控告者中有幾個人承認犯了錯，請求被案件連累的家庭的諒解——他們將這些莫須有的控告行為歸咎於撒旦。

法官西瓦爾（Samuel Sewall）公開認錯，請求民眾寬恕，就連政府也給予被處決者正式的赦免，並補償那些倖存者或是他們的家人。然而，這整個事件到底是怎麼造成的，竟能導致塞倫村和塞倫鎮官員做出這樣的判決？

現代歷史學家在解釋歷史事件時，多半會強調環境背景和歷史時期的重要性。按這個標準來說，塞倫女巫的出現，至少有部分歸因於這些人居住在一個孤立又封閉、信仰極為虔誠的社區，這個社區的人相信女巫的存在，也相信女巫的力量和特性。例如，著名的清教牧師馬瑟（Cotton Mather）就曾大量宣導有關女巫的事，他贊成進行審判，甚至不時現身在處決的場合。

我們知道，在啟蒙時代之前的美國，科學和客觀性都毫無用武之地，當然，以現代的眼光看來，這樣的司法程序明顯存在著對被告的強烈偏見。當然也有一些例外，當時的法官索爾頓史托爾（Nathaniel Saltonstall）一開始就對審判方式表達不滿，他憤然推辭了所有審判任務，不過他顯然屬於少數人。

總地看來，所有這些背景因素是否足以解釋這個事件？一九七六年，當時還是研究生的卡波雷爾（Linnda Caporael）提出一個解釋塞倫事件的觀點。她在極富盛名的《科學》（*Science*）期刊發表論文，以生理學機制來解釋。卡波雷爾如今已經成為研究生物學與文化關聯的知名學者，她認為這些事件的成因可能是麥角中毒，至少是促成因素之一。

麥角是一種在特定天候和條件下繁盛生長的真菌，很容易在黑麥中被發現。黑麥是當時新英格蘭極常見的穀物，在塞倫地區相當受歡迎。麥角的有效成分之一含有與麥角酸二乙醯胺（LSD）有關的化學物質，且具備某些和麥角酸二乙醯胺相同的精神作用特性，包括致幻症狀。卡波雷爾認為，塞倫的那些女孩和居民的許多行為都符合麥角中毒的情況，而且當地的天候條件和地理環境也助長了麥角中毒的機率。

在這些女孩的案例中，根據流傳的說法，卡波雷爾認為她們的行為符合這個情況，而且充滿了戲劇性。當時在場者沒有人認為她們是在演戲。考量到這麼多當地人描述了一些只能歸類為「超自然現象」的狀況，從生理學上來解釋可能更加合理。再者，塞倫的經驗非常特殊，相較於以往在新英格蘭殖民地發生的巫術案例，塞倫發現的案例，明顯帶有一點歇斯底里的氣氛。

某些觀察者認為，比起社會心理學提供的解釋，卡波雷爾的解釋更能合理說明塞倫事件的成因。然而，她的文章迅速招致批評。心理學家斯潘諾斯（Nicholas Spanos）和戈特利布（Jack Gottlieb）指出，所謂的「中毒模式」，並不符合像黑麥這種在家中被許多人當作主食食用的情況。此外，這些女孩似乎能隨心所欲開啟或中止怪異的行為，這也無法歸因於麥角中毒。

卡波雷爾的說法自有其擁護者，但反對的聲音佔了上風。有人提出其他生理學方面的解釋，包括腦炎、甚至萊姆症，但沒有一個有足夠說服力能取代普遍被接受的社會心理學現象的解釋。

各種成因的完美風暴

關於塞倫事件，大多數當代歷史學家接受了一個結合各種特徵的解釋：那就是，促成這起事件的女孩們年紀還小，而且缺乏經驗，她們不諳世事，極容易受到暗示的影響。有些歷史學家斷定這些女孩只是想引人注意，這間接促成了她們的行為，至少一開始是這樣。

另一方面，這些女孩及其他村民所做的指控次數相當驚人。舉例來說，艾碧蓋兒．威廉斯聲稱遭到四十四個不同的人折磨，有的村民甚至提出數量更多的指控。後來，有村民表示他們是在脅迫下作證——被法官以監禁作為威脅。也有人推測，指控其他村民是女巫，能得到許多好處，包括經濟方面的好處（如繼承遺產），或是得以解決個人債務。

此外，還有另一項背景因素要提出。塞倫村距離北方的戰區不遠，這時的北方深陷於鮮為人知的「威廉王之戰」（又稱「第二次印地安戰爭」）。在這場衝突中，有些家族甚至村莊被徹底摧毀，不少塞倫村民是從北方的戰事中僥倖地死裡逃生。持平而言，這些村民活在威脅和緊張的狀態下，很可能經歷了現代所謂的「創傷後壓力症候群」，因此他們容易受到各種心理威脅的影響。當女巫的存在被當權者證實，而且沒有人可以推翻這些證明的情況下，這種想法無疑會快速傳播，這完全是可以理解的。

比較困難的是種種幻覺經驗該如何解釋，也就是許多村民經歷的「靈異事件」。村民提出的報告數量繁多，內容也十分具體。然而，在現代歷史中，人類心智所創造與扭曲的力量，幾乎一再被證實。這類混亂，無論是否為時短暫，如今早已被心理衛生當局確認。

再者，村民之間互相指控，有些村民因此面臨了極大的壓力，為了證明自己不是女巫，最好的辦法，就是指證其他人擁有女巫的徵象，這樣自己就能從火線上脫身。

我們可能永遠無法知道發生在這麼多年前塞倫事件的成因。有些評論說，這只不過是一個「集體歇斯底里」的例子。或許，這個事件可視為一個「完美風暴」，其間的種種影響在一瞬間猛然匯集在一起，造成最後不幸的結果，因此不太可能再度發生。

無論確切的成因為何，這個事件依然是寶貴的一課，讓我們瞭解到時代、地域和社會文化會產生多大的影響力。此外，它也以饒富趣味的方式提醒我們，人類能做出多麼超乎尋常的行為。

問題討論

1. 有哪些環境與文化影響因素，促使塞倫村民相信女巫的存在？
2. 如何辨識女巫？她們有哪些外在特徵？
3. 關於這些女孩的怪異行為，你認為最可能的解釋是什麼？
4. 為何塞倫村民刻意指控別人是女巫？
5. 最終停止處決的原因是什麼？
6. 你能否在近代歷史、或者在全世界的歷史中，找出類似的事件？

第2個故事 亞維宏的野男孩

「野孩子」的存在似乎是現代世界的時空錯置。為什麼會出現這樣的孩子？就定義而言，野孩子是在荒野長大的孩子，缺乏人類照管，而且幾乎不跟人類接觸。

發展出「現代生物分類系統」的瑞典植物學家林奈（Carol von Linné），正式將野孩子歸納為不同的人種。吉卜林（Rudyard Kipling）《叢林之書》（*Jungle Book*）故事中的主角叢林男孩毛格利（Mowgli），就是最佳的虛構例子。（毛格利甚至成為迪士尼電影的主角。）

對於啟蒙時代的學者來說，野孩子的存在具有重要價值，絕非只是一件漫不經心的奇聞軼事，或是提供茶餘飯後的消遣話題。他們能解答人類最重要的問題，包括人類行為與發展有多少是天生的？一個未曾接觸過正式教育或社會規範的孩子，如何看待這個世界？這樣的孩子是否有可能「社會化」？對當時許多人而言，最重要的問題是：在不與人類接觸的情況下長大，野孩子是否具備「上帝」的概念？如果有，那又是怎樣的概念？

歷史上出現過許多關於「野孩子」的報告，但多數案例都很可疑，甚至來自杜撰。有些專家懷疑有任何案例符合真正野孩子的條件——在荒野中長大，與人類毫無接觸。不過這種孩童不太可能活過嬰兒期，即使撐過嬰年期，也很難提供這些經歷的具體證據。

儘管如此，還是有些案例似乎至少符合部分的條件。就有這麼一個孩子，在荒野中生活了很長一段時間，並在他的早期發展階段，未曾獲得旁人有意義的照顧。這個孩子是維克多，一個亞維宏的野男孩（在他出生的法國，被稱作「野孩子」）。

雖然他的例子不是第一個被報導的案例，卻是最被妥善記錄的案例。此外，維克多的主要照顧者展開了詳細的規劃，他希望能讓維克多變得社會化一點，並且融入人類的生活。他以日誌形式記錄了維克多的進展，好讓後人能詳盡檢視這個案例。有些專業人士認為這是最早的臨床介入案例。

從森林到孤兒院

維克多的故事始於一七九七年，當時法國南部的一個農夫看見一個裸體男孩匆匆跑進附近的樹林。後來，他時常被發現在附近翻找食物，接下來的幾年間，他被捉住了好幾次，但總是成功脫身。

一七九九年七月，他又被逮著了。這次交由一位寡婦照顧，她給他衣服和食物。八天後他再度逃走，但這次他沒有回到森林，而是在某個地區漫遊，當地居民看見他身上還穿著寡婦替他做的襯衫殘縷。有時，他會停留在農舍前接受餵食。一八〇〇年一月，他出現在聖塞寧（Saint-Sernin）村某個染房作坊前，此後他一腳踏進文明世界。如今這個村子廣場還豎立了該事件的紀念標誌。

維克多最後一次進出荒野，約在他十一或十二歲的時候，即將邁入青春期。以他的年紀來說，他的身材相當瘦小，他的身高介於四英尺至四英尺半。他的圓臉上有些傷痕和瘢疤，或許是得過天花。他身上還有不少傷疤、動物咬痕、擦傷和抓痕，證明他的確長時間待在荒野之中。

值得注意的是，他身上有一道橫越喉頭的粗傷痕，據推測，這是遭人虐待的結果——也許是他的父母親或照顧者。再者，只有刀子會造成這種傷痕，所以很可能這是一樁搞砸的殺嬰罪。維克多似乎是個聾子，而且他不會說話，或許是聲帶被切斷了。沒有證據顯示他與動物一起生活，或者被動物養育，儘管當時不少人這麼推測。

進入村莊不久，維克多被送往二十五英里外的一所孤兒院待了五個月。在孤兒院期間，他暫時被取名「約瑟」，不意外地，他是當地人極感興趣的對象。維克多所在地區的官員寫下了對他的描述，寄給巴黎的報社，這讓維克多變身名人，他那充滿大眾幻想的肖像被刊登在報紙上，最後他被帶往巴黎。在大肆宣傳下，他甚至還沒抵達巴黎，就已經在當地造成轟動。

在孤兒院的日子，維克多接受科學家暨天主教神父博納埃爾（Pierre-Joseph Bonnaterre）的照顧。博納埃爾試圖找到維克多的父母，不遺餘力地宣傳維克多待在孤兒院的消息。有些走失孩子的父母前來會見維克多，但沒有人和他相認（當時一七八九年的法國革命造成許多家庭背井離鄉）。博納埃爾採信了某些關於維克多的特殊經歷，但他不願公開細節，因為這涉及了許多還活著的人。他寫下一段吊人胃口的陳述：

> 最近根據我信任的人們所提供的消息，以及在XXX縣流傳的故事，這個男孩是來自M_XXX的某位 D_XXX及N_XXX的孩子。他是合法婚姻下出生的孩子，但狠心的父母卻在他六個月大時遺棄他，因為他不會說話。

其他的親子關係線索不曾浮現。

吃，是生活的重心

在孤兒院待了五個月，維克多被帶往巴黎。當時維克多變得很胖，他喜歡被呵癢，很容易發笑。他接受如廁的訓練，這讓照顧他的人大大鬆了一口氣。他似乎發展出短暫的依附關係，但多數情況下，他對周遭的人事物漠不關心，只有一件事例外——他的照顧者說：「你會以為他整個人生就是以胃為中心，吃東西是他的生活重心。」

維克多在巴黎接受了委員會的檢查，該委員會的組成份子包含法國的傑出醫師暨精神病學家皮內爾（Philippe Pinel）。皮內爾當時因為將人道照顧導入收容精神病患和智能低下者的機構而頗富聲望，被尊為「現代精神病學之父」。當時人們十分重視皮內爾對維克多所做的評估。皮內爾對維克多的感官發展很感興趣，他在收容機構中觀察過許多有發展缺陷的孩童，發現他們時常有感覺缺失的問題。

維克多顯然也面臨同樣的障礙，他幾乎沒有疼痛意識，不在意各種溫度——他會裸體在雪中奔跑，對巨大的聲響也毫無反應。但這種缺乏反應不太可能是因為聽力的缺陷，因為當鑰匙在鎖中轉動，他會突然變得專注起來。另外，當馬鈴薯被投入盛著沸水的鍋中，他也會有反應。他顯然是聽得見的，只是有選擇性的去反應。

儘管如此，皮內爾還是將維克多的「感覺缺失」視為一種明顯的跡象，他宣布維克多並非「野孩子」。在一連串的檢查後，皮內爾報告說，從維克多身上無法獲得任何資訊——他是個「無法治癒的白痴」。皮內爾是當時頗受敬重的專家，他的判斷可謂致命的一擊！所以維克多變得不再有價值，因為針對他的研究，並沒有辦法回答人類天性的基本問題，甚至，他能不能學會說話也未可知。

這個結論讓當時的研究者不知道該拿維克多怎麼辦，維克多可不是個溫順馴良的傢伙，他的存在引發了某些敵意。在他生活的聾啞院，院裡的居住者偶爾還會攻擊他。他可能會被送進收容精神病患和智能不足者的救濟院度過餘生，這會對他的生命造成威脅。當時的收容機構雖然已經大有進步，但依舊是環境惡劣且死亡率高的場所。

所幸，後來維克多交上好運。收容維克多的機構發生了一次醫療緊急事件，二十七歲的醫師伊塔爾（Jean-Marc Gaspard Itard）被召來提供診治，他在法國大革命期間，自己靠著邊做邊學完成了醫學訓練。該機構的主任十分欣賞伊塔爾，邀請他來擔任全職駐院醫師。事實證明，日後伊塔爾將整個職涯奉獻給聾人服務，他成為特殊教育的奠基者。

心智能力

皮內爾曾警告過伊塔爾說，維克多是個無法教導的孩子，但伊塔爾抱持著不同的看法。伊塔爾相信，如果給予維克多適當的訓練，他的能力可望大幅提升。伊塔爾為維克多設定了幾個目標，包括讓他對環境更敏感、鼓勵他發展社交，以及教導他以不同的方式跟人溝通。伊塔爾特別希望能夠教會維克多說話。

不過，如果你知道伊塔爾對維克多的第一印象，你一定想不到他竟然對調教維克多感興趣。伊塔爾最初是這樣描述維克多的：

這個討人厭的骯髒孩子會出現間歇性的激烈動作，並且時常抽搐，像動物園裡某些動物那樣不停地來回搖晃，還會動口咬人和用手抓傷阻止他的人，而且對於照顧他的人，沒有展現出絲毫的情感。簡言之，他對一切漠不關心，也無法專注於任何事情。

伊塔爾在教導和照顧維克多的過程中獲得了政府資助，還得到介蘭夫人（Guerin）的協助，四十歲的介蘭夫人與丈夫就住在收容所，她用餘生來照顧維克多。事實證明，照顧維克多是件苦差事，很多時候徒勞無功。維克多對很多事都顯得非常漠然，連伊塔爾打算拿玩具來吸引他，他一樣興趣缺缺。儘管如此，他確實學會了一些事情。

維克多愛乾淨，他對洗澡非常講究。曾在雪中裸奔的他，現在如果每天沒有足夠的洗澡水，就會變得兇暴。他發展出情感依附，尤其是對介蘭夫人和伊塔爾。如果他對訪客感到不耐，他會走到衣櫥前拿出帽子和手套，將他們推出門口。這一切發生在他待在收容所的前三個月，第九個月結束前，根據伊塔爾的記錄：「維克多是個近乎正常的孩子，除了不會說話。」

事實上，維克多被逮住不久，隨即展現出不同於弱智孩童的能力。他被帶到巴黎之前，博納埃爾神父對他做了幾項實驗。在一項實驗中，博納埃爾在維克多面前拿著一面鏡子，想知道維克多是否能夠認出自己。這是當時用來評估低層次心智能力的一個標準程序，而維克多輕鬆地通過了測試。

此外，博納埃爾發現維克多很喜歡馬鈴薯，因此他在鼓勵維克多照鏡子的同時，他會站在維克多背後，手裡拿著一條馬鈴薯，讓馬鈴薯也反映在鏡子裡。起初，維克多不斷抓取鏡中的馬鈴薯，之後每一回測試，他都伸手到鏡中抓取馬鈴薯。但當他最後一次做這個測試，在沒有轉身的情況下，他突然伸手到背後，一把搶走神父手裡的馬鈴薯！他展現出絕佳的視覺—動作協調能力。

伊塔爾的教育方法深受洛克（John Locke）醫師的影響。洛克是英國經驗主義者和啟蒙時代最具影響力的思想家，他相信知識主要是透過感官來獲得。伊塔爾盡可能將各種感官的運用融入教導維克多的課程中，他製作了字母剪紙圖樣，在維克多用手撫摸某個字母的同時，伊塔爾就發出這個字母的讀音。

有一回，伊塔爾連續四、五次在維克多面前擺出代表法語「牛奶」的字母組合——*LAIT*，而且每次擺完之後，都給維克多一瓶牛奶，終於，維克多將這些字母與牛奶做了連結。

一週後，他們造訪伊塔爾朋友的家，維克多隨身帶著字母圖樣，當他們到達朋友家，維克多竟然在桌子上以正確順序擺出了「牛奶」這個字的字母，於是，這位朋友也給了維克多一瓶牛奶。看來維克多已經做出重大的突破，他不僅將字母帶到新的場所，並且明白別人知道這些字母代表的意義。

伊塔爾對於這個行為印象深刻，然而後來他斷定這個字母組合只是意外，並不代表維克多能理解特定的意義——因為維克多用「*lait*」這個字母組合來表現所有可以帶給他滿足的一切事物。不過，伊塔爾依然對他的學生保持樂觀的看法：

經過幾個月的觀察，我發現維克多只知道如何複製他已經知道意義的字母。但不久後，他會憑記憶重複這些字母，最終運用寫作來表達需求和他想要的東西，儘管粗淺簡陋，但這仍是一種寫作。藉由相同的方法，他也能理解別人的需求和願望。

事實上，伊塔爾暗示說，維克多已經學會了讀和寫，雖然是以原始的方式。

關鍵期假說

所有的證據都顯示維克多並非弱智，至少不是傳統意義上的弱智。還有，他的能力很不平均。還有什麼其他可能？他會不會是自閉症患者？他的缺乏說話能力和反社會特質符合了自閉症的診斷。

貝特罕（Bruno Bettelheim）在著作《空虛的堡壘》（*The Empty Fortress*）一書中探討了維克多的案例，推斷維克多患有自閉症。然而，該書出版至今，那些使貝特罕做出診斷的想法已然過時。美國心理學家暨語言學家萊恩（Harlan Lane）寫過有關維克多的長篇記述，結論是，維克多的症狀是他在荒野中被孤立的結果，而且這個孤立經驗剛好就發生在發展的關鍵期。

萊恩所引用的「關鍵期假說」，來自於動物行為學家洛倫茲（Konrad Lorenz）和廷貝亨（Niko Tinbergen）的著作，這兩個人日後獲頒了諾貝爾獎，而這個假說最終成為許多社會學家和臨床醫師的重要解釋機制，包括精神病學家鮑比（John Bowlby）及心理學家愛因斯沃斯（Mary Ainsworth）和哈洛（Harry Harlow）。

「關鍵時期假說」的核心論點是，人類有一段明確的發展期，在這段期間，我們學會某些技巧的能力會達到高峰。這種能力並非單純的「準備就緒」，而更傾向透過生物學的方式被驅動。如果這段關鍵期被善加利用，也就是在這個時期具備合適的環境經驗，那麼相關的學習能力就能以最理想的速度發展出來。

語言學習是最常被用來說明「關鍵期」的例子。就語言能力而言，關鍵期大約是十二歲之前，這段時間學習語言相對容易。一旦過了這段時期，學習新語言的能力便大幅下降。同樣的，哈洛等人的研究已經證實，幼年的孤立經驗，會對恆河猴往後的社交和情感發展造成深遠的影響。維克多的幼年孤立，是否阻礙了他的語言學習能力，並且妨害到他社交和情感的發展？

伊塔爾非常渴望為維克多培養出說話的能力。對他而言，說話是社會化的關鍵，如果維克多能夠說話，就能說出他所經歷的事，透露他的想法和情感。為了教導維克多語言，伊塔爾發展出幾種技巧，最著名的是利用先前提過的字母圖樣來學習，這種技巧後來被許多人所採用。儘管維克多發出聲音的能力不強，但他能夠區分出不同的字母，即便只有基本程度。

經常被提到的一件事是，維克多生活在收容約一百名聾啞人士的機構超過五年，這裡的人都以手語進行溝通，但維克多卻未曾被教導手語——有些批評者認為這是個重大失誤。曾經作為該機構主事者的伊塔爾服務聾啞人士長達四十年之久，他自己也從未學習過手語。顯然，他認為手語是一種較差的溝通形式。事實上，晚近的研究顯示，手語是一種豐富的溝通形式。

此外，維克多是否可能因為聲帶受損而無法說話？他從來沒辦法發出完整幅度的聲音。他頸部的傷疤至少是部分證據，證實了想教他說話的嘗試，打從一開始就受到阻礙。（伊塔爾認為維克多有限的發聲能力，可能是因為不使用器官而造成的結果，並非物理性傷害）。

夏塔克（Roger Shattuck）指出維克多發展的一個重要層面。他沒有跟同齡層社交的經驗——我們已經知道這種經驗是成功發展的重要部分。不過，這種經驗是否會對維克多產生幫助，還是個問號。多數時候，維克多不太在意別人，包括他的照顧者，也就是提供他基本需求的人，我們不清楚他對同齡者會有什麼反應。

治療的啟示

一開始，伊塔爾對於維克多的進步感到欣慰，但五年過去了，伊塔爾終於放棄了對維克多的積極教導。照顧維克多的責任轉交給介蘭夫人，介蘭夫人持續從政府那裡收到照顧維克多的酬勞，而維克多則在她的陪伴下度過餘生。

這段期間，大眾對維克多漸漸失去了興致，也對於他的日常生活一無所知，除了有一位作家藉由為某份刊物去造訪維克多的機會，提供了大眾一點「野男孩」的最新現況。這位作者在報導中說，維克多的狀況嚴重惡化。一八二八年，維克多死於巴黎，享年四十歲，有些記述說他死於肺炎，但並沒有提到他的死亡原因或埋葬地點。

伊塔爾對於維克多的結局失望不已。在回顧對維克多所做的研究時，伊塔爾寫道：

> 六年來，我大部分的時間都奉獻給這個吃力的實驗。人稱「亞維宏野蠻人」的男孩並未在我的照顧下，獲得我期望帶給他的全部益處。但我所進行的無數次觀察，以及他棘手的器官障礙，都給了我日後設想出的教學步驟很大的啟發，我的努力並未白費。後來我將這些步驟成功運用在處理某些因難以克服的原因而造成瘖啞的孩童身上。

在維克多死後十年，伊塔爾也於一八三八年過世。

雖然維克多的進展有限，但他的案例對於伊塔爾發展出針對聾人和精障者的教育方法有直接的貢獻。後來伊塔爾的學生、年輕的法國醫師塞根（Édouard Séguin）進一步改良了教學技巧。塞根以幫助有發展障礙的患者而聞名，他遷居美國，創建了專門學校，成為「美國智能不足協會」的前身機構的會長。

另一位受到塞根影響的人，在教育方面也產生了重大影響力。一九〇〇年代初，一位義大利醫師研究了伊塔爾和塞根的著作，以之為基礎發展出教導正常和有障礙孩童的教學系統——她就是以教學法聞名全球的蒙特梭利（Maria Montessori）。伊塔爾和塞根所發展的教學法和材料，都可見於現今的蒙特梭利學校。

多年來，維克多的故事引起人們極大的興趣。除了伊塔爾撰寫的報告，還有同時代人士的許多著作，目前至少有兩本關於維克多的重要書籍，以及一部名為《野孩子》（*The Wild Child*）的電影。在銀幕版的維克多生活中，法國大導演楚浮自己飾演了伊塔爾的角色，可惜這部電影改動了許多情節，為了戲劇效果而簡化了整個事件，也犧牲了正確性。

在最後的分析中，維克多最早的經歷以及造成他諸多困境的原因依舊不明朗。從他被發現到今天，我們永遠無法得知是什麼樣的遭遇，導致他進入亞維宏森林，然而，他的案例為日後對發展障礙兒童的研究、教育和照顧，都提供了架構。維克多本人似乎沒有從伊塔爾的教導中獲益太多，但因為他的人生而衍生的教學技巧，嘉惠了無數的大眾。

問題討論

1. 什麼是「野孩子」？你認為這樣的孩子是否曾經存在？
2. 為何與維克多同時代的人對野孩子如此感興趣？
3. 伊塔爾曾在為聾人設立的機構中工作，他為何沒有試著教導維克多手語？
4. 伊塔爾的訓練教材有哪些獨到之處，以致於蒙特梭利將許多部分融入她的教學系統？
5. 當代臨床心理學家會如何描述維克多的行為？維克多可能會得到什麼樣的診斷？

第3個故事 頭上有洞的男人

一八四八年暮夏，二十五歲的菲尼亞斯・蓋奇（Phineas Gage）在鋪設鐵軌路面的工程團隊擔任工頭，據說他親切可靠，既是個好領隊，也是討人喜歡的好夥伴。但一件可怕的意外事故使得他的人生頃刻之間改變了，並在日後持續地困擾他，直到他三十六歲英年早逝。

對於想瞭解大腦與行為關係的科學家來說，蓋奇的事故影響深遠。雖然蓋奇的意外背後所涉及的知識並未立即被察覺，但這個案例日後成為心理學、神經學和相關領域教科書中的必須出現的內容。這個案例也被用來證明大腦在性格的決定上所扮演的角色。不過，這起事故的記述向來充滿了誤傳和誇大，有時讓人分不清真實或是虛構的部分。

意外事故

一八四八年九月十三日傍晚，蓋奇和他的團隊在佛蒙特州的卡文迪什（Cavendish）附近工作，替拉特蘭與伯靈頓鐵路（Rutland and Burlington Railroad）準備新的路基。工程團隊會利用炸藥來爆破岩石，這是個緩慢而費時的過程，需要決定好在哪裡鑽洞，以及評估要使用多少的火藥。

蓋奇先在洞中放好了引信，然後倒入火藥，接著用沙土填滿洞口，再用一根長鐵棒來搗實沙土——最後的這個步驟是為了確保爆炸威力的必要動作，炸藥填塞得越緊實，爆炸威力就越強大。這種「春搗棒」是蓋奇自己的發明，他請某位鐵匠替他打造了一根長三尺七吋、鈍端直徑一又四分之一英吋，而另一端逐漸變細成為尖錐狀的鐵棒。

這件令人印象深刻的工具，長度超過蓋奇的一半身高。蓋奇通常會將沙土搗緊，之後再點燃引信，然後大夥兒就跑到一旁尋找掩護，這樣的爆破威力可以將岩石炸成足夠小的碎塊，方便工作人員清運——如果沒有意外的話——但這回可出了大差錯。

接下來發生的事，目擊者的描述略有不同。情況是，當蓋奇將火藥倒入岩洞，但尚未覆上沙土時，有什麼事情使他分心了。當他稍微轉頭偏離洞口，他的舂搗棒突然掉進洞中並產生火花，結果引爆了火藥！舂搗棒在一瞬間激射而出，尖銳端插入蓋奇的左臉頰，貫穿了頭部，甚至凸出於頭頂！

事後這根鐵棒在三十多英尺處被尋獲，外面覆著一層腦漿。爆炸的威力大到將蓋奇整個人掀倒，他以背部著地，但意識清醒，在場眾人驚愕不已。蓋奇完全清楚自己剛才發生了什麼事，甚至還能和他的工作夥伴說話。蓋奇的同事扶著他上了一輛牛車，將他載到四分之三里外他寄宿的鎮上旅社。半小時內，威廉斯（Edward Williams）醫師就來替他做了檢查，他簡直無法相信蓋奇和同事告訴他的事。如果一根鐵棒真的穿透了蓋奇的頭顱，那麼蓋奇是怎麼活下來的？

一小時後，另一位醫師哈洛（John Martyn Harlow）抵達。威廉斯和哈洛將蓋奇帶進房間處置傷口，除了明顯的頭部創傷，蓋奇的雙手和雙臂也部分被灼傷了。進一步評估後，兩位醫師對於蓋奇的遭遇不再抱持著懷疑。蓋奇臉頰上的洞跟頭蓋骨的大洞一樣鮮明，事實上，哈洛還可以透過洞口看見蓋奇的腦。

兩位醫師小心翼翼清理傷口，移除細小的頭骨碎片，盡可能將比較大片的頭骨擺回原處。他們從未見過如此嚴重的創傷，所以對蓋奇的復原根本不抱太大的希望。此時蓋奇開始吐血，非常虛弱。哈洛住在離旅社不遠，不斷回來照顧蓋奇的傷勢，他只是希望蓋奇能夠舒服些，並不指望他能活下來。

蓋奇的母親接獲了蓋奇意外的通知，她住在三十英里外新罕布夏的萊巴嫩（Lebanon），那也是蓋奇的出生地。她和蓋奇的舅舅隔早抵達，對於蓋奇還活著感到非常驚訝。除了蓋奇本人，蓋奇身旁的人似乎都明白他傷得有多重，然而，蓋奇居然還聊起明天或後天就得趕快返回工作崗位云云。

不過，蓋奇很快發現事情不是他想的那麼簡單。在短暫休息和表面的創傷復元後，他不但開始發燒，而且脈搏變快了。儘管哈洛醫師盡一切努力為蓋奇清理傷口，但蓋奇顯然已經感染了——這是抗生素還沒問世前常有的事，往往造成致命的危機。發燒不退讓蓋奇陷入時而清醒、時而昏迷的情況。

哈洛嘗試了一切手段來救治，包括使用瀉劑、放血和限制飲食，然而其他的症狀一個接一個出現，例如脈搏一度飆破一百二十，比先前更高。看起來，蓋奇是不可能復原了，很多人都建議哈洛停止治療，讓他少受點苦，殯儀業者甚至已經替蓋奇備好棺材尺寸。

不過，身負使命的哈洛不願放棄，他窮盡方法救治，最終在兩個月後，蓋奇的症狀減輕了，他竟然靠著強健的體質撐了過來！十一月底，哈洛認為蓋奇的情況足以動身旅行，返回他在新罕布夏州的老家。

新年後不久，哈洛前往新罕布夏州造訪蓋奇，當時他已經能四處走動，彷彿沒有任何症狀。他不像以前那樣強壯了，但身體狀況大幅改善。儘管蓋奇失去了右眼，但他的臉頰已經痊癒，頭頂也初步癒合，只是透過小小的開口，仍可看見一小部分的腦。蓋奇很想重拾修築鐵路的工作，但如今他面臨一連串的新問題。

鐵路公司不願雇用蓋奇了。蓋奇的問題不僅是身體受了傷，他以往是個好員工——勤奮、合群、友善，而且有條有理——現在他變得好鬥、脾氣暴躁，說話粗魯無理。蓋奇不再是那個昔日溫和的工頭，他沒辦法安排計畫，他的朋友也不喜歡和他相處。他的個性轉變之巨大，哈洛醫師寫道，「他不再是原本的蓋奇了！」這個出人意料的發展對蓋奇造成極大的麻煩。此外，蓋奇的受傷也為科學界帶來深遠的影響。

蓋奇的案例立刻引發大眾興趣，多半是因為這個事故實在駭人聽聞，以及當地媒體的報導。畢格羅（Henry Bigelow）醫師是受到這起事件吸引的人之一，他日後成為哈佛醫學院的外科教授。起初，畢格羅懷疑這件事的真實性，他斷定蓋奇被如此大型且具有破壞力的鐵棒貫穿頭部，根本不可能存活。

為了滿足好奇心，畢格羅寫信給哈洛詢問細節，要求哈洛蒐集對這起事件的其他描述。不過，畢格羅最後收到的報告，詳細到令他不得不相信這整件事的真實性。他決定安排蓋奇到波士頓診察，並為他支付一切開銷。徹底檢查之後，畢格羅對此事堅信不疑，甚至寫了有關蓋奇和該事故的文章。

在檢查過幾個月後，蓋奇的傷勢好轉，畢格羅在「波士頓醫療改進協會」的會議中提出這個案例。他準備了一個類似蓋奇的損傷頭骨，向在場的醫師證明蓋奇確實可能倖存，消除了諸多懷疑。畢格羅的證明對於建立個案的合理性極有幫助，此外，也對當時有關大腦功能的爭論提供了洞見。

顱相學

一八〇〇年代中期，人們對大腦運作方式的理解還處於原始粗淺階段。舉例來說，那時神經元的存在還不為人知，人們也不知道大腦運作的電氣化學本質。當時主要爭論之一，涉及大腦作為一個整體來發揮功能的程度，或者相反，大腦具備致力於特定功能的不同腦區的程度。如今我們知道兩者都是正確的：大腦具備某些全面性整體功能，同時也由特定腦區負責執行某些功能。

德國醫師弗朗茲．加爾（Franz Gall）發展出一種關於大腦功能的信仰系統，稱作「顱相學」。加爾是備受推崇的解剖學家，可說是說服科學家相信大腦是心理功能源頭的最大功臣。顱相學是加爾用來描述這類關係的嘗試。

蓋奇和他的舂搗棒

Warren Anatomical Museum in the Francix A. Countway Library of Medicine, Gift of Jack and Beverly Wilgus.

加爾主張許多心理功能都可以追溯到特定的腦區，這些腦區的發展反映出主要的人格特質，而發展不足的腦區則反映出次要的人格特質。因此，我們可藉由「讀取」頭骨的凸起和凹陷來判斷人格。儘管顱相學並未獲得科學家的大力支持，在當時卻深受大眾歡迎。

當蓋奇於一八四九年被帶到波士頓，醫護人員檢查他的頭部，甚至還看到他隨身攜帶的那根舂搗棒。對大多數人而言，蓋奇的故事不是一個神話。畢格羅製作了一個包含蓋奇臉部和頭骨的生前面具，為後世保存他的面容，包括傷口外顯的模樣。多年後，兩幅蓋奇肖像被發現，一幅是銀版照相，另一幅是照片。這兩幅都描繪了穿著正式服裝的蓋奇手中握著那根舂搗棒，看起來神氣活現。

對於那些相信大腦是以單一組件運作的人來說，蓋奇的案例代表著挫敗。如果大腦是一個單一組件，那麼蓋奇的大腦何以能夠承受如此巨大的傷害，卻仍然可以維持先前的功能？後來，顱相學家得知蓋奇的人格因此轉變了，便利用這項資訊來支持自己的看法。

性情大變

早先眾人對於這個案例的興趣主要在於蓋奇身體承受創傷的能力，後來集中在他的人格轉變，這部分的發展比身體的遭遇更難以記錄。不過因為事故發生前並沒有對蓋奇人格進行客觀測量，所以明顯造成比較上的困難。對蓋奇人格變化的描述，多半倚賴軼聞報告或傳聞，有些可能被誇大了。

事故發生之前，有人描述蓋奇是一名精力旺盛、精明幹練的商人，也有人說他是帶領鐵路修築工作最理想的工頭。哈洛注意到，在事故發生的數星期後，蓋奇在某些時期發生了定向力障礙，甚至智力衰退，但沒有明確觀察到他有人格上的變化。

一開始，蓋奇依舊擁有絕佳的記憶力，然而接下來，蓋奇變得非常固執，非常孩子氣，他的朋友也很難安撫他。一八六八年，哈洛對蓋奇的評價更差了，他概述了蓋奇沒有受雇回老本行的原因。哈洛說他缺乏耐心、不聽勸告、褻瀆神明，並且再次強調，蓋奇非常固執而且孩子氣。簡言之，他徹底變了一個人。

蓋奇待在波士頓那段日子的敘述，除了來自他母親和哈洛的說法，此外幾乎找不到公開的資料。例如，聽說蓋奇幾度在波士頓行乞，但沒有明確的證據。似乎不假的是，蓋奇在造訪了畢格羅之後就變得焦躁不安，他向來從事辛苦的體力活，他渴望能夠繼續工作。

蓋奇在新英格蘭地區飄泊了幾年，南來北往地在美國東岸展示他的舂搗棒，宣傳他自己的故事。他甚至到了紐約市，現身在巴納姆＊（P. T. Barnum）創辦的博物館。他在馬車出租所工作了一年多，還在新罕布夏州的漢諾威擔任驛馬車車夫，後來遇上一個很不尋常的機會。

智利的瓦爾帕萊索（Valparaiso）和聖地牙哥（Santiago）兩地相隔七十五英里，當時正在發展驛馬車交通線，蓋奇獲聘為駕駛。一八五二年他離開波士頓，去智利待了七年。我們雖然沒有他在智利的工作記錄，但很可能是份相當吃力的工作。

當時在智利的驛馬車通常用六匹馬拉車，駕駛是一件需要大量技巧的難事。馬車夫不僅得和乘客互動，還必須照料好馬匹。根據蓋奇母親的說法，她兒子培養出跟動物合作的親和力，是個稱職的車夫。蓋奇能長時間從事如此高要求的工作，證明了他的人格並非永久地被劇烈改變了。

雖然兒子待在智利，但蓋奇的母親後來遷居到女兒住的舊金山。蓋奇在智利生了幾次

＊譯注：美國馬戲團經紀人兼表演者。

病，一八五九年，蓋奇的健康問題更加嚴重，他只好搭船到舊金山尋求家人的照料。蓋奇將他的病歸咎於暈船，並提出他在前往智利途中也生過病。的確，暈船可能是造成他健康問題的部分因素。

在舊金山時期，蓋奇短暫恢復了健康，他到農場勤奮的工作。但是某天傍晚，正當蓋奇在姊妹家吃晚飯時突然癲癇發作，此後，癲癇開始頻繁的困擾著他，這下子他的工作能力更不穩定了。他的大腦所遭受到的物理性傷害，最終以非常隱微的方式表現了出來，也許是傷疤，或者是其他與年齡相關的大腦變化。

蓋奇繼續在農場打工，負責照料動物，但他的健康持續惡化。隨著發病間隔越來越短，他拖著日益虛弱的身體住進母親的家，最後死於一八六〇年，埋葬在舊金山的孤山公墓。多數的記載指出蓋奇的舂搗棒被作為陪葬品一起埋葬了，當然也有不同的說法。「癲癇」被視為蓋奇的死因。

死後遺澤

如果不是哈洛醫師在蓋奇發生事故之後持續調查他，蓋奇的故事可能就這樣草草結束了。蓋奇待在智利的頭幾年，哈洛還與他保持著連繫，不過等他終於聯繫上蓋奇的母親，才知道蓋奇在幾年前去世的訊息。當時，哈洛提出一個不尋常的要求。

哈洛對於蓋奇案有濃厚的興趣，隨著蓋奇的死亡，他想為研究增添更多資料。蓋奇的母親是否准許哈洛掘出兒子的屍體、取走頭骨，以進行更仔細的檢查？這可能有助於確切查明蓋奇遭受腦部傷害的類型。最後，她同意了，她信任哈洛，或許也瞭解到她兒子的損傷在科學上的重要意義。不久，蓋奇的頭骨和他的舂搗棒一起被送到麻薩諸塞州沃本（Woburn）的哈洛家。從頭骨的狀況可以明顯看出來，事故發生後，蓋奇頭部的破洞已經開始癒合了，儘管在他死亡時仍未完全閉合。

哈洛花了幾個月的時間仔細檢查蓋奇的頭骨，並在麻薩諸塞州醫療協會的年會中展示這具頭骨，提出這個案例的後續調查。哈洛在會中首度概述蓋奇因為受傷而遭逢的心理問題。在早期的多數報告中，針對案例的心理層面所做的檢視極為有限，甚至在哈洛提出報告後，也沒有獲得太多關注。

在哈洛完成研究之後，蓋奇的頭骨和他的舂搗棒被存放在哈佛大學醫學院的華倫博物館（Warren Museum）。它們既是真實的存在，也提醒了我們：蓋奇在遭逢慘痛的不幸之後，如此辛苦地繼續他的人生。然而，蓋奇的故事仍然不完整，所幸他的頭骨和舂搗棒一併被保留下來了，促成了日後更多的研究。

當蓋奇的母親同意讓人挖出兒子遺體和取走頭骨，她沒料到這個決定將在日後的大腦科學中發揮重要的作用。因為，埋葬蓋奇遺體的墓園後來被舊金山市政府拆除，用來修築新公路，母子兩人的遺骸都被遷葬到另一處公墓，最終無法辨識。這表示，往後如果有科學家想要掘出蓋奇的遺體來研究，已經是一件不可能的事了，多虧了蓋奇母親的明智決定，蓋奇的頭骨和舂搗棒才能留存至今，供作研究之用。

蓋奇的案例公布之後，醫師和外科醫師才知道這個案子所代表的意義。如果蓋奇在發生如此可怕的事故之後，還能存活這麼久，那麼成功對腦部進行手術，無疑是一件可行的事，例如切除腫瘤。後來，隨著殺菌程序在醫學上被採用，這種可能性變得更大了。

此外，醫師們借鑑蓋奇的案例，開始以人格改變作為初步診斷的方針。這種以人格改變作為診斷腦部疾患的基礎，儘管存在著嚴重的瑕疵，腦部手術也歷經了許多挫敗才有今日的成果，然而，蓋奇的案例最終為腦部疾患的診斷和手術帶來了很大的助益。

神經外科的突破

因為蓋奇案而受到負面名聲影響的是「神經外科」這個領域，亦即利用手術直接處理精神問題、而非身體問題。一九三〇年代前，雖然已經出現過若干這類手術，但莫尼斯（Egas Moniz）醫師的做法所造成的衝擊最大。葡萄牙神經學家莫尼斯於一九三六年引進一種稱作「前額葉白質切除術」的手術，他破壞病患的前額葉，或將之與大腦的其他部分分割開來，以減少嚴重的精神病症狀。

費里曼（Walter Freeman）醫師和神經外科醫生沃茨（James W. Watt）將這種手術引進美

國。費里曼在職涯中曾對數千名病患動過手術，最年幼的病患只有七歲；而莫尼斯則因為這項成就獲頒諾貝爾獎——在他和費里曼名聲掃地之前。蓋奇的案例是否如同某些批評者的指控，在促成這類手術上扮演了推波助瀾的角色？

無論是莫尼斯、費里曼或其他醫師來執行這種手術，似乎都很熟悉蓋奇的案例，那是腦科學發展史中非常基礎的內容，他們不會不知道。蓋奇確實主要是大腦額葉受到了傷害，但從蓋奇身上獲得的證據，似乎與莫尼斯和費里曼想達成的目的互相牴觸。在前額葉受傷後，蓋奇展現出不符社會要求的行為，這實在構不成外科醫師必須在額葉動手術的理由。

再者，並無直接證據顯示，莫尼斯或費里曼或任何人利用蓋奇案作為支持神經外科法的根據，除了這個案例指出病患的確能夠在額葉受傷的情況下存活。

自從畢格羅取走蓋奇的舂搗棒，並證明那根鐵棒貫穿頭骨的可能路徑後，現代醫療技術已經有長足的進步。電腦不僅能模擬頭骨和大腦內部狀況，還能提供鐵棒最可能的貫穿路徑。這些現代的研究透露了蓋奇真的十分幸運！對一個遭遇嚴重創傷的人來說，這種論點似乎有點奇怪，但重點是，情況原本可能更糟糕。

首先，鐵棒必須避開大腦的主要語言區，因為事故發生後，蓋奇並未出現理解語言或說話方面的問題。然而，即便有了先進技術，要決定這根舂搗棒的準確路徑也不是件容易的事。當時鐵棒就這麼飛離頭骨，帶走了一部分的骨頭。至於鐵棒的準確進入點在哪裡，至今也仍有爭論。

神經科學家漢娜與安東尼歐・達馬西歐（Hanna and Antonio Damasio）夫妻檔嘗試釐清蓋奇留下來的許多問題。他們利用電腦斷層掃描技術和電腦來繪製鐵棒可能的行經路徑，依據蓋奇的狀況確認了幾種可能性，最後推定蓋奇是左前額葉損傷，因為他的症狀與其他額葉受損者的症狀一致。然而，我們終究無法確知鐵棒插入的路徑。從蓋奇頭骨所獲得的非決定性證據，加上個人的腦部差異，任何被提出來的模型都會引起質疑。

達馬西歐和研究者的興趣不純然是對歷史的好奇。因腫瘤或創傷而額葉受損的病患也會經歷到人格的變化，儘管不像蓋奇那麼戲劇化。達馬西歐特別感興趣的，是研究伴隨著大腦損傷而出現的情緒改變，同時設法瞭解情緒與大腦在我們心智活動中所扮演的角色。他們認為，我們所稱的「心智活動」和情緒活動彼此相關，而其連結就存在於大腦之中。

一九九八年九月的某個周末，佛蒙特州的卡文迪什舉辦了一項紀念活動，紀念蓋奇事故發生的一百五十周年。蓋奇的舂搗棒和若干紀錄文件都被展示了出來。主辦單位特地安排了諸如蓋奇待過的旅社遺址（旅社本身已經不存在）等相關地點的導覽。這個活動也召開了一系列以該事件及大腦額葉為主題的座談會，再度指出蓋奇是第一個清楚建立大腦與人格關係的案例。最後，卡文迪什鎮在草坪上設置了一面銘牌作為紀念，說明了經過這麼多年，這個案例至今依然重要。

問題討論

1. 蓋奇遭遇了可怕的創傷，他是如何存活下來的？
2. 發生事故後，蓋奇的人格起了什麼樣的變化？
3. 顱相學在事故發生的時代很受歡迎；顱相學家如何解釋蓋奇在發生事故之後的行為？
4. 蓋奇的案例對於腦部外科手術的發展有何影響？對於前額葉切除術？
5. 為何蓋奇的案例持續引發這麼多的關注？

注釋

馬爾科姆・麥克米倫（Malcolm Macmillan, 2002）所寫的書（參看參考書目）是本章的主要資料來源。書中不僅包含對於案例完整詳細的評論、原始文件的複本，還分析了發展至今關於蓋奇的迷思。麥克米倫等人在亞克朗大學（University of Akron）的網站成立了蓋奇資訊網（Gage Information Page），提供最新資料和額外訊息。

第二部分　百花齊放的早期心理學

第4個故事 催眠與歇斯底里

截至一八八〇年，神經學家讓—馬丹．沙爾科（Jean-Martin Charcot）都是最受歐洲人敬重的醫師。身為巴黎大型醫療院所「硝石庫」（La Salpêtrière）的主任，他是第一位鑑識出數種重要神經學疾病的人，包括多發性硬化。但在他後來的職涯中，工作重心從神經學轉移到研究催眠和歇斯底里，後者是當時常做的診斷。沙爾科在「變態心理學」的研究成果，為他贏得了「神經疾病學領域的拿破崙」頭銜。

與此同時，奧古斯特．利波（Ambroise-Auguste Liébault）這位法國鄉下醫師正在探索對病患進行催眠的醫療用途。他驚人的成果引起在附近大學任教的柏漢（Hippolyte Bernheim）醫師的注意。起初柏漢抱持著懷疑，但在就近觀察了利波的做法後，很快改變態度，兩人合力宣揚一種催眠的觀點，這對當時名聲鵲起的沙爾科形成了直接的挑戰。

沙爾科及他的同事——一些世故的巴黎人——與南錫（Nancy）鄉下（據稱）粗俗的暴發戶之間，因此展開了一場鬥智，在爭議獲得解決前，雙方培養出各自的支持者。這場意見之爭不僅讓人們進一步瞭解催眠的本質，也改變了大眾對於催眠的看法，使得催眠從江湖郎中所使用的可疑技法，轉變為一種正統的醫療介入。這條晉升正統的道路走來並不輕鬆，早期還牽涉到一個尤其浮誇的催眠師——梅斯梅爾（Franz Anton Mesmer）。

梅斯梅爾與催眠

在重大科學發現層出不窮的一八〇〇年代，引進了許多關於世界和人的本質的新鮮概念。現代催眠的前身「動物磁性說」被視為當時的非凡發現，而讓這個主張具有能見度的貢獻者，大概非德國醫師梅斯梅爾莫屬了。

梅斯梅爾從醫學院畢業後以私人醫師身分執業，他娶了一位富有的寡婦，這段婚姻讓他得以追求他自己的興趣。梅斯梅爾對科學發展特別熱中，當他聽說了神父暨大學教授赫爾（Maximilian Hell，對神父而言，Hell〔意指地獄〕確實是個古怪的姓氏）的神奇療法，就開始研究所謂的「動物磁性說」。

在助手的協助下，赫爾神父製作了一系列的磁鐵來治療疾患。他將磁鐵放在患者身上的各個部位，接著，患者會感到症狀有所減緩。這些明顯的效果讓梅斯梅爾著迷不已，他跟著赫爾神父學習更多療法，並發展出一系列關於人體磁場的看法，結合了赫爾神父的研究和梅斯梅爾自己的博士論文。

維也納大學的畢業生梅斯梅爾曾寫過關於「行星對人體產生影響」的論文，因此他很熟悉以磁鐵作為治病媒介的歷史（雖然後來他的論文被發現是剽竊）。他相信，我們每個人都被磁場所包圍，當磁場扭曲或中斷，就可能引發身體的病症。此外，他也相信重新安排個人的磁場是可行的作法，而這種作法擁有治療疾患的強大潛能。

當梅斯梅爾首度將磁鐵運用於醫療，他要求病患吞下一些含有金屬銼屑的混合物，而這個方法竟然成功了！接著，他進一步相信，就算不需要金屬銼屑，也能有效的治療。他假設有些人與生俱來就擁有磁性，藉由碰觸他人，就可以產生療效。不令人意外，他相信自己的身體就是個強大的磁力源。

起初，梅斯梅爾的方法被視為一種科學方法，多次奏效，但隨著成功而來的批評聲浪，他很快被當地的醫療體制和神職人員給盯上了。當他所治療的某個高知名度患者不幸病情復發，他迅速被指控為欺詐。

洶湧的批評傳得沸沸揚揚，他被迫在一片疑雲中離開維也納。一七七八年，梅斯梅爾遷居巴黎，帶著如影隨形的批評。然而，他堅持從事他的工作，最終換來更高的名聲。他擁有看似能夠「治療」疾病的能力，加上不停自我宣傳，讓他的診所每天都門庭若市。

梅斯梅爾在巴黎的高級地段開設了沙龍，以個別和團體方式治療病人。他設置了一個盛滿水和鐵屑的木桶，讓病患圍在桶子旁。準備就緒之後，病患會聽見一陣玻璃琴的奇特聲響，那來自梅斯梅爾演奏的樂器。不久，梅斯梅爾穿著長袍現身，用一根手杖觸碰那些聚集的病患。許多人開始體驗到一種「危機感」，接著可能抽搐或昏厥，但度過危機之後，他們的症狀神奇的減輕了，甚至完全消失了。

儘管大眾對梅斯梅爾深信不疑，但巴黎科學界就顯得吹毛求疵了。一七八四年，法國科學院指派一個委員會來調查「動物磁性說」及其療效。這個委員會的組成份子除了一些名人，還包括當時的美國大使富蘭克林（Benjamin Franklin）。不過，委員會後來發現，梅斯梅爾的這種技巧根本毫無成效，他們的結論是：梅斯梅爾的成效只不過出自病患自己的想像（現在稱之為「安慰劑效果」）。這個調查結果讓梅斯梅爾聲勢大跌，他落寞的回到德國，此後沒沒無聞的度過餘生。

有些人繼續修正梅斯梅爾的主張。有醫師證明了催眠在牙科和外科方面的效用，特別是在那個其他麻醉形式尚未發展出來的年代，催眠是一種很好的麻醉方式。但是，這類成果多半遭到批評或忽視。

在蘇格蘭醫師布雷德（James Braid）的努力下，一種發展自「動物磁性說」並結合梅斯梅爾催眠術的療法誕生了，這種現象如今被稱為「催眠」。布雷德將這個現象帶進科學界，進行以經驗為依據的研究。然而，由於催眠術已經進入舞台表演的領域，多數科學家顯得興趣缺缺，所以當沙爾科開始研究催眠術，這種技巧一點都不被看重。

現代神經學之父

身為馬車製作匠的兒子，沙爾科從小立志成為人上人。他是個有天賦的學生，後來成為一名有天賦的醫師，還娶了富有的寡婦，躋身上流社會。

沙爾科在當實習醫師時曾在硝石庫工作，這是一所規模龐大的醫療院所，擁有四十多座建物，收容了數以千計的婦女。這些婦女貧病交加，許多已經邁入老年。當時該機構儼然是一所救濟院。一八六二年，沙爾科成為一名合格醫師，他回到硝石庫擔任某部門的醫療主任。他努力奮鬥成為這所醫院的院長，成功將這個機構從沈悶陰鬱的場所變成充滿生氣的教學與研究醫院。

沙爾科遠遠領先他所處的時代，成為神經學家領域的開拓者，他是最早描述多發性硬化症狀的人，他的成就促使人們更加瞭解帕金森氏症和肌萎縮性脊髓側索硬化症（又稱葛雷克氏症），以及其他許多疾病。沙爾科被奉為「現代神經學之父」，在法國家喻戶曉。然而，讓他在心理學和精神病學領域產生強烈存在感的，是他在一八八〇年投入的歇斯底里和催眠研究，那才是他最重要的遺產。

在沙爾科的時代，人們認為大多數類型的精神疾病是無法治癒的。然而，為了進一步瞭解精神疾病的機制和進程，觀察病患是一件非常重要的事。硝石庫醫院為沙爾科提供了絕佳的機會從事精神疾病的研究，他得以長時間觀察該機構中大量的貧窮年長女性，並在她們死後解剖驗屍。沙爾科對當時稱作「歇斯底里」的怪病尤感興趣，因為這種疾病違反了多數醫學和神經學的解釋。

約在古希臘時代初期，就已經出現過歇斯底里的診斷。「歇斯底里」這個名稱源自於希臘語的「子宮」，起初被歸因於「遊走的子宮」，因此據說只有女性才會成為歇斯底里的受害者。後來的醫師漸漸對子宮怎麼會「遊走」產生質疑，但這種疾病仍然脫不了跟性別的關聯。沙爾科認定女性更常受到歇斯底里之苦，不過他也曾鑑識出（他相信）罹患該疾病的男性。

多年來，歇斯底里發展出一連串的症狀，有些醫師開始懷疑那是一種不正確的診斷，更近似於詐病，而非真正的疾病。對此沙爾科有不同的看法，他相信一切精神病學問題終究會具備器質性的基礎，而歇斯底里起因於先天的傾向，以及顯露於外的神經系統惡化。再者，他發現歇斯底里與接受催眠的能力息息相關，也是一種與神經系統惡化有關的傾向。

一八八二年，沙爾科向法國科學院提出報告，概述一個人被催眠時所歷經的某些特定階段，藉此重新看待一個曾被視為造假而遭摒棄的現象。在文獻記載中，沙爾科往往被後人被描述成一個自負專橫的人，他似乎完全不在乎自己受的訓練並非正統精神病學。即使沒有證據作為後盾，他照樣固執己見，不採納異議。同時，他是個公認的傑出演說家，每週五早上他會發表演講，每每吸引來滿堂的觀眾。他用黑板講解，甚至讓硝石庫醫院的病患上台示範病症，來說明他的論點。有時他會親自表演。

沙爾科的演講極富劇場特質，還動用到舞台和專門的燈光。他的學生寫到，沙爾科會在演講中示範不同程度的頭部震顫：上台展示的病患戴著附有長羽毛的帽子，羽毛與病患的身體會同步晃動。羽毛可以強化震顫的效果，讓觀眾清楚察覺不同病症之間的微小差異。

除了是一名傑出的神經學家，沙爾科顯然很善於表演。然而，他將重心轉移到催眠和歇斯底里，加上他演講時展現的戲劇效果，卻為他樹立了許多敵人。當時，許多世界各地的學生都跑來跟沙爾科一起合作，包括了維也納的年輕醫師佛洛伊德（Sigmund Freud）。

佛洛伊德是一名執業醫師，他推斷許多病人並非因為神經疾患而受苦，他們的病因是某些傳統醫學訓練無法解釋的事物。在獲得四個月的獎學金之後，佛洛伊德從一八八五年開始和沙爾科一起進行研究，參與他的病患示範。佛洛伊德對所見所聞感到非常驚奇，沙爾科竟然能讓盲人重獲光明！而且他只是要求病患遵從他的願望，病患原本癱瘓的四肢就突然變得能夠活動了！這幾乎是心智力量的展現。

雖然佛洛伊德不贊同沙爾科對催眠本質的看法，但他認為與沙爾科共事是個寶貴的經驗。在他著名的診療沙發椅上方掛了一幅布魯耶（André Brouillet）畫作的仿作，就描繪了沙爾科在硝石庫醫院示範催眠技巧的樣子。佛洛伊德將他兒子取名為讓—馬丹（Jean-Martin），以表達對沙爾科的崇高敬意。

佛洛伊德待在巴黎時，也會見了一直對沙爾科多所批評的利波和柏漢，並見習了他們的催眠法，後來還將柏漢一本關於催眠治療應用的書籍翻譯成德文。返回維也納後，佛洛伊德將催眠納入他的治療，後來發現自由聯想的效果更好，才放棄催眠的運用。儘管如此，他依舊認為與沙爾科共事的經驗，以及在南錫學校（Nancy School）見習的時光，對他發展精神分析理論的過程十分重要。

催眠的本質

利波完成了在史特拉斯堡大學的研究後，曾定居南錫附近的聖文森橋村。他從學生時代便對動物磁性說感興趣，執業時，他會提供病患選擇：他們可以按一般收費標準接受傳統療法，或者選擇免費的「磁療」。漸漸的，他的病患被磁療吸引，最後幾乎每個病人都選擇了磁療，當然，這嚴重影響了他行醫的經濟來源。

因此，利波改變收費規定，他要求病患補償他提供的服務，但金額多寡病人可以自行決定。利波成功的治癒了不少病患，至少是一種間接證據，說明當時的醫學症狀在很大程度上出自於心因性的成因。一八六六年，利波出版了一本關於利用動物磁性說來治療的著作，但沒有引起關注。儘管如此，利波在當地的病患間已經培養出名聲，而且他的成功也引來醫學教授柏漢的注意。

柏漢是南錫醫院院長，起初他很懷疑利波的做法，但在拜訪他後不久，也開始大力提倡催眠的運用。他利用自己在醫院的地位對男性病患進行催眠，並且觀察結果。由於他如實描述這些治療的失敗和成功，更提升了他值得信賴和備受尊敬的形象，最後他吸引了許多來自各個國家的學生（包括美國），成為南錫學校的代言人。

南錫學校（以利波與柏漢為代表）和沙爾科理念的主要差別，涉及了催眠的本質。沙爾科相信歇斯底里症是一種神經惡化的徵象，只有歇斯底里症的病患才能夠被催眠，也就是說，歇斯底里是造成這個人容易被催眠的病理學。而另一方面，南錫學校的成員卻視催眠為一種完全正常的現象。每個人被催眠的能力縱或不同，但容易受到暗示卻不見得不正常。柏漢的書《暗示療法：關於催眠術的本質與運用之專著》（*De la Suggestion et de son Application a la Therapeutique*）出版後，使得南錫學校的聲望大幅提升。

實驗瑕疵

沙爾科親自執行了幾次定期的催眠療程，但多數療程都由他的助手包辦。其中一名助手比奈（Alfred Binet）日後因為創造出第一個可行的智力測驗而出名，但他在沙爾科手下做事時，還沒那麼成功。

比奈和另一名助手菲雷（Charles Féré）相信他們發現了一個與催眠有關的全新現象：當實驗對象被催眠，他們可以利用磁鐵將感覺從病患的某個身體部位傳到另一個部位。藉由類似的技巧，他們相信他們也能逆轉感覺或心情。

硝石庫醫院最著名的病患是一名叫惠特曼（Blanche Wittmann）的年輕女性。在研究期刊中，她通常被稱作「惠特」。比奈和菲雷拿著磁鐵在惠特的身上移動，嘗試逆轉她的心情——他們居然辦到了！當惠特情緒低落，比奈和菲雷就藉由移動磁鐵使她高興起來，並且充滿活力。由於如此驚人的效果，比奈和菲雷決定在媒體公布他們的發現，這項消息引起比利時科學家迪博夫（Joseph Delboeuf）的關注。

迪博夫先前就批評過比奈，這次公布的發現再度令他起疑。某天，他前往巴黎現場觀察，立即看出比奈和菲雷未曾發覺的錯誤：惠特非常容易受到暗示，這是一種讓她成為絕佳催眠對象的特質。

當比奈和菲雷在惠特身上尋求某種變化，例如心情的轉變，他們會公開表達對她的期望，而她欣然順從。迪博夫試著複製他所見到的實驗，但不讓實驗對象得知他的期望，結果發現磁鐵根本毫無效果。迪博夫的批評對比奈造成了嚴重打擊，不過比奈最終承認迪博夫是對的：磁鐵跟惠特的心情改變毫無關聯，一切都是因為她很容易接受暗示。比奈羞愧地離開了硝石庫醫院，再也沒有回來。

幾年後，比奈重返心理學領域，這時他已經精通方法論，並對暗示的效果非常敏感。他將這些心得帶進心理學的開拓性研究。比奈對惠特曼所做的實驗瑕疵，終將使得沙爾科質疑起他對催眠術和歇斯底里的看法。

南錫學校

沙爾科雖然享有神經學方面的聲望，但他涉足精神病學領域卻招致了許多批評。在他職涯尾聲，當時的專業意見已經明顯朝向南錫學校靠攏。後來證據顯示，沙爾科的許多示範者事先都經由他的助手加以訓練，以便做出支持其立場的反應。沒有人指控沙爾科刻意扭曲實驗過程，然而，他的獨裁性格使得他無法誠實看待他的實驗結果。

儘管沙爾科相信精神疾病的器質性本質，但他假定他的許多歇斯底里患者曾經歷人生早期的創傷；再者，遺傳傾向加上創傷，使得他們容易產生歇斯底里。他相信這些隱藏的力量會表現在後來的行為上，而催眠是解開因果關係記憶的方法。沙爾科最出色的學生賈內（Pierre Janet）後來採納這個概念進一步發展，啟發了日後「動力精神病學」的許多論點，包括佛洛伊德的精神分析。

在人生盡頭，沙爾科不斷探索催眠術與暗示之間的關聯，此種力量也出現在「信仰療法」。然而，當時為心臟疾患和心絞痛所苦的沙爾科卻收到一封匿名信件，奚落他死亡在即，無論他有多大的成就，也無法免於背負負面的名聲。沙爾科在旅途中於睡夢過世，享年六十七歲。儘管沙爾科在神經學領域建立了醫學成就，但世人更記得他，卻是因為他的作品為催眠和歇斯底里的研究帶來完整的寫照，即便最終他承認南錫學校的觀點是對的，而非他所主持的巴黎學校。

問題討論

1. 梅斯梅爾在催眠的發展過程中扮演什麼角色？他如何看待這個現象？
2. 沙爾科相信催眠與歇斯底里之間有關係，其間的關聯為何？
3. 沙爾科有何證據支持他對催眠的態度？利波有何證據支持他自己的立場？
4. 佛洛伊德曾拜訪意見不一的雙方陣營，他最終贊同哪一方？為什麼？
5. 曾有許多年，催眠與劇場式的演出脫不了關係？它如何變得「受人看重」？當代心理學家如何看待催眠現象？

第5個故事 神秘案例安娜・歐

佛洛伊德於一九〇九年造訪美國時，在麻薩諸塞州伍斯特（Worcester）的克拉克大學發表了演說，他將創建精神分析的重大成就歸功於他的良師益友布洛伊爾（Josef Breuer），那是一位年長他十四歲、深受敬重的維也納醫師。其實早在二十五年前，布洛伊爾已經治療過一個被稱作安娜・歐（Anna O.）的案例，這個案例推動了精神分析的發展。但後來，佛洛伊德改口批評他不瞭解這個案例。

雖然安娜・歐不是佛洛伊德的病人，但布洛伊爾曾經詳細地跟佛洛伊德討論這個案例，佛洛伊德也深感興趣。一八九五年，兩人共同出版了《歇斯底里症研究》（*Studies on Hysteria*），這本書被視為精神分析的第一部重要著作。佛洛伊德的女兒安娜（Anna Freud）常說，她和精神分析是同一年誕生的，的確，她出生的一八九五年，正是這本書出版的年代。書中開頭的案例，標題是「未婚女性安娜・歐」。

在克拉克大學的演講中，佛洛伊德描述了安娜・歐的症狀，這些症狀始於一八八〇年的年中，當時她二十一歲。安娜・歐的症狀包括一陣陣發作的肢體麻痺、噁心、古怪的眼球轉動、控制不住的咳嗽、言語困難及精神失常的狀態，這些全都找不到明顯的器質性基礎。在缺乏清楚的身體肇因下，她被診斷為「歇斯底里」，這個詞彙在當時意指一種尋常的情緒混亂。

當時有些醫師認為歇斯底里根本是一種詐病，但沒多久，歇斯底里逐漸被認定是一種真正的疾病，屬於精神異常。事實上，歇斯底里症相當常見——如同佛洛伊德在演講中指出，任何稱職的醫師都能做出診斷。然而，安娜．歐的案例有個非常奇怪的地方，那就是她的治療。或許用一個例子就能加以說明。

安娜的症狀很怪異。儘管夏天的暑熱讓人乾渴難耐，她卻發現自己無法喝水。每當她把玻璃杯舉到唇邊，就會不由自主地將杯子推開。這種情形持續了六個星期都沒有改善，所幸她可以靠吃水果解渴。某天，在接受淺催眠的情況下，她告訴布洛伊爾關於她的英國朋友的「寵物狗事件」。她記得進入一個房間，發現那隻狗從一只玻璃杯喝水，這讓她感到非常作嘔。當時出於禮貌，她沒有對朋友說什麼，但在講述給布洛伊爾聽之後，她表達出對這件事的憤怒。接著，她跟布洛伊爾索討了一大杯水喝下，然後從催眠狀態醒來，嘴唇碰觸著玻璃杯。奇怪的是，她的症狀就這麼消失了！

佛洛伊德指出，在過去，從來沒有人的歇斯底里以這種方式被治癒。運用催眠並非不尋常，應該說，當時以催眠來治療歇斯底里還相當普遍，但典型的程序是，由醫師暗示接受催眠的患者，告訴他某個症狀會消失。然而，在這個案例中，卻是由患者自己找出潛在的成因，從而消除了症狀。布洛伊爾稱之為「宣洩法」。

雖然布洛伊爾後來繼續治療安娜的其他症狀，也獲得了同等的成功，但是佛洛伊德謹慎的判斷，並非所有症狀都如同這個案例一樣基於單一事件，而是涉及了類似事件的組合。話雖如此，其中的機制還是相當清楚的。因此，佛洛伊德開始將這個方法運用在自己的案例，他獲得了跟布洛伊爾相同的結果。

佛洛伊德斷定，歇斯底里的症狀是一種過去造成創傷事件的遺跡或者殘餘物，他稱為「有意義的潛意識回想」（reminiscence）。最初時，跟這些事件有關的情緒沒有正當的發洩管道，因此後來才會顯現為身體的症狀。

然而，最初的成因與症狀之間，不可避免地會產生時間上的落差，所以過去事件的記憶無法在有意識的層次獲取，只有當原始症狀的源頭被揭露的那一刻，症狀才會復原。當佛洛伊德從布洛伊爾那裡聽說了安娜·歐的故事，便察覺到無意識的巨大力量。

布洛伊爾的病人

根據布洛伊爾在《歇斯底里症研究》的原始記述，安娜·歐是一名才智超群的年輕女性，她極富想像力，而且意志堅定，對人滿懷善意和關心。她一直照料著生重病的父親，沒想到，後來她開始經歷自己的難題。

起初，她感到精疲力竭，後來衰弱到不得不放棄照顧任務。不久她又出現了其他症狀，包括劇烈的咳嗽、視覺干擾、麻痺和語言混亂。因此，她接受了布洛伊爾的照料。

按照一般標準來看，安娜．歐的症狀十分不尋常。兩個星期內，她喉嚨完全啞了。有一次她混合地說出四、五種語言，到了後來她只說英語。布洛伊爾在醫治她期間，幾乎每天都會到她家探訪，就這樣過了四個月，她的狀態才改善到能夠下床。

不久，安娜．歐的父親過世了，安娜開始出現一系列全新的症狀。她會看到幻覺，行為表現得極為焦慮，伴隨著自殺的衝動。布洛伊爾說，她身上彷彿存在兩種不同的人格，一個稍微消沉一點，但近乎正常；另一個則顯然是異常的。日後，這種情況讓人聯想到她正在經歷「分裂人格」，如今稱作解離性身分疾患。

布洛伊爾不時透過催眠來治療她，同時鼓勵她「想到什麼就說什麼」。這是他們一起研究出來的方式。治療過程中，布洛伊爾做了詳細的記錄，安娜也一步步出現穩定的跡象。安娜常常自言她的治療過程就像「掃煙囪」或「談話治療」，後者如今仍適用於心理治療領域。

佛洛伊德和布洛伊爾都信誓旦旦地表示，透過宣洩法來進行治療，讓安娜．歐最終痊癒了！這是一個劃時代的里程碑，代表了一種全新治療方式的誕生，「談話治療」終於變成真實有效的實踐工具了。

真實身分

多年來，安娜・歐作為宣洩療法的原型，依舊是個匿名的個案。有人對於最初的歇斯底里診斷表示懷疑（某位早期作家認為安娜・歐根本是精神分裂症患者），但這個案例多半如原本記述的樣子被採信。

雖然《歇斯底里症研究》一書還詳細討論了其他四個案例，但教科書中收錄的幾乎都是安娜・歐的案例，這個案例被視為精神分析的基礎，而安娜毫無疑問是精神分析的第一位患者。由於她的故事在新的療法中扮演了重要角色，多年來一直是人們感興趣的對象。

後來，關於這個案例的傳聞漸漸浮出檯面。一九二五年，榮格（Carl Jung）在瑞士的專題討論會透露了一項關於安娜・歐的訊息。榮格從一九〇八年開始就是佛洛伊德的密友，而且是國際精神分析運動領導者的繼承人。榮格曾陪同佛洛伊德從歐洲前往美國造訪克拉克大學，在那裡，他們雙雙獲頒榮譽博士學位。

然而一九一四年，佛洛伊德和榮格在一場出了名的爭吵中鬧翻了，此後兩人完全斷絕了往來。在他們中斷情誼超過十年後，榮格談起了安娜・歐的案例。他說，佛洛伊德曾透露：安娜・歐並沒有被治癒。這個說法引起了軒然大波，因為這關係到精神分析學派的重要基礎。

後來陸續出現一些對於該案結果的質疑，但這些聲音仍不足以撼動安娜・歐在精神分析領域所扮演的核心角色。到了一九五三年，瓊斯（Ernest Jones）在他撰寫的《佛洛伊德傳記》中，透露了安娜．歐的真實身分——柏莎．帕朋罕（Bertha Pappenheim），那是一個出身維也納的富裕傳統猶太望族。

帕朋罕家族對於消息的走漏十分不悅，而安娜．歐本人也從未提起她接受布洛伊爾治療的事，她在過世前，就已經將與這段時期生活有關的文件全數銷毀了。根據瓊斯的說法，佛洛伊德透露說，布洛伊爾對安娜．歐發展出強烈的反移情作用，使得布洛伊爾的妻子妒火中燒。

「移情」和「反移情」的概念後來出現在精神分析的發展過程，佛洛伊德開始意識到治療師與案主之間的強大動力。他明白在治療過程中，案主往往視治療師為他們生活核心的情感依歸，這就是所謂的「移情」。案主可能對治療師發展出類似對母親、父親或配偶——在案主生活中具備情感重要性的任何人——的情感。案主與治療師的互動會反映出這些情感，甚至產生類似愛情的感覺。

至於「反移情」，同樣涉及治療師與案主之間的潛在情感連結，但這份情感則是出於治療師。佛洛伊德懷疑安娜與布洛伊爾的治療關係，存在著移情和反移情的問題。

發生強烈反移情作用的理由之一是，安娜．歐是個極具魅力的女人，以及，布洛伊爾的母親在他非常年幼的時候就過世了，而他母親的名字就叫柏莎！布洛伊爾有時一天之內會跟安娜會面兩次，每次都長達好幾個小時。此外，布洛伊爾從未對其他案例使用過宣洩療法。

根據瓊斯的說法，在布洛伊爾決定結束治療之後，他發現安娜處於一種歇斯底里的分娩狀態，那是在布洛伊爾沒有察覺之下發展出來的假妊娠結果。布洛伊爾冒著冷汗逃離了安娜的家，隔天偕同妻子前往威尼斯，在那裡懷了他們的女兒朵拉。瓊斯提到，安娜被收容在布洛伊爾指定的一所療養院，病了許多年。

在瓊斯的書出版二十年之後，瑞士歷史學家艾倫柏格（Henri Ellenberger）對安娜．歐的故事產生了興趣，他的研究主要聚焦在醫療和精神病學的議題。

為了撰寫《發現潛意識》（*The Discovery of the Unconscious*）一書，艾倫柏格對這個案例進行了深刻的研究。他的首要任務就是確認安娜．歐的確是柏莎．帕朋罕本人。他所能找到任何關於她和她家人的日期和記事，都與安娜．歐案例的日期吻合，唯一他無法對照起來的，是瓊斯所言有關布洛伊爾的幾件事。

瓊斯顯然對於佛洛伊德的說法照單全收，舉例來說，關於布洛伊爾的么女朵拉的胎兒期，瓊斯所說的時間並不正確，因為兩邊的日期根本兜不攏：沒有證據證明布洛伊爾和妻子曾在那一年造訪過威尼斯。此外，瓊斯所提到安置柏莎．帕朋罕的地方，那裡也沒有什麼療養院。

不過，艾倫柏格沒有就此打住，他做了一些偵查工作。他找到柏莎．帕朋罕拍攝於一八八二年的一張照片。他利用特殊光線檢查這張照片，在上面發現一個德國城鎮的名字：「康斯坦茲」（Constanz）。他確認在康斯坦茲附近的克羅伊茨根（Kreuzlingen）有一家著名的貝爾維療養院。

進一步的調查顯示，在一八八二年的七到十月，柏莎．帕朋罕曾是這所療養院的病患，而且在她檔案中有一份病歷副本，似乎就是布洛伊爾本人的手筆。另外，他也找到貝爾維療養院某醫師填寫的後續追踪報告。

這份病歷比起以往關於安娜的資料提供了更完整的記述。舉例來說，這份病歷透露，在安娜父親去世之前的幾個月，安娜都不被允許和父親見面。另外，還有關於安娜父親的健康情況，甚至在安娜父親過世後，安娜母親還謊稱他已經在康復中了。

艾倫柏格斷定榮格所言才是真的：安娜．歐一直沒有被治癒，而且，肯定也不是依靠什麼宣洩療法而痊癒。事實是，安娜．歐在貝爾維接受治療時變得非常依賴嗎啡，而且先前的許多症狀都還存在。再者，瓊斯提到的假妊娠和歇斯底里的分娩，根本找不到證據，也不符合該案例時間先後的順序。

佛洛伊德說謊？

艾倫柏格的追蹤不可避免地導向一個重要問題：佛洛伊德是否知道這個案例的真正結果？他似乎是知情的！因為事實上，佛洛伊德的妻子瑪莎（Martha Bernays）正是柏莎的朋友。當柏莎的父親過世，瑪莎的父親還被委以處理遺產。

佛洛伊德在跟瑪莎結婚前，曾經寫信給瑪莎，告知她關於柏莎的病症和住院的最新狀況。他那時就清楚柏莎已經嗎啡成癮，以及，她在停止接受布洛伊爾的治療之後，還持續存在著許多症狀。有些證據甚至顯示佛洛伊德加油添醋了一些有利於自己的說法（實際上是猜測而來），來說明布洛伊爾治療失敗的原因。

佛洛伊德曾在幾封信件中表示，布洛伊爾沒有能力處理從根本上造成柏莎問題的「性元素」，而如果不處理這個問題，柏莎就不可能痊癒。假妊娠的故事，會不會是佛洛伊德自己的想像或捏造？或是透過他著名的「重建」手法所產生的病徵？

當布洛伊爾收治柏莎到療養院時，他注意到她的「性領域」顯然未經開發，他在最初對她所做的研究中也有相同的評註。基於他收治柏莎的責任，他似乎不可能說謊，而且倘若他說謊，真相也很快就會水落石出。

值得注意的是，在《歇斯底里症研究》一書出版後，佛洛伊德與布洛伊爾兩人的關係開始疏遠。他們一度非常親密，尤其是佛洛伊德剛展開職涯時，布洛伊爾還轉介病人給他，甚至借錢給他，他們之間擁有堅實的情誼。然而，後來佛洛伊德顯然低估了布洛伊爾在精神分析的發展中所扮演的角色，他甚至暗示說，布洛伊爾身為一名治療師，本身就存在著諸多侷限，這使得他無法準確地處理安娜的案例。

對布洛伊爾而言，安娜·歐的案例代表一個轉捩點，此後他再也沒有使用過宣洩療法。不同於佛洛伊德暗示布洛伊爾之所以害怕用這個方法，是因為可能浮現的性元素，證據顯示，布洛伊爾只不過是認為宣洩療法太花費時間了。

再者，他和佛洛伊德必定都清楚，將安娜的病例收錄在著作裡，一定會讓讀者產生安娜已經被治癒的印象，一旦大眾發現安娜尚未被治癒，那麼這本著作絕對會喪失大部分的影響力。看來，佛洛伊德似乎利用了過於簡化和不正確的故事版本，在克拉克大學的著名演講中宣傳他的理論。

佛洛伊德和精神分析的影響力在一九〇九年之後逐漸攀升，就發展潛力而言，美國尤其是一片沃土。多年來，精神分析不僅成為最重要的心理治療形式，也對流行文化、學術界和藝術圈產生重大的影響。即便在今天，許多人仍然視佛洛伊德為「心理學的門面」——這點令不同科學傾向和理論派別的心理學家們大感驚愕。

儘管精神分析法面臨種種的質疑（包括專注於長期治療），但是它存活了下來，還發展得非常興盛。不過多數執業的精神分析師都會指出，現今的精神分析早已迥異於最初的樣貌，雖然基礎信念是一樣的。

縱觀精神分析多變的歷史，我們不應該否認精神分析對於治療貧窮者所做的貢獻，以及它幫助我們得以洞察人類的行為。

安娜・歐晚年

至於柏莎・帕朋罕到底下場如何？事實上，關於她的晚年，我們知道的還不少。一八八〇年代，她四度被送去住院治療，經歷了各種症狀，所幸在最後十年，她的狀況有所緩解。當時她與母親遷居法蘭克福，她們的關係長期不睦，尤其在柏莎的父親垂死之際，不過，最終這對母女還是取得了和解。

住在法蘭克福的時期，柏莎忙於寫作兒童故事，並撰寫了許多政論文章。她撰著的一部戲劇作品顯示了她對女性主義的興趣。她展開社工生涯，關心孤兒和受虐兒童。她成立並經營一所為猶太女孩設立的孤兒院，還領導反賣淫運動，尤其是涉及年輕猶太女性的困境。有些精神分析學家這麼主張：從柏莎需要不斷去「拯救」娼妓的作為，可以反推回她自身的性問題。

身為女性主義者，柏莎大力反對那些加諸在女性身上的教育和社會限制，特別是年輕的女性。柏莎自己的人生是一個明顯的例子，她雖然才華出眾，但她被期待的社會角色只有為步入婚姻做好準備。

柏莎終身未婚，也從未公開她的另一個身分——安娜・歐；而且她顯然厭惡與精神分析相關的一切事物。柏莎在一九三六年去世。西德在一九五四年為她發行了郵票，表彰她作為社會工作者先驅的功績。

關於安娜．歐案例的許多疑義留存至今，最常被討論的就是她的診斷。不同時期的學者認為她罹患了精神分裂症、多重人格疾患，或是藥物成癮等，關於這點，恐怕永遠找不到答案。

在介紹安娜．歐的故事時，曾有作家簡略總結：「每個社會都存在著治療的神話……我們的社會也不例外。」大多數的心理學老師會利用這個故事來介紹精神分析的初始及發展過程，效果甚佳。

安娜．歐的案例最終可能落入「創建神話」的意義。佛洛伊德是否促成了這個神話，明知它有諸多疑點？或許，他只是為了彰顯自己野心勃勃的議題？就現有資料來看，我們很難做出其他結論。

問題討論

1. 安娜．歐有種種古怪的症狀。如果是現在，她會得到何種診斷？
2. 為何她的案例對於精神分析的發展如此重要？
3. 試解釋宣洩療法？這種方法如何起作用？
4. 關於該案例的結果，佛洛伊德是否說謊？證據何在？
5. 在接受布洛伊爾的治療後，柏莎．帕朋罕有何遭遇？
6. 安娜．歐的故事是否對當代精神分析的價值造成任何衝擊？

第6個故事 神奇寶馬——聰明漢斯

自一九〇四年夏天起，有一匹具有驚人能力的馬在柏林被展示。這匹名為漢斯（Hans）的馬，除了基本技藝，還能用腳輕扣地面，正確地回答數學問題、辨別不同顏色的披巾，以及用擺頭來表示「是」或「不是」。動物有可能真的能夠思考嗎？那確實是漢斯給人的印象。

「思考」，傳統上被認為是人類獨有的能力。然而隨著達爾文的《人類的由來》（*The Descent of Man*）一書於一八七一年出版，動物的智能變得引人關注。達爾文主張，人類與低等動物之間，在每個層面都有類似性，包括感覺和情緒，以及諸如愛、記憶、注意力、好奇心、模仿和理性等能力。

人類與動物智能的差別，是否真的只是程度上的？漢斯是否是智能特別高的動物案例？動物或許能像人類一樣思考，這個命題帶著令人驚駭的含意。

六十五歲的退休數學教師奧斯滕（Wilhelm von Osten）在展示漢斯之前，已經訓練了牠好幾年。奧斯滕長久以來相信動物的智能被低估了，他打算利用漢斯來證明這一點。漢斯是奧斯滕訓練的第二匹馬，另一匹馬同樣叫漢斯，但早些時候就已經死了。奧斯滕說，他像教導高中生那樣調教這兩匹馬。

當奧斯滕開始展示漢斯，幾乎立即吸引了圍觀的群眾。大多數的觀看者認為這匹馬的能力是真的，令人印象深刻。然而，也有人對此感到懷疑，認為這是否涉及詭詐？這會不會是訓練者與動物之間想法交流的例子？

人們對於動物智能的質疑令奧斯滕感到挫折，他要求展開正式調查，以證明漢斯真的會思考。他最終完成了兩次調查：第一次調查的結果，認定奧斯滕沒有欺騙的企圖；但是第二次調查的結論卻重創奧斯滕，毀掉了他的一切努力。

因漢斯的案例而提出的論點，大多集中在方法論，以及我們多麼容易落入一個陷阱：我們只看見我們想看的東西，這稱作「驗證性偏誤」。

表演節目

用漢斯做示範的地點，位於在德國柏林的格里布諾街，一座被公寓住宅包圍的天井，旁邊的公寓五樓就住著滿頭白髮、留著鬍子的單身漢奧斯滕。當奧斯滕確定漢斯做好了準備，他拿出一小張報紙廣告，邀請大眾共同見證一匹馬如何示範牠的心智力量。

不久，一套固定的節目就這麼展開了。漢斯每天從正午開始被展示，有些人純粹為了看戲而來到這座天井，但每個人都可以自由提問。如果提問者洩露了太多答案，他們還會被奧斯滕告誡。奧斯滕並未向這些觀眾收費。漢斯成名後，為了增加可信度，他謝絕了大筆獻金，他唯一希望獲得的補償，就是他的訓練有了回報而帶來的滿足感，以及為科學做出貢獻。

柏林當地、甚至柏林以外的人，無不對漢斯感到興趣。媒體報導了漢斯的故事，漢斯的圖像甚至出現在明信片和酒標上。很多名人前來參觀展示，凝神觀察這匹神奇的馬，包括著名的動物學家席林斯（C. S. Schillings）。他替漢斯及其能力背書，讓這個案例獲得了科學上的公信力。

漢斯擁有一整套技能：牠會用右蹄輕叩適當的次數來回答問題，不過牠偶爾也會跺跺左腳。簡單的加法或減法對牠來說只是小兒科把戲，複雜的問題也難不倒牠。舉例來說，牠能將不同分母的分數相加，先用腳輕叩出答案的分子，然後是分母。漢斯也能上下或左右擺動頭部來回答「是」或「不是」。利用奧斯滕事先準備的一個寫有字母的黑板，漢斯能藉由叩腳表示與特定字母相配的號碼，拼寫出單字或片語。牠甚至能計算出在附近屋頂上玩耍的孩童數量。

在被要求從一堆披巾中挑選出特定的顏色時，漢斯會用牙齒叼出顏色正確的那一條。此外，看得懂日曆也是漢斯的本事，牠能指出某個特定日期是星期幾。或許最令人驚訝的是，牠能指出錯誤的音階，甚至表達缺漏的部分。

漢斯正確回答問題的比例非常高，但也並非永遠不會犯錯。當牠出了錯被要求改正時，牠會迅速更改答案，而且總能提出正確的答案。這些示範活動往往會持續好幾個小時，我們可以合理假定過程中多少會出一些差錯，因為馬兒會疲勞。

漢斯的行為實在叫人吃驚，那些前來觀察動物行為的專家同樣困惑不已。不管如何絞盡腦汁，多數人都認定漢斯的行為代表了通常只有人類才辦得到的思考活動。奧斯滕本人則認為，漢斯是一個不僅能接受訓練，還能進行真正思考的動物實例。為了強調這個論點，奧斯滕聲稱他只教導過漢斯一些基本的數學，牠是靠自己學會了乘法和除法。再者，他認為漢斯並非獨一無二的動物，其他動物如果經過適當的訓練，也能被教會以同樣的方式進行思考。

天井裡聰明的漢斯
Karl Krall, Denkende Tiere, Leipzig 1912, Tafel 2

話雖如此，但並非人人贊同他的說法。有些人提出某些理論來解釋漢斯這種不尋常的能力，包括牠對偷偷摸摸的手勢或眼神有反應。有批評者懷疑沙地裡設置了電柵，用來給漢斯提示。有人將漢斯的表現視為奧斯滕與漢斯之間特殊的心靈感應。最後，來自新聞報刊和地方上的負評讓奧斯滕不勝其擾，於是他要求當地的教育團隊來調查漢斯的能力。

展開調查

「德國教育董事會」回應了奧斯滕的要求，指派一個由心理學家斯圖姆夫（Carl Stumpf）率領的委員會來調查。斯圖姆夫任職於柏林大學哲學系，擔任實驗心理學研究所的所長，是當時最著名的德國心理學家。斯圖姆夫提名委員會的其他成員，包括一名馬戲團經理、一名動物學家和一名生理學家。他們的任務是考核這個案例是否涉及了欺騙。

委員會花了幾天研究漢斯的行為，分派給牠各種任務，包括算數及關於星期幾的問題。某段期間，團隊成員奉命觀察奧斯滕的各個身體部位，找尋他可能打暗號給漢斯的跡象。調查結束後，委員會發布了一份報告，結論是，漢斯所展現的能力並非造假，因為找不到證據顯示奧斯滕以任何方式給漢斯打暗號。

然而，關於漢斯的能力從何而來，委員會沒有達成一致的意見。不幸的是，有些媒體報導說，委員會證實漢斯的確非比尋常地聰明，這個結論讓委員會和斯圖姆夫都陷入尷尬的處境。

為了進一步探討漢斯的智能，斯圖姆夫指派他的學生芬格斯特（Oskar Pfungst）處理這個問題。有作家表示，任命芬格斯特深入研究，有可能是斯圖姆夫想要將「動物智能」這個主題納入心理學科的一項嘗試。在心理學的發展過程中做這種嘗試，這個時機點可以說是非常的早。

芬格斯特將調查帶往一個新的層次。他有條不紊地安排了一系列可以被控制的觀察，甚至在天井裡搭建帳棚，以便更有效掌控來自外在環境的可能線索。他準備了馬眼罩，必要時用來限制馬兒的視野，防止漢斯看見牠的訓練者，或是那些提問的人。芬格斯特提出的某些問題是經過挑選，所以沒有人知道答案。他將任何可能的刺激物隱藏起來，或者分成幾個部分提問，這麼一來，在場便無人知道完整的問題。

經過細緻的觀察，芬格斯特達成的結論跟委員會的報告一致：他找不到任何造假的證據。訓練者奧斯滕或許有些討人厭，但沒有理由懷疑他的誠實。然而，芬格斯特發現了一件事：當漢斯戴上眼罩，無法看見牠的訓練者或者提問人時，牠的表現幾乎沒有準確度可言。不戴眼罩時，漢斯的準確度約百分之八十九，而戴上眼罩之後，準確度降到只剩百分之六。

此外，即使不戴眼罩，如果漢斯的視線中沒有知道正確答案的人，牠也無法正確的回答問題。所有這些實驗中，一旦在場沒有人知道正確答案，漢斯的準確度只剩百分之十，甚至更低；而如果在場有人知道答案，漢斯的準確度通常能介於百分之九十到百分之百。

斯圖姆夫推測，漢斯的確無法進行真正的思考，牠是對環境中的線索起了反應。至於漢斯獲得的解答線索，是牠的訓練者奧斯滕在不知不覺中提供給牠的，也包括來自在場其他人給的線索。

芬格斯特觀察到，漢斯面臨問題時，牠通常會望向他的訓練者或提問者，如果牠看不到人，會變得有點洩氣，甚至出現攻擊性——這並非動物的典型行為。在這個階段的測試期間，芬格斯特就被漢斯給咬了幾口！

芬格斯特推斷，漢斯得到的隱微線索通常涉及身體的細微變化，例如，有人朝向漢斯的方向略微移動，或者，有人身體的姿勢些微改變了。舉例來說，訓練者往往會將身體往前傾，代表這時漢斯要開始叩腳。等到漢斯應該停止叩腳時，訓練者可能就站得挺直一些，身體緊繃的程度也降低了。儘管這些線索是如此隱密，但漢斯卻能夠捕捉到，並且學會解讀。

芬格斯特發現，實驗最後部分的成效最為顯著。他可以藉由改變身體的姿勢來控制漢斯叩腳的次數，如果以某種方式將身體往前傾，他就能讓漢斯開始叩腳，甚至藉由不同的姿勢來加快漢斯叩腳的速度。然後，他挺直了身體，漢斯便會停止叩腳。「聰明的漢斯」之謎似乎就此解開了。但是，這個案例中凸顯了新的問題，而且不僅只針對動物研究者。

漢斯學會的東西

解釋漢斯行為的說明提到，馬兒對於身體姿勢尤其敏感，這是牠們演化過程中留下的遺產。因此，漢斯善於應付牠被要求的任務。但是，訓練者能增加牠的敏感性到什麼程度？在訓練漢斯時，奧斯滕運用了許多和馬戲團動物訓練相同的技巧，包括斯金納（B. F. Sinner）等科學家後來在做研究時也會使用的技巧。

用來訓練馬戲團動物的方法之一稱作「塑造」，藉由溫和的方式，強迫動物做出訓練者想要的行為。例如，在訓練動物叩腳時，當牠一步步接近被要求的行為，就要給予牠們獎勵。

每當動物朝目標行為邁進一步，就給予獎勵。換言之，就是運用強化的原理；「漸進」與「強化」都是行為學家的標準工具。值得注意的是，讓漢斯稍微餓肚子，會讓牠隨時準備好接受食物的獎勵。通常奧斯滕會在示範過程中提供一條胡蘿蔔或一塊麵包。

芬格斯特運用了經過變化的某種「雙盲」程序。在標準的雙盲實驗中，實驗者和實驗對象都不知道實驗對象所處的實驗條件。這種方法的效用，是降低實驗者或觀察者可能存在的偏見。

芬格斯特設計了一個測試，他讓漢斯平時的訓練者全都離場，而在場的人則不知道問題的答案。一旦符合以上條件，漢斯就再也無法正確地作答了。這種實驗錯誤，也就是向實驗對象暗示正確答案的情況被稱作「聰明的漢斯現象」或「聰明的漢斯效應」，至今被運用在許多實驗性的學科。

芬格斯特對漢斯所做的實驗被詳細地記錄下來，於一九〇七年三月發表，英文版在一九一一年發行。當芬格斯特公布這個結果，奧斯滕的難受可想而知。他多年的努力在一夕間化為烏有，此後，他拒絕再讓漢斯接受任何測試。《坎德蘭》（*Candland*）報告說，奧斯滕並不怪罪芬格斯特的調查研究，反倒責怪漢斯欺騙了他，甚至害得他生病。

奧斯滕於一九〇九年去世，漢斯被遺贈給他的朋友克瑞爾（Karl Krall），一位對於動物溝通感興趣的富有珠寶商。儘管有芬格斯特的報告在前，但克瑞爾依舊相信動物會思考，他繼續訓練漢斯和其他的馬。

為什麼看走眼？

我們從漢斯身上學到的教訓至今持續提醒我們，「偏見」可能在科學實驗中發揮了重要的作用，以及科學方法必須能夠防止偏見的產生。但是，為何有這麼多人對漢斯的表現深信不疑？每個人似乎都同意奧斯滕是個誠實的人，當然，前往觀看示範的群眾中也有人存疑，會指出意圖明顯的欺騙，但我們要知道，漢斯先前已經接受了長期大量的訓練，不再是一匹普通的馬，而是一匹被教授特殊行為的馬。

海因岑、利林費爾德和諾蘭（Heinzen, Lilienfeld and Nolan）對漢斯的經歷提供了詳細的評論。他們提到「簡約原則」，這種方法主張：在假定更複雜的解釋之前，應先行採用最簡單的解釋。例如，漢斯是對環境線索有反應，而非真正在思考。他們列出了觀察者必然相信的看法，好比說，他們認為牠在進行真正的思考，包括牠能理解法語和德語等一般動物不太可能做到的事。此外，奧斯滕的身體線索是如此隱微，以致於在場群眾都看不出來，連奧斯滕自己也察覺不了。

如同先前提到的，奧斯滕和其他提問者的身體都會不由自主地微微往前傾，預期漢斯要開始叩腳了，這提供了漢斯線索。等到漢斯達到正確的叩腳次數，奧斯滕等人也會不由自主地站直身體，這就是暗示漢斯要停止叩腳的線索。

再者，每當漢斯犯了錯，奧斯滕早已有準備好的理由，例如漢斯累了，或是動物在耍脾氣，或者是馬兒覺得無聊了。事實證明，漢斯的確相當聰明，但不是奧斯滕和其他人以為的那種聰明。

在完成調查漢斯的任務後，芬格斯特以人類為對象做了類似的測試。他發現，發生在動物身上的「聰明漢斯效應」極可能同樣發生在人類身上，因此，從知覺、認知到社會心理等多數心理學領域，通常都會謹慎地確保實驗變成雙盲，以免實驗者或實驗對象知道實驗對象所處的條件，因而預測出反應。

至於芬格斯特本人，他短暫享受了一段小有名氣的時光，他致力於寫作和演說，但他並沒有從柏林研究所獲得高等學位。不過，他確實是漢斯故事中真正的英雄，指出了研究者在研究結果中可能扮演了角色，同時證明了科學方法的力量。一百多年前，芬格斯特在檢視漢斯過程中，為至今依然管用的科學方法，提供了發人深省的故事。

問題討論

1. 聰明的漢斯案例，確實起始於達爾文的《人類的由來》。請加以說明。
2. 將動物人格化是什麼意思？我們多麼常做這種事？你能否想出任何特定的例子？
3. 漢斯如何能夠在如此長的時間裡騙過這麼多人？牠的訓練者奧斯滕在這場騙局中扮演了什麼角色？
4. 心理學家引用「聰明的漢斯」案例，來支持行為學家的立場。試著解釋看看。
5. 聰明的漢斯之謎最終如何被破解？其解決之道與驗證性偏誤和雙盲實驗有何關聯？

注釋

本章所引用的海因岑等人的書（二〇一五年），明顯是漢斯案例的書面概述，附帶了些許關於科學思維及其陷阱的額外訊息。作者們以有趣的一章作為結尾，內容與日常生活中的「聰明的漢斯效應」有關，從緝毒嗅聞犬到「恐嚇從善」。

第7個故事

探險家、優生學家和非正統心理學家

法蘭西斯・高爾頓（Francis Galton, 1822–1911）是維多利亞時代著名的博學之士，在很多領域都有重要的貢獻。他在二十來歲便繪製出未曾被探索過的非洲地圖，後來協助了指紋識別資訊的發展。

他也是早期的氣象預報員，正確推測天氣系統是可以預測的，至少在某種程度上。但是當他的堂表親達爾文發表了《物種起源》（*On the Origin of Species*）一書，讓高爾頓找到了投注餘生的新事業。

高爾頓從達爾文作品中看見對人類的重要暗示，尤其是透過有選擇性的生育來改善人類品質的可能性，他稱這種努力為「優生學」。為了這個目標，他發明了統計法來奠定現代智商測驗的基礎。雖然他並非正規的心理學家，卻對心理學產生了深遠的影響，特別是美國的心理學。他的優生學研究帶來了科學史上最激烈的爭議，這個爭議至今仍以不同的形式上演著。

天才兒童

一八二二年，法蘭西斯．高爾頓出生在英國伯明罕一個信奉貴格教派的家庭，家裡有七個孩子。他的雙親皆出身有教養的富裕家族，法蘭西斯顯然從小就注定成就偉業。身為家中的么兒，法蘭西斯受到兄姊的溺愛。姊姊愛黛兒關注他的智能發展，持續不斷地訓練他，為他的早熟添加了材料和野心。

五歲生日前夕，法蘭西斯誇誇其談地發表了一段感言，此後這段演說經常被用來證實他的天才。他展現出遠超出同齡兒童的語言和數學能力，後來某位心理學家估算他的智商為兩百，這是極為罕見且高得驚人的數字。

高爾頓的家人注意到他的早熟，鼓勵他在訪客面前表現自己。不出所料，年幼的法蘭西斯對自己的能力自視甚高，不過，念了大學之後他才認清一個現實：大學對課業的要求遠超過他的想像。結果，他因為太過失望而差點精神崩潰！後來他雖然得到學位，但成績並沒有特別突出。然而，這些挫折對他來說也有好的一面：法蘭西斯終生對「智力」這個主題感興趣，從而對心理學史做出重要的貢獻——儘管沒有立即顯現出來。

旅行與冒險

從早年生活來看，法蘭西斯・高爾頓大概預料不到自己未來的人生走向。最初他遵從父親的期待從醫，研習了一年之後便出門旅行。後來他進入劍橋大學就讀，打算在行醫之餘，也拓展其他的知識領域。他的父親在六十一歲去世，這讓他的人生發生了巨大變化。法蘭西斯繼承的遺產讓他不需要靠工作維生，況且他對行醫根本沒有太大的熱情，所以他乾脆放棄了從醫這條路。他轉而旅行和冒險，成為一個探險家。

在父親過世一年後，高爾頓展開了首次冒險。他沿著尼羅河前往埃及。這次旅行相當闊氣，有一名忠心的男僕阿里隨行侍候，返家前，高爾頓還探訪了近東地區。雖然順利歸來，但正值二十五、六歲的高爾頓顯然缺乏生活目標，他成天喝酒狂歡、到處遊手好閒，直到有一天，他突然質疑起人生的目的。他想，他是否應該滿足家人的期待？他知道有一種方式既能滿足他對冒險的渴望，也能兼顧高尚的事業。

一八四〇年代，世界上還有很多未經探勘的地區，這些地圖上的空白地帶讓高爾頓立志成為一名探險家。但是，他要探索什麼呢？幾乎在一瞬間，非洲內陸召喚了他。在位居高層的朋友疏通下，他取得了皇家地理學會的批准，將這次行程變成了「官方的」行程。

一八五〇年四月，他從英國普利茅斯啟航前往南非開普敦。非洲大陸充滿了真實而巨大的危險，除了地形崎嶇，當地還有不少對英國抱著敵意的荷蘭移民，以及正在交戰中的原住民族群。在先前的旅行中，高爾頓已經培養出能夠忍受艱苦環境的體能與勇氣，但這次的非洲行可謂進一步的考驗。他打算探索沒有白人的內陸，那裡只有少數傳教士曾經涉足。他搭船前往開普敦以北一千英里處，最初的團隊原本由九匹騾子和馬、七名僕從及一名瑞典籍旅伴所組成，後來隨著牛隻和當地嚮導的加入，陣容逐漸龐大。

探險生涯

儘管面臨種種危險，高爾頓仔細記錄旅途中觀察到的一切，兩年後，他終於回到英國發表成果，他對原住民及其棲所的描述令皇家地理學會的會員印象深刻，有些人認為他簡直將探險活動推向了一個新高度！因此，皇家地理學會頒贈予他金質獎章，這在當時是極高的榮譽。一時間，高爾頓成為名聲卓著的國家英雄，當時他還很年輕。

不久，年屆三十的高爾頓關心起婚姻大事。他愛慕的對象是信奉英國國教、出身學術世家的露薏莎（Louisa Butler）。令人訝異的是，他們兩人似乎沒有共通之處。露薏莎篤信宗教，並且熱中音樂與藝術，而高爾頓對這些東西興趣缺缺，他似乎更在意與露薏莎顯赫的家族聯姻，而非與露薏莎本人結婚。婚姻為高爾頓帶來更多的精力。他不僅和露薏莎遍遊英國和歐陸，還根據旅行見聞完成了《一位探險家在熱帶南非的記述》（*Narrative of an Explorer in Tropical South Africa*）一書。

這本歷險記成功吸引到主流讀者和皇家地理學會，但是，對現代讀者而言，它有一個重大缺點，那便是書中充滿了對非洲原住民的種族偏見。這種觀點在維多利亞時期的英國可說司空見慣，但在敏感的現代人眼中就顯得極不恰當了。那年，高爾頓受邀成為皇家地理學會的理事會成員，這是另一項殊榮。

他出版的下一本刊物《給旅人的建議》（*Hints to Travelers*），最早是一篇期刊文章，後來擴寫成一本書，內容列舉了旅人和探險家使用的裝備，成為皇家地理學會最受歡迎的出版品。另外，《旅行的藝術》（*The Art of Travel*）一書則描述冒險者必備的求生技巧，部分內容古怪而可疑，但有些內容至今都很適用。高爾頓還對軍人發表了演說，分享許多冒險時的求生策略。

高爾頓很快投入皇家地理學會舉辦的各種活動。一八五六年，高爾頓成為皇家地理學會的會員。然而，探險並非他唯一的興趣，他花了許多時間投入另一個興趣：瞭解天氣模式。當高爾頓開始蒐集天氣資料時，天氣預報系統還在早期發展階段，後來高爾頓建立起一套匯集歐洲不同地區報告的系統，為現代天氣預報奠定了基礎。

《物種起源》與遺傳機制

在達爾文發表《物種起源》時，高爾頓正經歷重大的改變，他宣稱那是他心智發展的新階段。達爾文的著作致力於描述植物和動物，內容甚少涉及人類的處境，但是，高爾頓卻從中看出了演化對人類的意義。

如果動物能夠隨著天擇改變，那麼，天擇作用難道無法在這個演化的進程中幫助人類？如果經過適當的挑選，或許能看出培育優秀人類的前景。我們唯一需要做的，就是辨識出擁有最佳智力和體能的人，然後鼓勵他們結婚？或許政府可以提供財務獎勵等等。雖然施行細節有待制定，而且好幾年之後，高爾頓才為這個計畫定下名稱，但「優生學」的輪廓基本已經形成了。

高爾頓藉由出版來證明他的理論。他提到一個家族的卓越特質，往往在很大程度上能夠代代相傳，然而，這個結果也可以用環境因素來加以解釋，因此，高爾頓決定完全聚焦在遺傳上。在《遺傳的天才》（*Hereditary Genius*）一書中，他利用不同行業中的傑出人士家族史作為例子，提出強而有力的論點。舉例來說，他主張，一名傑出的法官，理應擁有更多成就卓越的親屬，這樣的機率超出偶然可以解釋的程度。

再者，隨著家族成員跟這位法官的血緣關係越來越淡薄，這些家族成就卓越的機率也會跟著下降。不過，除了強調遺傳的力量，高爾頓的卓越標準顯然有些可疑，因為他採用的標準並不公正，許多被他遺漏的家族例子，日後都證明了他們的發展更加有成就。

為了替理論建立架構，高爾頓利用了比利時科學家凱特勒（Adolph Quetelet）在統計方面的新研究。凱特勒在處理五千名士兵的胸圍測量數字時發現，當這些士兵的胸圍尺寸以圖表方式記錄下來，就會形成一個鐘形，大量的數據會集中在分布範圍的中央，而兩端的數據量逐漸減少；而且，這樣的形狀分布圖也會出現在各種不同主題的測量，如身高和體重。

高爾頓斷定凱特勒的曲線也適用於智力的測量，從而為智力極端值的看法提供了視覺輔助。這種分布如今稱作「鐘形曲線」或「常態分布」。

儘管高爾頓大談遺傳天賦，但他和同時代的科學家一樣，對於遺傳是怎麼運作的，幾乎一無所知。民俗解釋將童年時期的許多特質歸因於母親懷孕時的經驗，例如，母親吃錯食物，或受到動物的驚嚇。當時最普遍的看法源自拉馬克（Jean-Baptiste Lamarck）的理論，拉馬克主張，父母在一生中獲得的特質，可能會表現在孩子身上。然而，所有這些解釋都不足以說明常見於家族成員的明顯差異和相似。

達爾文有個理論認為，人體內的某種特定粒子含有遺傳的要素，而高爾頓藉由在兔子之間輸血來測試這個理論，但始終找不到證據。後來，他和達爾文持續進行這個得不到滿意結果的實驗。

問卷調查

當學者質疑高爾頓對於遺傳優勢的看法，高爾頓採用了一個新方法——他要求「皇家學院」院士填寫一份關於他們的背景與人生經歷的問卷。對現代人來說，填寫問卷的作法簡直平淡無奇，但在當時可是一項創舉！高爾頓開創了一種蒐集個人資料的新方法。

他的調查結果出現在《英國科學界人士》（*English Men of Science*）一書，雖然這些接受調查的人最初是匿名的，但現在我們知道了某些人的身分，包括達爾文謙遜的自我評價。高爾頓的著作雖嫌粗糙，卻引進了一個新的詞彙——「先天本質vs.後天教養」，他聲稱這是一個「鏗鏘作響的用語」，而這個鏗鏘聲持續至今，發揮著影響力。

雖然這些問卷的答案沖淡了高爾頓對遺傳力量的堅信不移，他終於承認環境在個人發展中也扮演了重要的角色，但他依舊認定，遺傳才是最大的決定因素！他該如何證明？一八七五年，他的軍械庫中又多出一項武器——同卵雙胞胎研究。他蒐集了許多對同卵雙胞胎的資料，包括這些雙胞胎是被一起撫養長大的，或是分開長大的情況。他認為，這些資料足以區分先天與後天因素對人的成長所做出的貢獻。當然，要找到足夠早期就被分開撫養的雙胞胎，不是一件容易的事。

同時，高爾頓也在找尋客觀、容易測量，最能區分出聰明人士的特徵：頭部大小是個特徵，此外，感覺靈敏和反應快速也是線索。他著迷於測量各種人類特徵，尤其關注「智力」。隨著「國際衛生博覽會」於一八八四年開幕，他整合了許多關於智力測量的想法。

這年的「世界衛生博覽會」在南肯辛頓舉行，距離高爾頓的住處不遠。會中展示了各種與衛生相關的商品，以及改善居家條件的設備，包括一具沖水馬桶的原型。高爾頓的展區設立在一條六呎寬、三十六呎長的狹窄走廊，參觀者在會場入口處付費之後，就會被帶領著通過走廊，接受一系列的測量，從身高、體重、肺活量到感官辨別力、顏色感知等。然後，參觀者可以獲得一份測量報告，高爾頓自己也留下副本，等博覽會和後續活動結束，高爾頓竟然蒐集到超過九千人的測量紀錄，這可是一筆龐大的資料！此外，他還創建了倫敦特定歷史時間人口的「人體測量學紀錄」。

在高爾頓投入研究的年代，統計學還處於草創階段，是高爾頓的方法協助了統計學得以發展成更成熟的科學工具。高爾頓對統計學重要的貢獻之一，就出自於他的這份展覽會資料。他繪製了兩百多對父子的身高圖表，並且立即發現兩者之間的明顯關聯：當父親長得比較高，兒子通常也會長得比較高。

這個簡單的製圖是「相關係數」雛型的起點，有人視之為重要的統計學工具，高爾頓的同事後來以數學方法將這個概念發展到完善的階段。如今，「相關性」在各種主題上廣泛的被應用，包括預測學校的成功，或是發展關於癌症起因的假說，一躍成為許多學科極為有用的研究工具。

一八八六年，皇家地理學會又授予他一面金質獎章，表彰高爾頓不容忽視的的重大貢獻。

指紋鑑識

在對人類進行的另一項測量中，高爾頓開始探索「指紋」作為一種鑑定身分的形式。在日本或中國，用手印在契約上蓋章早有悠久的歷史，類似於現在的簽名。這項技術被西方世界採用時變得更加完善了。儘管指紋可以用來鑑定身分——即便個人加以否認——在犯罪案件中可能非常有用，但這項技術並未被廣泛接受。高爾頓看出他必須做點什麼，才能讓指紋的運用更令人滿意。

在先前指紋技術的基礎上，高爾頓證明了每個人的指紋不僅不一樣，而且每個人的指紋也是終生不變的。再者，他發展出一套分類系統，讓指紋能夠產生實用的價值。認真工作了幾年，他成功將指紋鑑識技術提升到新的層次。然而，令高爾頓失望的是，他無法透過指紋來鑑別哪些才是卓越人士，或是區分出不同的種族，他的這套方法漸漸變得有些過時，但「指紋鑑識」這個方法很快在刑事系統中發揮了重要用途。

高爾頓對於測量依舊熱情不減，他將統計方法運用於宗教。他注意到一件事：牧師的壽命並不比一般人更長。這項事實引發了他對宗教的質疑。高爾頓開始研究在船上禱告的效力，以及這些禱告者是否倖存。當時的船運可是一種危險事業，船隻沉沒是常有的事，除了人命損失，也造成重大財務災難。高爾頓得到的結論是，為了讓船隻平安所做的禱告，並沒有顯著的效果。

先天本質VS.後天教養

高爾頓的愛妻露薏路莎死於一八九七年，當時他們在法國度假。在度過哀悼期之後，高爾頓恢復了活力，或許他也意識到自己來日無多了。那時，他獲得科學專家的支持，包括倫敦大學學院的數學家皮爾森（Karl Pearson）。皮爾森是一位堅定的優生學家。倫敦大學按照高爾頓的提議，設置了「優生學研究員」的職位，而高爾頓也如願在倫敦大學學院創設「優生學教授」的職位，皮爾森被提名為第一位任職者。此後，「優生學學會」大量出現在世界各地，尤其是歐洲和美國，德國則成立了許多想法來自高爾頓的「種族優生學會」，幾年後產生了可怕的影響力。

高爾頓活到八十六、七歲，他所有的兄弟姊妹那時都已亡故，高爾頓則百病纏身，氣喘、風濕病和痛風限制他了出外旅行的機會。一九〇九年，八十七歲的高爾頓受封爵士，在生命的最後幾年，一輩子從不讀小說的高爾頓非但開始讀小說，還寫了一部小說。不令人意外，小說主題是關於一個奠基於優生學的社會。不過，出版商拒絕出版這部小說，據稱是因為當中的性愛章節，而且高爾頓要求在他死後銷毀這部小說。如今，這部小說的大部分內容已經被毀，包括被描述成色情的某些章節。

一九一一年一月十七日，高爾頓在薩里郡（Surrey）的租屋去世，享年八十八歲，死前深受支氣管炎與氣喘之苦。高爾頓在世時大名鼎鼎，但如今卻不算特別有名，至少多數美國讀者都不認識他。

高爾頓十足是他所處時代的產物，不乏他那個時代的人所具備的種種階級或種族偏見，但他也是那個年代卓越不凡的人物，以狂熱的情感屢屢提出新的洞見，並且孜孜不倦地工作。如同傳記作家布魯克斯（Martin Brookes）所言，高爾頓藉由將人類放在演化的脈絡中，預見了現代人類學、社會生物學和演化心理學的發展，這是非常了不起的成就。

事實上，高爾頓對於心理學的貢獻十分巨大，特別是美國的心理學，儘管未必脈絡鮮明。萊比錫大學的馮特（Wilhelm Wundt）被視為實驗心理學的創建者，他思索的特定議題是：他在找尋「普通人」的屬性，也就是所有男人（和女人）的共通特性。而高爾頓感興趣的，則是男人與女人的差異，達爾文稱之為「變異性」，或稱「個別差異」。馮特的關注點只代表了一小部分的實驗心理學，如今美國多數的心理學派，著重的都是變異性。

然而，高爾頓的研究產生了另一股不那麼值得讚揚的影響力。在一九〇七年的美國，印第安納州採行絕育法，這就是一種「消極優生學」。消極優生學並非單純鼓勵最聰明、最有能力的人結婚和生育，而是設法限制那些在智力光譜中較低端的人口生育。不久，另外三十個州也仿傚印第安納州採行絕育法。

一九二〇、三〇年代，許多（可能是大多數）美國頂尖的心理學家堅信優生學的主張，因為優生學有一種迷人的單純，而且似乎具備科學基礎。然而，二戰之後，美國的心理學歷經了一次劇烈的翻轉。戰爭期間，納粹德國的終極目標是種族的「淨化」，這導致數以百萬計的猶太人，連同辛提人、羅姆人、失能者、性別上的少數族群，以及任何不符合所謂「標準的人」的死亡。

不受控的優生學造成了可怕的牽連，雖然直到六、七〇年代，許多絕育法條依舊登記在案，但美國的心理學逐漸脫離從堅定的生物學角度來解釋人類的行為，而日益轉向受到環境影響的觀點。高爾頓在這麼早的時間點就提出「先天本質VS.後天教養」的問題，至今持續被討論。事實上，這很可能是所有心理學最根本的問題。在最好的情況下，這個問題會獲得高度發展與平衡的討論。

目前對於基因與環境互動的描述，早已遠超過單純討論哪一個更重要，或者各自有多少貢獻。可惜的是，社會大眾的說法通常不夠成熟，至今媒體還常出現「精神分裂症或酗酒等某些極端行為的基因已經被發現了！」這類報導。其實這樣的說法，並不比高爾頓時代所提供過於簡略的解釋更為高明。

問題討論

1. 高爾頓成為幾個不同領域的專家。現在的人是否有可能在這麼多領域中擁有這些專長和淵博的知識？
2. 為何高爾頓對遺傳的立場如此堅定？他發展出什麼證據來支持他的立場？
3. 為何高爾頓需要智力測驗來推廣他的研究成果？
4. 何者構成高爾頓的智力測驗的基礎？這些測驗有多成功？
5. 高爾頓想要培育出更聰明的人類，這個想法是否真的可行？為何行得通，或者為何行不通？
6. 優生學有時被分成**積極優生學**和**消極優生學**。試說明其差異。

第8個故事 男人和狗

如果要選出一個人作為現代心理學的創建者，伊凡．彼德羅維奇．巴甫洛夫（Ivan Petrovich Pavlov, 1849–1936）是最不可能出現的名字。他接受過醫師訓練，但從未執業。在大半生的職涯中，他堅稱心理學是一門不夠科學、曖昧含糊，而且過度強調內在狀態的學科。即便巴甫洛夫因為他的貢獻而得到心理學界的肯定，但對於被視為心理學界的一份子，他頗為躊躇。他古怪的個人特質增添了他的神秘感。

巴甫洛夫獲頒過諾貝爾獎，卻非因為他最知名的成就。在職涯初期，巴甫洛夫有系統地致力於瞭解消化的過程，他在實驗中觀察狗的唾液分泌，從而引發他日後的興趣，也就是對「學習」的研究。這項研究耗費了他的大半輩子，他不僅為理解學習的過程建立起許多基本的規則，也確保了在心理學史上獲得一席之地。

不當神父

一八四九年九月十四日，伊凡・巴甫洛夫出生於俄國梁贊（Ryazan），他的父親是東正教神父，母親是神父的女兒，一家人過著簡樸的生活，靠著提供寄宿和販賣自家種植的蔬菜來平衡收支。巴甫洛夫家族神父輩出，若按照慣例，伊凡最後也會成為一名神父。伊凡在八、九歲時從很高的柵欄上跌落，結果受了重傷，因此接受了教父的照顧。從這位修道院院長身上，他養成了對學習的愛好，以及對紀律的要求。

巴甫洛夫早年就讀於梁贊的神學院，接受由拉丁文和希臘語授課的傳統教育，他的早期教育嚴格且紮實。巴甫洛夫的童年正好碰上俄國歷史的轉變期。在巴甫洛夫年僅六歲時，新即位的沙皇亞歷山大二世掌控了政府，不僅廢除古老的農奴制，還開放國家接受新觀念，包括那些來自西方世界的新興想法。

當時科學備受重視，俄國正準備迎接一個以科學探索和發現為基礎的美好未來。巴甫洛夫深受影響，他找到了神父生涯以外的新人生。他開始閱讀唯物論的著作，亦即那些以完全「自然的」、非精神的解決之道來描述人和宇宙的作品。即便當時市面上新科學的書籍數量很有限，但巴甫洛夫仍然努力爭取閱讀的機會，他尤其受到俄國生理學家謝切諾夫（Ivan Sechenov）的影響，巴甫洛夫稱他為「俄國生理學之父」。

謝切諾夫是《大腦反射作用》（*Reflexes of the Brain*）一書的作者，書中將許多電生理學和神經生理學的內容引介到醫學領域。他深信反射的作用，並認為人體只不過是一部打造完善的機器。此外，巴甫洛夫也深受新近接觸到的西方科學文獻的影響，尤其是達爾文的著作，因此，他的生涯規劃轉向自然科學，以謝切諾夫和達爾文作為他建立方法論的基礎。

科學實驗室

就讀神學院的最後一年，巴甫洛夫決定不繼續研習為了擔任神職而準備的學業，他利用時間參加聖彼得堡大學的入學考試。可想而知，這讓巴甫洛夫的父親非常失望，父子倆產生了永遠無法彌合的裂痕。然而，年輕的巴甫洛夫堅持他的選擇，順利進入聖彼得堡的新世界，也就是俄國知識份子與科學匯聚的中心。

第一年對他來說在情感上非常難熬，但隔年，他的弟弟德米特里（Dmitry）也進入聖彼得堡大學，接手照管兄弟倆的生活，例如住宿和食物，甚至關心起哥哥的社交生活。在巴甫洛夫的一生中，總會有人幫他處理生活中的現實問題，但在科學層面，他非常獨立自主。

在頗具爭議但聰明的聖彼得堡大學教授齊昂（Ilya Tsion）的指導下，生理學成為巴甫洛夫熱愛的科目，齊昂擔任巴甫洛夫的導師。一八七五年，巴甫洛夫取得學位，確定邁向研究生涯。事實上，他多花了一年才完成大學學業，因為他投入了太多時間在做研究。

他繼續在「帝國醫療與軍事學院」攻讀醫學學位，並於一八八三年完成學業，冀望這個學位能讓他獲得該領域中數量稀少的大學職位。不過，巴甫洛夫無意成為一名執業醫師，讀完醫學院後，他在萊比錫大學進行了兩年的博士後研究。相較於俄國的實驗室，在萊比錫的經驗，讓他對於西方世界實驗室的完善設備印象深刻。他學會了運作實驗室的方式，並將之融入自己的研究。

後來，巴甫洛夫的導師齊昂由於種種原因被逐出學術界，包括他引人爭議的想法、惱人的性格，以及他猶太人的身分。此外，齊昂是個非常嚴格的老師，許多學生並不喜歡他。一時間，巴甫洛夫失去了導師的指導，也沒有一個強勢的後台為他提供建議，因此，他只獲得了一份根本配不上他能力的工作，而且薪資不佳，這對他的妻子莎拉（Serafima）和當時正在增加的家庭人口造成極大的負擔。

巴甫洛夫承認他非常不切實際，他的日常生活就是明證。在心理史學家方契（Raymond Fancher）講述的實例中，巴甫洛夫曾在他當時的未婚妻出發旅行之前，用微薄的薪水，買了一雙鞋子送給她。但等她到達目的地，卻發現盒裡只有一隻鞋子和一張字條。原來，巴甫洛夫將另一隻鞋留在他的書桌上，用來想念他的未婚妻。

在一八八〇年代，巴甫洛夫花了大量時間在別人的實驗室辛苦工作，他對於沒有資源將自己的想法付諸實行感到挫折。不過到了一八九一年，一切都改觀了！他在「實驗醫學研究所」任職，還在「軍事醫療學院」獲得了教授的職位。現在他不僅擁有養家活口的財源，還有可以建立自己研究工作的實驗室。促成巴甫洛夫成功的要件之一，是他堅持在經過消毒的條件下替動物動手術，這在當時是一個引發爭議的想法。

儘管巴甫洛夫的日常生活不切實際，但他的工作態度極為專注，而且有條有理到偏執的程度。他非常重視科學價值，也往往忽略了社會慣例。身為一個高要求的上司，如果下屬不令他滿意，他經常對他們大吼大叫。但是，他也會安慰下屬不用理會他的情緒爆炸——他只是在科學研究上盡心盡力罷了！

一八九三年，阿爾弗雷德．諾貝爾（Alfred Nobel）捐贈了足夠的錢給巴甫洛夫的實驗室，讓他得以將實驗室的規模擴充至兩倍。諾貝爾希望巴甫洛夫能研究困擾他許久的一些健康問題，包括消化問題。他提出一些主題讓巴甫洛夫進行調查，巴甫洛夫部分遵照辦理，但同時，他也利用這筆錢打造了一棟兩層樓的實驗室，囊括了他夢寐以求的一切便利設施。

唾液研究

巴甫洛夫選擇以狗作為研究的主要動物，這是經過深思熟慮的結果。狗可以用低價取得，而且牠們的消化系統與人類相似。巴甫洛夫認為狗是特別聰明的動物，而且能積極配合研究。他的實驗室最後使用了超過一百隻狗。

巴甫洛夫早期的研究發展自他的博士後研究，他為接受實驗的狗製作一個人工囊袋或胃，試圖瞭解胃液的作用。第一隻歷經這種手術而存活下來的狗叫做「小朋友」，巴甫洛夫仔細觀察牠的消化過程，長達三年的時間。在達成暫時性的結論後，他們用了另一隻叫「蘇丹」的狗來驗證結果。

這項研究非常成功，解開了許多消化之謎，尤其釐清胃液的適應力。巴甫洛夫將他的消化研究總結在《關於主要消化腺之作用講稿》（*Lectures on the Work of the Main Digestive Glands*）一書中，將成果歸功於他具名的同事。巴甫洛夫因為這項研究而獲頒諾貝爾獎，但在研究過程中，他察覺到與消化過程有關的「心理」成分，是無法僅僅用生理學觀點來加以解釋的。

巴甫洛夫發現，不僅食物的存在會刺激胃液的產生，似乎中立的環境線索也能辦到。舉例來說，在接近餵食時間時，當籠子的門被打開或照顧者一靠近，他的狗就開始分泌唾液。巴甫洛夫明白他處理的不只是單純的生理反應，他推測，腺體本身不是造成唾液分泌的原因，而是存在於腦中的某種事物。對他而言，研究唾液的分泌，實際上是研究大腦功能的方式之一。

打從一八九七年起，巴甫洛夫就開始研究這個現象。他並非利用胃囊來蒐集資料，而是對狗的唾腺動手術，使之暴露出來而更容易收集唾液。除了堅持嚴格的消毒標準，巴甫洛夫會成功，是因為他是個出色的外科醫師，而且他擁有一雙靈巧的手。實際上，他並未親自做研究，他是督導一間有幾位永久員工和大量研究生的實驗室，這些人的工作對整體的成果至關重要。

他研究的學習類型後來被稱作**「古典制約」**。這個名稱來自於它被視為第一個關於學習的實驗研究，但稱作「制約」，則是翻譯上的失誤。巴甫洛夫描述這種學習，是以環境線索作為附帶條件。誤譯留存至今，目前心理學家在使用時，**「制約」**已經成為**「學習」**的同義字了。巴甫洛夫於一九〇四年獲頒諾貝爾獎，他在得獎演說中談到他正在研究一種新的「心理」現象，而非關於消化的研究。

古典制約

巴甫洛夫研究的學習類型具備極為明確的特性。它始於生物天生既有的反射或反應，換言之，並不是學習而來的反應，包括一陣氣流吹向眼睛時的眨眼反應，或者眾所皆知、輕敲膝蓋特定部位所產生的膝反射。巴甫洛夫的研究焦點是唾液分泌，這是一種食物被供應時的自然反應。在這個例子中，食物稱作**「非制約刺激」**或未經學習的刺激，而唾液分泌則稱作「非制約反應」或未經學習的反應。

巴甫洛夫觀察到的原理是：在非制約刺激與先前的中立刺激之間反覆建立關聯，是古典制約不可或缺的要素。例如，當鈴聲這種中立的刺激，與非制約刺激一同出現，它便帶有非制約刺激的特性。經過若干次的聯對出現之後，鈴聲本身就能引發唾液分泌，也就是它會變成所謂的「制約」（或學習而來的）刺激，而隨後的唾液分泌則稱作制約（或學習而來的）

反應。

巴甫洛夫的研究遠超出他最初的發現，往後他將揭開學習——以及遺忘——的許多規則。舉例來說，他證明了如果非制約刺激和制約刺激停止聯對，經過一段時間之後，制約刺激將失去引起反應的力量。換句話說，某種形式的遺忘（或消弱現象）會發生。而一旦聯對重新被建立，制約反應也將迅速或劇烈地重新產生，他稱這種現象為「自發恢復」，意思是，這個反應沒有真正消失，只是隱藏了起來。

此外，他還針對刺激類化現象做了研究，在這個情況下，狗會對於類似的制約刺激起反應，這種刺激與狗被訓練時所接受的刺激並不完全相同。

巴甫洛夫和他的學生藉由訓練狗兒對某個刺激起反應，而對另一個刺激不起反應，來證明「辨別學習」的現象。舉例來說，狗兒可能被訓練成對圓形起反應，但對橢圓形不起反應。在成功學習辨別後，橢圓形被逐步修改成像圓形的形狀。結果，當橢圓形改變，實驗的狗也會變得激動。最後，當牠們難以分辨牠們被訓練認識的圓形和橢圓形，牠們就會變得極為激動。有些狗會與牠們的挽具扭打、發出哀鳴，或是設法離開實驗場所。巴甫洛夫宣布創造出「實驗的神經官能症」，並推測它與人類發展的關聯。這個他日後深入探索的主題，也在他死後被許多人接續著研究。

巴甫洛夫從實驗室產生數以百計的研究報告，多半以他的工作人員的研究為基礎，他們之中有許多是進一步尋求博士學位的醫師。他們從巴甫洛夫實驗室獲得兩年學位，不但可以藉此提升醫師地位，也保證了更高的收入。巴甫洛夫創造了一所極有效率的實驗室，他負責分配題目、監督研究和仔細編輯所產生的報告。他利用來自實驗室的種種研究，有系統地闡述一個更高層次心智活動的理論。他堅決認為他的理論完全屬於生理學的範疇，儘管它顯然是心理學理論。

動物實驗

許多研究者發現，巴甫洛夫的研究代表了心理學的一個重要轉捩點：證明心理學能利用全然客觀的方法來解答許多問題。簡言之，巴甫洛夫開啟了一個可能性：心理學作為一門科學，可以跟其他科學等量齊觀。在俄國，這種方法稱為「客觀心理學」。在美國，巴甫洛夫的作品被視為行為主義發展的重要支柱，這個學派支配心理學長達數十年之久。

不過，巴甫洛夫在世時，也淪為其他研究者批評的對象。有一位批評者是他自己的同胞別赫捷列夫（Vladimer Bekhterev），他對於巴甫洛夫研究的諸多層面給予嚴厲的批評。別赫捷列夫發展出一個與巴甫洛夫理論非常類似的關聯反射理論，然而他是利用溫和的電刺激來達成結果。

他認為巴甫洛夫利用唾液分泌作為主要實驗目標可謂錯誤百出。首先，為了測量唾液分泌，巴甫洛夫需要動手術，這在人類身上施行將是一項困難的程序。再者，唾液分泌的程度取決飢餓程度，這種關聯可能會影響實驗結果。最後，別赫捷列夫將分泌唾液視為一種微不足道的行為。

面對批評，巴甫洛夫反擊赫捷列夫的研究粗劣而缺乏系統。有人這麼說，如果美國行為主義之父約翰．華生（John B. Watson）是從別赫捷列夫、而非從巴甫洛夫的研究中得到線索，那麼今日更出名的或許就是別赫捷列夫了。

巴甫洛夫也遭到動物權團體的批評，他們認為他的研究手段太過殘忍。巴甫洛夫則充滿同理心地回應說，他喜愛動物，而且對那些因手術而喪命的動物深感同情。然而，他也指出動物研究在許多領域的必要性，例如藥物研究，如果動物研究不被允許，那麼唯一的選擇就是進行人體實驗了。

彷彿來自動物權團體的批評還不夠似的，巴甫洛夫的妻子也批評自己的丈夫。莎拉是個虔誠的信徒，她認為丈夫的研究是對於上帝信仰的理念破壞。

反對心理學

巴甫洛夫不只消極地批評心理學，甚至在許多方面反對心理學。在職涯的大部分時間，巴甫洛夫是個唯物論者，矢志從完全生理學的角度來解釋一切行為。他表示，當心理學家使用諸如「心」和「意識」等用語來解釋行為，就不算是個科學家了！他特別鄙視心理學的完形學派，他們用來解釋行為的整體方法，在他看來簡直無法理解，尤其該學派明確主張的反還原論立場。對巴甫洛夫而言，要瞭解某個現象的唯一辦法，就是將它的組成部分一一拆解開來。

桑代克（Edward L. Thorndike）是讓巴甫洛夫心生好感的心理學家，至少在一開始是如此。桑代克作為美國頂尖的心理學家，他和巴甫洛夫都不喜歡探索內在狀態。

桑代克認為學習始於環境，然而，他的方法在許多方面都跟巴甫洛夫不同，包括桑代克忽視內建的生理反應，因此非制約刺激或反應在他的系統中並不適用——他完全專注於環境的力量。日後，桑代克的方法被視為瞭解學習的典範。當巴甫洛夫更完整瞭解桑代克的系統時，他對桑代克的評價也變得沒那麼正面了。

巴甫洛夫從小就對心理健康議題感興趣，這可能跟巴甫洛夫的母親不穩定的情感生活有關。在生命最後六年，巴甫洛夫對於心理健康的興趣益發高漲。在精神病學家的協助下，他在診所觀察不同病患的行為和訪談案例。他先前已經發現他的狗群的性情差異，並認為這些差異是瞭解異常行為的關鍵。他的核心論點是刺激與抑制狀態之間的平衡，按照這個觀點，當性情軟弱者面對艱困的環境條件，就可能造成各種神經官能症。此外，他相信軟弱的性情類型，提供了精神分裂症發展的基礎。

大起大落的人生

獲頒諾貝爾獎後，巴甫洛夫的名聲不斷攀升，最後他經營了三所實驗室，世界各地都有科學家前往學習他的技巧。他名利雙收，四名子女都有自己的事業。但到了一九一四年，年屆六十五歲的巴甫洛夫生活發生了劇烈的轉變。俄國參與第一次世界大戰蒙受了巨大損失，無數人因此喪命，俄國日益貧窮，民不聊生。沙皇尼古拉二世被認定必須為國家的處境負責，最後在承諾重新分配財富給所有人民的革命中被推翻。

俄國與德國的戰爭在一九一七年結束，但俄國內戰仍打得如火如荼。等到布爾什維克黨（後更名為共產黨）於一九二一年取得權力，俄國已成為一片廢墟。由於缺乏資源（例如餵養狗群的食物），巴甫洛夫的實驗室無法再運作，巴甫洛夫的諾貝爾獎被沒收，他淪落到得自己種植糧食過活。他決定寫信給政府，要求移居外國。當時，七十歲的他還是希望能夠完成研究。

出乎意料的是，他的信引起當時蘇聯總理列寧的注意。政府決定提供巴甫洛夫進行研究所需的一切，並堅信他是進步國家的象徵人物。此後直到巴甫洛夫過世，他的實驗室都發展得非常興旺，重新獲得一度擁有的設備，成為俄國境內得到最多資助的實驗室。不過，新挹注的資金再豐沛，也阻止不了巴甫洛夫猛烈批評新政府缺乏宗教寬容和學術自由的行徑，所幸，他的名聲提供了一定程度的保護。後來他不甘願地承認，至少新政府明白科學的價值。

巴甫洛夫繼續工作，直到邁入高齡。他鑽研優生學，如同當時的許多科學家，他也將優生學視為以科學改善人類的絕佳機會。他對研究老化很感興趣，對象除了他自己，還包括他的狗。他發現年紀較大的狗仍保有牠們先前的制約反應，不過已經很難學會新的東西，而人類也有相同的情況。

巴甫洛夫兩度前往美國發表演說。一九二三年造訪美國時，他來到紐約市的大中央車站，不料身上的旅費竟然被搶了！所幸那次的行程贊助者替他支付了開銷。一九二九年在耶魯大學舉行的第九屆「國際心理學會議」中，巴甫洛夫是主要的演說者，他明確承認了心理學在他研究中的價值。

巴甫洛夫在八十六歲染上肺炎，一年之內兩度發作。他於一九三六年去世，到了死前，他還在觀察自己。巴甫洛夫的過世引發大眾對他研究成果的高度讚揚，不只俄國，還包括了世界各地。他非但對生理學做出重大貢獻，還扮演了改變心理學的重要角色，將心理學從對意識狀態的研究，轉為聚焦於行為的研究。由於他的貢獻，巴甫洛夫的名字進入大眾文化，這是極少人能夠享有的待遇。

問題討論

1. 巴甫洛夫將先前缺失的東西帶進學習研究中，那是什麼？試描述巴甫洛夫的學習模型。
2. 哪些要素促成了巴甫洛夫的研究成果？
3. 為何巴甫洛夫最初贊同桑代克的作品？古典制約與其他學習形式有何差異？
4. 巴甫洛夫後來如何將他的原理運用到變態心理學的研究？
5. 為何巴甫洛夫如此不願意和心理學有所牽連？

注釋

本章所引用的聶爾．陶德斯（Dniel Todes）著作（參見參考書目），是目前講述巴甫洛夫生平及其作品最全面的著作和絕佳的資料來源。書中包含七百頁的本文和一百頁的注釋和參考書目。

第9個故事 聲名狼藉的墨漬測驗

赫曼．羅夏克（Hermann Rorschach, 1884–1922）就讀瑞士本地高中時，他的同學為他取了「墨漬」這個綽號。這個名稱反映出羅夏克的藝術才能，以及他年幼時對一種流行遊戲「墨漬神諭」的興趣。羅夏克和他同學都不曾預料到，墨漬會成為羅夏克從事的專業工作，並讓他在心理學史上獲得一席之地。

還在就讀醫學院的羅夏克，曾接觸兩位精神病學巨擘佛洛伊德和榮格的作品。他們不僅對精神疾病、也對人的本質提出令人興奮的新解釋，而且對即將出現的「動力精神病學」做出了貢獻，而這時的羅夏克仍處於職涯早期階段。

羅夏克接受他們的說法，儘管對於部分理論感到懷疑，他仍將這些想法融入工作，最終思考的結果是創造了「羅夏克墨漬測驗」。這是一種由十張圖卡組成的人格測驗，大多數是黑白圖卡，有些是彩色的。這個測驗的出現，不只是因為當時流行的心理動力精神病學，也來自羅夏克治療精神病患的實務工作。羅夏克一直是個業餘藝術家，他從人們對墨漬測驗的回應方式看出有意義的差異，無論他們是精神病患或是身邊的朋友。

這個測驗如今成為心理學和心理學家神秘力量的象徵。有些專業人士相信，每個人回應圖卡的方式會暴露出內在的人格，而且這些人格可能連測驗者自己都沒有察覺。羅夏克未能活到見證此事——他在三十七歲英年早逝，他的測驗成為心理學中最受歡迎、也最具爭議的測驗之一。這個測驗簡稱「羅夏克測驗」，它以作者沒有想過的方式被廣泛的運用。有人讚賞它揭露了無意識的力量，有人指責它缺乏信度和效度，也有人認為，那只不過是種廉價的把戲。

這項測驗有數以千計的研究報告，而且被運用在治療以外的種種場合，包括選擇工作和法律評估。它的名號以許多方式融入社會文化，通常用於描述反映個人的大略狀況，而非客觀的價值與印象。儘管羅夏克測驗受歡迎的程度時有起落，但在相信其力量的支持者幫助下，這個測驗繼續被運用，而且一如既往的產生爭議性。

早年生活

一八八四年十一月八日，赫曼．羅夏克出生於瑞士蘇黎世，但他的生活大部分是在風景如畫的沙夫豪森（Schaffhausen）度過。他的父親是一名學校教員暨藝術家，母親是家庭主婦。母親在赫曼八歲的時候就過世了，父親在他十八歲過世。隨後，他和弟弟保羅及妹妹安娜被冷酷嚴格的繼母撫養，他們極度渴望逃離她的控制和拮据的財務環境。

年輕的赫曼在科學家與藝術家生涯之間左右為難。到了十九歲，他選擇進到蘇黎世大學念醫學，但藝術一直是他終身的愛好。當時的醫學對於提供治療幾乎很少有著力點，醫師往往知道疾病的進程，但沒辦法進行有效的介入。

同樣的，精神病學家正在學習為各種精神疾患做分類，但多半只能提供有限且無效的治療。對羅夏克來說，幸運的是，精神病學正在歷經一個重大轉變，而鄰近的蘇黎世柏戈爾茨利醫院（Burghölzli Hospital）是重鎮之一。雖然羅夏克不曾在柏戈爾茨利醫院正式工作過，但蘇黎世大學與這所醫院的關係緊密，他因此從中獲益良多。

對羅夏克產生最直接影響的人，或許是柏戈爾茨利醫院院長布魯勒（Eugen Bleuler）。布魯勒曾採用在當時不太尋常的一種方法來治療病人。那個時候相信，罹患嚴重精神疾病的病人通常有器質性的腦部疾病，布魯勒手上有許多得了精神分裂症、被認為無藥可救的病人，布魯勒會聆聽他們說話，設法瞭解他們的症狀和故事。

羅夏克很佩服布魯勒對病患的態度。先前布魯勒創造了「精神分裂症」的這個名稱，來取代以往的「早發失智症」，後者會讓人聯想到一種早期發作且持續終生的疾病，但布魯勒認為這是對精神分裂症過於負面的觀點。

柏戈爾茨利醫院的另一位重要人物是榮格，這位在精神病學界快速崛起的明星對於精神疾病的成因有新的想法。羅夏克跟榮格雖然沒有直接接觸，但他對榮格和奧地利精神病學家佛洛伊德所提供的「心理動力學」概念抱持著開放的態度。的確，容格和佛洛伊德對羅夏克在精神疾病的見解上，也產生了深刻的影響。

一九〇六年，羅夏克認識了醫學院的同學斯坦培林（Olga Stempelin），他是出身俄國喀山（Kazan）的本地人。斯坦培林也是一位歷史學家，他與羅夏克的友人及羅夏克的妻子都交誼匪淺，從他對羅夏克的記述中，我們看到一位性格友善、令人愉悅和謙虛的學者。羅夏克是金髮高個子，擁有廣泛的興趣，尤其鍾情於視覺藝術。

一九〇九年，羅夏克通過讓他得以行醫的考試，他走訪俄國，在不同的地方工作。他跟奧爾嘉訂了婚，但他們沒有足夠的錢結婚，也不想靠借錢來生活，不得已之下，羅夏克只好返回瑞士，在明斯特林根（Münsterlingen）的醫院工作，暫時將奧爾嘉留在俄國。不幸的是，羅夏克連回國都遇上阻礙，他在邊界被攔下，最後為了離開俄國而不得不行賄。

觀察精神病患

等羅夏克在新工作安頓下來後，奧爾嘉過來與他會合，兩人於一九一〇年公證結婚。明斯特林根的這所醫院收治了四百多名病患，有許多被診斷為精神分裂症，而且負責照護的人員有限。但赫曼和奧爾嘉似乎很滿意那裡的環境。羅夏克為病患設計了各種活動，包括玩耍和藝術消遣活動，他擁有一種跟病患建立好關係的特殊能力。他寫出幾部以觀察病患為基礎的科學著作，也為報紙寫一些通俗的文章，顯然是為了餬口維生。

這個時候，羅夏克開始從專業的角度探索墨漬。一九一一年，他與學校教員格林（Konrad Gehring）合作，用墨漬測試孩童和他的一些病人。他特別感興趣的是觀察這些反應與榮格「字詞聯想測驗」的對比。這次的測試沒有系統，也沒有發表結果，卻為後來的測驗奠定了基礎。

早在羅夏克之前，已經有幾個人探索過墨漬的運用。德國醫師柯勒（Justinus Kerner）曾搜集了一組墨漬，他認為他窺見了一個隱藏的秘密世界。羅夏克雖然耳聞他的研究，但沒有直接受到影響。著名法國心理學家比奈（Alfred Binet）也曾利用墨漬進行研究，將之作為想像力的測驗。比奈的研究成果廣為人知，某些部分被美國心理學家採納。然而，羅夏克對於墨漬有非常不同的想法。

一九一三年十二月，羅夏克和奧爾嘉前往俄國。關於此行停留時間的長短眾說紛紜，不過，等到羅夏克返回瑞士，他失去了在明斯特林根的職位，而不得不接受在伯恩的「瓦爾道精神病院」待遇較差的職位。其間，第一次世界大戰爆發讓情況變得更加複雜，一直到奧爾嘉從俄國返回，夫妻倆認為微薄的薪水以及他們的房子實在不敷使用，於是羅夏克向瑞士黑里紹（Herisau）的一所精神病院求職。他在這裡建立了完整的家庭，兒女也先後出生，而這段期間，一項新的興趣佔據了羅夏克的所有時間，他著手撰寫一本聚焦於墨漬測驗診斷價值的著作。

墨漬測驗

羅夏克對墨漬重燃興趣，似乎是因為在蘇黎世大學的一名叫做西蒙・亨斯（Szymon Hens）的波蘭學生所發表的一篇論文。在某次的蘇黎世之行，羅夏克曾短暫地與他會面。雖然亨斯為了論文而使用大樣本數，來對照出正常組與情緒失常組的反應，不過他所做的研究只是計算反應的數量。然而，羅夏克卻看出其中更多的可能性。羅夏克開始投入新的計畫。

羅夏克需要做的第一件事，就是製作出他認為合用的墨漬。他創造的圖卡絕非出自隨機選擇，而是運用他的藝術知識，不過刻意不添加任何藝術性。它們是一些對稱的圖形，但非常複雜，而不像真正的墨漬。這些圖形是為了吸引觀看者。他以紅色作為顏色之一，因為紅色非常引人注目。一如羅夏克的設想，人們對於墨漬的反應是挺有趣的經驗。起初，他完全沒把它當成一種「測驗」，而是藉以觀察人們看待東西的方式有多麼不同。不久，他改變了心意。

不像比奈的作法，羅夏克不只將圖卡視為一種用來評估想像力的方法，他的經驗告訴他，這些反應不僅能區別智力程度和人格層面，還能區別精神疾病的次類型。他開始想辦法為這個測驗設定評分標準。

但是，什麼樣的反應才是重要的？如果某人拒絕回應某張圖卡，又該怎麼辨？或者，某人只對整張圖卡做出回應，而不回應細節？某人如何對有顏色的圖卡做回應？他們的回應是否包含了動作？必須回答的問題簡直有一大串。後來，他漸漸摸索出圖卡的評分系統，儘管不是依據任何理論，而來自羅夏克出示這些墨漬圖給許多人看過之後所獲得的經驗。不過，他沒有建立起常模，這在日後成為引發批評的關鍵。

精神診斷

儘管羅夏克努力說服出版商出版他的墨漬觀察，卻屢屢遭到拒絕。財務考量是問題之一，出版商認為墨漬圖的複製成本太過高昂。當這本書最終被接受時，墨漬圖的數量從十五張減至十張。但是，羅夏克的磨難還沒結束。

由於技術問題，這本書的出版推遲了好幾個月，而且當首刷一千兩百本於一九二一年六月問世時，圖卡的尺寸和顏色都已經被改動了。不過，羅夏克沒有動搖，他利用這段時間的延誤，進一步探索他的想法。

羅夏克《精神診斷》（*Psychodiagnostics*）一書包含了他利用診斷用墨漬圖卡和詮釋原則，對正常人和心理失常的病患進行實驗的結果。這本書一出版，羅夏克馬上起心動念要調整實驗。這本大作不僅關於墨漬測驗和人格評估，他相信他的測驗還能夠描述一個人終生發展的起落，甚至可以作為人類學的工具，描繪不同種族的思考方式。最終，他認為《精神診斷》是一把萬用鑰匙，可以用來破解和瞭解各種地域和時代的人類文化與文明。

並非每個人都對羅夏克的研究展現出興趣。當他向專業社團提出他的想法，並沒有引發關注。所幸，他做了一件聰明事：進行盲目診斷——這讓他一舉獲得不少擁護者。

他要求人們對他們認識的某人進行墨漬測驗，並將反應寄回給他。但他吩咐這些人，這些回饋不能透露那些接受測驗者的基本資料，連同性別和年齡都必須排除在外。緊接著，羅夏克開始描述這個人的心理狀態。他的命中率令人嘆服，連他的導師也對這個成果留下深刻的印象，最終十分推崇這項技巧。

當布魯勒給予這本書好評時，羅夏克鬆了一口氣，但是其他人的回應並沒有這麼正面。這個測驗的主觀性和缺乏理論根基，使得羅夏克備受批評。其實，羅夏克本人也承認上述瑕疵，他知道他書中許多東西都屬於試驗性質，需要做更多研究，但當這本書最後賠本時，他陷入了沮喪的情緒。

一九二二年三月底，羅夏克開始腹痛。由於種種原因，他沒有就醫治療，因為他那同樣接受醫師訓練的妻子認為那只不過是個小毛病。在經歷了最初的症狀一週後，他被送進急診室，確認罹患了闌尾炎，並且立刻安排手術。不過，這個延誤的診斷並非好兆頭，他的闌尾破裂引發了腹膜炎，隔天早上，羅夏克就死在手術台上，享年三十七歲。當時距離他所發表的傑作才過了七個月。羅夏克的死，將他許多更新的想法一併帶進了墳墓。

死灰復燃的聲譽

羅夏克溫暖的個人特質和身為精神病學家的絕佳技巧，都令人對他的過世哀悼不已，不過，最初他為《精神診斷》付出的努力，似乎隨著他的死亡而消逝了。再者，這本快速寫成的著作不但缺乏組織，而且難以閱讀，這也是缺點之一。或許，這其中還有一個更重要的問題，那就是羅夏克是在非大學的職位上獨自努力，因此他的研究一開始就沒有獲得跟學院教授合作可能獲得的聲望。

學術界重要的幾位心理學家指責他的研究方法，包括當時頗富盛名的斯特恩（William Stern）和慕勒（Georg Müller）。羅夏克死後一年出現了一個亮點，瑞士現象學家賓斯萬格（Ludwig Binswanger）寫了一篇稱讚《精神診斷》的評論，指出在進行精神分析的過程中，這本書具備了用以評估病患的潛在用途。接著，幾個專門研究墨漬測驗的團隊在瑞士成立，但似乎沒有發揮大太的影響力。羅夏克的研究成果依然前途未卜。

許多年來，這個測驗主要存在於被專業遺忘的地帶。但隨著二戰逼近，它被從美國來訪的精神病學家救了回來。利維（David Levy）當時在歐洲度休假年，與羅夏克的朋友歐巴霍澤（Emil Oberholzer）共事。利維返回美國時，帶回了羅夏克的一篇文章和幾件東西，包括《精神診斷》和墨漬插圖。最終，他的大半職涯致力於將這個測驗和評分方法介紹給熱切的美國讀者。

利維以另一種方式讓羅夏克終於為心理學界所接納。他有個名叫貝克（Samuel Beck）的學生正在找尋論文題目，利維給了他一本羅夏克的書，得到鼓勵的貝克遂將研究羅夏克作為終生的工作。

來自納粹德國的逃亡者克洛普弗（Bruno Klopfer）也成為羅夏克測驗在美國的重要領導者，與貝克各執一詞。榮格曾幫助克洛普弗在瑞士謀職，克洛普弗很快便開始學習並施行羅夏克測驗，將之運用於職業目的。一年後，他來到美國，發現美國人熱切地想要瞭解羅夏克測驗，因此他開始教授這種測驗，最終成為夏克測驗的重要權威。

他在一九三六年成立了《羅夏克交流》（*The Rorschach Exchange*）的通訊報，也成為「羅夏克學會」創辦人，這個學會是為了進行墨漬研究、發行相關資訊，以及提供研究者充份的訓練。

羅夏克測驗進入美國的時候，正好是一個特殊時期。當時，儘管心理學術圈依舊大力投注於實驗性的方法，但二戰為心理學帶來了對臨床領域的全新重視。歸鄉的退伍軍人需要心理健康服務，而臨床心理學家也準備好要提供幫助。對於工具有限的心理學家而言，羅夏克測驗可謂大受歡迎的助力。

此外，還有其他的領域也對羅夏克測驗產生了興趣。當時精神分析處於興盛期，而強調無意識動機的羅夏克測驗讓兩者緊密地結合了起來。人類學家也利用羅夏克測驗來瞭解文化差異，一如他們利用心理動力原理來作為詮釋的工具。

然而，羅夏克測驗的兩大領導者貝克與克洛普弗之間的爭鬥卻持續上演。貝克擁有堅實的經驗主義基礎，固守最初的想法，不願遷就無法憑經驗證實的任何事物。克洛普弗則隨意添加詮釋到測驗中，以解釋各種經驗。這需要第三方來弭平兩者在詮釋上的巨大差異，而赫茲（Marguerite Hertz）就是終生致力於調解這項衝突的人。值得注意的是，她強調必須在每方面將羅夏克測驗標準化，包括施行和評分方式。

艾森諾（John Exner）是將以上諸多對立勢力納入同一系統的人。在當研究生時，艾森諾就對羅夏克測驗非常著迷，他跟著貝克和克洛普弗進行夏季實習。後來他發展了與其他重要詮釋系統領導者的人脈關係，總結出每個系統各有其強項和弱點，遂著手建立一個全面性的體系。

這項乍看下相對簡單的任務，讓艾森諾投入了畢生的歲月。一九七四年，他出版了《羅夏克測驗：全面性的系統》（*The Rorschach: A Comprehensive System*）一書，將早期系統中最有效的部分予以標準化，並且帶領極受重視的工作坊，四處傳授教學。此後，艾森諾的著作陸續問世，包括新增的範例和各種修改。

艾森諾活躍於專業社團，在他擔任人格評估協會（Society for Personality Assessment，前身為羅夏克學會）和「國際羅夏克協會」會長期間，維繫了大眾對羅夏克測驗的興趣。他也是設立於瑞士伯恩的「羅夏克博物館兼檔案館」的館長。

奇特運用

一九四五年召開了一個軍事法庭，起訴二戰後涉及戰爭罪的納粹份子，這場稱作「紐倫堡大審」的審判以它在德國召開的地點為名。為了判定被告的犯人是否必須受刑，這些犯人接受了一系列的訪談和心理測驗。羅夏克測驗正是其中一種評估工具，不過它的推論產生了爭議，而且因為無法立即取得結果，引發更多的質疑。

整體而言，羅夏克測驗沒有展現出預期的效果，因為沒有一種人格類型能用來描述所有被告的特性。這些人並非罹患精神病的怪物，而且他們身上充滿了大量的變異性。某些人具有強烈的攻擊性人格，但這種人格也可能跟在公司主管身上發現的人格沒有太大的區別。從門外漢的角度，羅夏克測驗簡直錯得離譜，但是羅夏克測驗專家提供了另一種解釋。或許這些人的邪惡行為，與其說存在於他們個人身上，不如說，是存在於他們的環境和境遇之中。

十五年之後，發生了另一場相關的審判，六百萬名猶太人遭到屠殺背後的策劃者艾希曼（Adolph Eichmann）被送到以色列受審，他也接受了羅夏克測驗；測驗之後的結論是：艾希曼是極為嚴重的精神病患。然而，許多人認為他不過就是一個普通官僚，他只是以「奉命行事」來為自己辯護。這個理由縱或可恥，但心理學家史丹利．米爾格蘭（Stanley Milgram）的研究證明，人們是多麼容易服從權威，即使結果可能對別人有害。不說別的，這些備受關注的案件，至少開始讓人懂得質疑羅夏克測驗，以及心理學工具的正確性。

系統改良

用來評估心理的各種測驗，通常會按照幾個標準進行：是否有合適的對照組為這個工具建立常模？是否以標準化的方式施行？信度和效度有多高？「信度」雖然可以用不同方式進行測量，但本質上應該確保測量的一致性。如果缺乏一致性，我們對該工具能有多少信任？至於「效度」，則是指一個測驗用於測量目標事物時所能達到的程度，效度可以用不同方式進行測量，但通常要藉由與某種外部標準做比較來得到證明。

一九六〇年代存在著這麼多評判和詮釋羅夏克測驗的不同系統，根本不可能確定該測驗的信度或效度。數以百計的研究經常產生矛盾的結果，因此某些原本支持這項工具的人開始改變心意，變成批評者。

隨著艾森諾全面性系統的發展，這項工具的心理測量屬性逐漸變得明朗。艾森諾系統的有利條件包括了進一步的標準化和量化，以及具備常模和評分指導原則。不出所料，艾森諾系統獲得了令人滿意的一致性和和整體信度，許多研究所課程開始教授這套系統。然而，對這項工具的批評再度浮現。

儘管艾森諾發表了大量文獻來支持這個方法，但批評者注意到，這些文獻多半是在「內部」完成，未經同儕審查。再者，有幾篇博士論文出現了與艾森諾方法互相抵觸的結果。於是，學術圈針對艾森諾系統的優缺點展開了辯論。

艾森諾系統遭致嚴重批評的面向，就是信度及其評分法，它們遠低於被宣傳的程度，甚至低於艾森諾本人建立的標準。另一個面向是，羅夏克測驗無中生有地診斷出精神不正常的傾向，事實上，這是羅夏克測驗一開始就擺脫不掉的批評。此外，還有對於常模的建立等各種聲音，這些論戰讓大眾前所未有地對艾森諾系統的正確性產生了質疑。

為了判定羅夏克測驗預測結果的能力，（例如工作成就或精神不正常的問題），至今已經完成了許多效度研究。除了羅夏克測驗所獲得的結論向來不令人放心，結合了多種研究的整合分析尤其讓人頭痛，因此，近年來羅夏克測驗的擁護者已經承認，羅夏克測驗不是一種診斷工具，也無意成為一種診斷工具。所有的證據在在顯示這項工具無論有些什麼正面特性，都存在著嚴重的缺點。

明尼蘇達多相人格測驗

如今，羅夏克測驗已經不像當年那麼受歡迎。調查顯示，一九五〇和六〇年代是它被心理學家運用的巔峰期，而隨著心理治療中的心理動力學理論的式微，其他所謂「投射測驗」的受歡迎程度也跟著下降。

在臨床心理學領域，研究所一度規定要上滿兩個學期的課程來學習羅夏克測驗的施行與詮釋，現在這個測驗如果出現在課程中，很可能會被併入涵蓋了各種非客觀人格測驗的單學期課程。

艾森諾系統的發展曾經賦予羅夏克測驗新生命，但此刻已經枯萎，儘管學界試圖避免羅夏克測驗的圖示落入一般大眾的手中，然而它們現在在網路上就可以輕鬆的找到。至於，羅夏克測驗的內容因為太過容易取得，已經影響到這個測驗本身的嚴謹性，關於這點，人們也有不同的評論。

現今的人格評估藉由如「明尼蘇達多相人格測驗」來取代羅夏克測驗，已經是比較不那麼主觀的途徑。雖然仍有必要進行某些詮釋，但明尼蘇達多相人格測驗的施行和評分明顯客觀得多。然而，羅夏克測驗仍在許多開業者之間流行，在法律評估層面的運用尤其盛行。即使這些開業者發現羅夏克評分法有些可疑，但多數人還是願意利用這項測驗來鼓勵案主坦率地談論自己。

隨著目前世代臨床醫師的退休和去世，羅夏克測驗很可能變得更不流行。它的存續有很大一部分必須仰賴研究所的課程，以及這些課程對這項工具的重視程度。不過，羅夏克的測驗或許不至於會完全消失，因為目前已經有二十個國家設立了專業的羅夏克測驗協會，也擁有眾多的出版品和熱心的支持者。

羅夏克測驗依舊令人好奇。當然，羅夏克本人從來無意讓這個測驗以現今的方式被運用，他在過世之前，就已經計畫要改寫這項測驗。這個測驗之所以繼續存在，是因為眾多「信徒」想找到瞭解人格核心的方法，不分種族和文化。當然，這也是試圖描繪與理解人類複雜性的一種嘗試。

問題討論

1. 羅夏克創造墨漬測驗的主要目的是什麼？測驗的背後存在什麼基本假設？
2. 許多關於評分和詮釋羅夏克測驗的方法被發展出來。是誰發展出這些相異的方法？這些方法有何不同？
3. 這項工具至今招致什麼樣的批評？
4. 艾森諾被認為是羅夏克測驗的「改良者」。為什麼？
5. 羅夏克測驗的現況如何？被使用的頻率有多高？

注釋

想進一步瞭解羅夏克生平及其測驗的讀者，不妨參閱本章所引用的達米翁·瑟爾斯（Damion Searls）的著作（參看參考書目）。這本書是最全面的資料來源之一，且具備絕佳的參考資料。伍德（Wood）等人的著作也在本章中被引用，內容同樣廣泛，附有大量的研究引文。它聚焦於測驗本身，大多是對該項工具的批評。

第10個故事 兒童之家

瑪麗亞・蒙特梭利（Maria Montessori）從小就有過人之處。一八七〇年八月三十一日，蒙特梭利誕生於義大利安科納省（Ancona）的小村莊基亞拉瓦萊（Chiaravalle），她的抱負遠超過大多數同時代的年輕女孩。一八九六年，蒙特梭利從醫學院畢業，身為現代義大利第一位女性醫師，她立即躍身名人的行列，以及女性主義者的偶像。然而，她的名聲最終奠基在其他方面的成就。

蒙特梭利任職於一所收容發展缺陷兒童的機構時，曾經設計過一些教材來教育孩童，儘管那些孩子的發展歷程有預期中的限制。後來，她受邀管理一所為羅馬貧民區孩童設立的學校，名為「兒童之家」，這個學校最終成為她的教學實驗室，她在這裡發展出各種教學原理、教學技巧和教材，這套稱作「蒙特梭利教學法」的系統在世界各國被廣泛採納，至今擁有超過百年的影響力。

事業起點

瑪麗亞．蒙特梭利的雙親在她十二歲時遷居羅馬，部分原因是為了給她更好的教育機會。年幼的蒙特梭利考慮過幾種可能的職業，但沒有一種能讓她那個對女性抱持傳統觀念的父親滿意。蒙特梭利不想受制於當時的性別偏見，她希望成為一名工程師，後來又決定研讀醫學。

除了父親的不贊成，她的求學過程也困難重重。她遞交羅馬大學醫學院的入學申請時，遭到清一色男性教職員的拒絕，她只好先在羅馬大學修習兩年的科學課程，藉此再度申請醫學院，這才獲准入學。

就讀醫學院時，班上的男同學不想跟她一起上課，經常排擠、為難她，蒙特梭利往往得等到全部的男同學都就座，才獲准進入教室。在有男同學在場的情況下，蒙特梭利有許多事情不能做，包括她被要求單獨在夜裡進行解剖的練習。不過，蒙特梭利不屈不撓，一八九六年，她順利從羅馬大學醫學院畢業，並且成績名列前茅。就連他父親都對她的成績佩服不已。

畢業後，蒙特梭利以私人醫師的身分開業，同時就職於大學醫院。這份醫院工作必須訪視當地的精神病院，這讓她有機會關切那些心理失常和有發展缺陷的孩童。她漸漸認為這些孩童在更大程度上是環境問題的受害者，而非醫療問題的受害者。這種特殊看法讓她獲得了一個職位，在一所小型教養院擔任聯合主任。這所教養院收容了各種問題兒童，蒙特梭利必須長時間照料這些孩子，設法找出教育他們的方法。

她積級的前往倫敦和巴黎，尋找最新進的教育法，她知道她照顧的孩子有些天生的侷限，但她希望他們能發揮自己的才能。蒙特梭利研究昔日教育學家的理念，對所有的教育法做了一番耙梳。她對兒童教育的許多想法可以追溯到法國哲學家盧梭的理念。盧梭強調，兒童需要依循他們的天賦成長，不能受制於社會要求，因為兒童的發展歷程，是他們內在時程表的一種自然體現。

蒙特梭利以盧梭的理念作為她教育法的核心原理，她摒棄傳統教師的角色，專注於一名教師在組織中可以發揮的力量，例如，如何替孩童建立一個完備的環境，好讓他們在這個環境中能夠自我教育。

蒙特梭利對於尚─馬克．伊塔爾和愛德華．塞根的作品尤感興趣。伊塔爾因為教導過「野男孩」維克多而名聲卓著，他創造了「感覺練習」來教導維克多。至於塞根，在伊塔爾退休之前，塞根曾經是伊塔爾的學生，進一步發展了伊塔爾的方法，並專注於發展缺陷兒童的研究。蒙特梭利十分佩服這兩人的理念，她以手寫方式抄錄他們的著作，還將這些著作翻譯成義大利語。

蒙特梭利用來教育孩童的方法幾乎立即奏效，不少孩童順利地學會閱讀和書寫，甚至勝過接受正規學校教育的孩童。她雖然感到高興，但這樣的結果凸顯出一個重要問題：如果被她教導的有缺陷孩童都能有這麼好的表現，那麼，用這個方法來教育「正常」孩童，會收到多大的成效？她斷定傳統教育需要徹底檢討，以及，她的方法或許適用於所有的孩童。

然而，蒙特梭利的工作以始料未及的方式被中斷了。她與教養院的醫師蒙提沙諾（Giuseppe Montesano）關係一直很親密，後來蒙特梭利懷孕了！但在蒙提沙諾家人的反對下，兩人沒有結婚，但是彼此給予承諾。沒想到，不久蒙提沙諾竟然毀約，與另一個女人結婚，背棄了蒙特梭利。

蒙特梭利在一八九八年獨自生下兒子瑪利歐。她將瑪利歐交給羅馬境外的一個家庭撫養。瑪利歐並不知道親生母親是誰，蒙特梭利也對所有朋友隱瞞了瑪利歐的身世。有人推測她之所以很喜歡孩子，就是因為這段早期的分離經驗。等瑪利歐長成一名青少年，蒙特梭利與他相認，此後母子倆形影不離，共同在世界各地宣揚教學法。

蒙特梭利於一九〇一年離開教養院到羅馬大學深造，專精於心理學和教育學。這段期間，她在義大利的一所女子大學執教，成為一名人類學教授。這個經歷為她人生下一個重要篇章揭開了序幕。

兒童之家

在蒙特梭利讀書和工作的羅馬大學附近有一個貧窮區，稱作「聖羅倫佐區」（San Lorenzo

Quarter），它是羅馬最擁擠、最不衛生和充滿犯罪的地區。作為早期都市重建計畫的一部分，這個地區打造了一個大型公寓住宅來容納大量貧窮的當地人，但管理者面臨一個難題：當白天這些家庭的父母親離開公寓去工作，就會留下一群大約六十個孩童無人照管。

這些孩童年紀約莫三至七歲，大部分的孩子都還小，不能上學，但已經形成一個小幫派，他們在住宅區四處活動，大搞破壞。提供資助的地產公司為了節省修繕建物的費用而找上蒙特梭利，希望她能管理一所容納這些幼童的日間托兒中心。出乎意料的是，蒙特梭利答應了請求，然而，她心裡盤算的不只是日間托兒中心，她打算興建一所學校。

從許多方面來看，蒙特梭利的大半職涯都在為這個機會做準備，她終於有機會將她的教學法運用到「正常」孩童的身上。這所位於馬西路五十八號公寓的新學校在一九〇七年正式開學，蒙特梭利將它命名為「兒童之家」。透過對於幼年期兒童的觀察，蒙特梭利開始規劃她的教育系統，發展教學技巧，建構起發展理論。她不僅成為一名教育學家，也是個心理學家。

由於學校預算有限，蒙特梭利只好在教室裡使用小桌子，而非傳統書桌；此外，教室裡設置了上鎖的櫥櫃來存放教材。蒙特梭利因應孩童的需求，對實體環境做出調整，例如讓櫥櫃的高度降低，方便孩子拿取物品。此外，蒙特梭利將那些捐贈的扶手椅等家具截短，改造成兒童尺寸的物件。

她偏好使用淺色和輕量型桌椅，這樣當孩子在家具上做記號，或是留下骯髒的手印，就能看見他們自己留下的記號。同樣的，小孩子難免會撞上椅子或桌子，所以她讓桌椅變得更容易晃動，這麼一來，孩子就能覺察出自己的行動。

從上述例子看來，她打算讓教材的狀態可以引發孩子自我修正的態度。由於蒙特梭利事務繁多，無法隨時待在教室，於是她訓練了一位年輕女士負責管理這所只有一間教室的學校。事後回想起來，蒙特梭利將這些假定中的限制看成一種優勢，是非常特別的觀點。

自發性學習

蒙特梭利非常用心觀察學生的行為。她最早觀察到的事情，包括了這些孩子具有高度專心的能力，以及他們對於重複的需求。蒙特梭利帶來的教材中有一塊木製圖形板，她要求孩子將各種大小和形狀的木塊放進木板上相應的插槽。

蒙特梭利注意到，有一個特別的女孩似乎非常認真看待這項任務。這個三歲女孩取出插槽裡的木塊，將它們混在一起，然後一次又一次將它們放回適當的插槽。蒙特梭利悄悄計算著次數，發現這個女孩竟然重複整個練習達四十二次！

蒙特梭利搬動小女孩所坐的扶手椅，試圖打斷她的練習，卻發現她完全不理會外界的干擾。但是，當小女孩終於停下時，她已經徹底完成任務。之後，她將木塊放到一旁，再也不碰它了。整個過程中，她彷彿滿足了某種無以名狀的內在需求，而這個需求一旦被滿足，她便沒有理由再玩圖形板了。

蒙特梭利繼續將觀察心得融入她的教學法，這些教學法多半奠基於孩子們自動自發的行為。她觀察到孩童對於秩序和完整性的需求，不同於傳統上刻板的看法。實際上，連最年幼的孩童，都偏好保持教室的整潔度。因此，她將教室布置成一個讓孩童能夠自行取用教材，並且放回原處的場所。令人驚訝的是，不需要外在的命令，也不需特別給予孩子獎勵或處罰，孩子們便自動自發的這麼做了。

讓孩童透過他們自己的活動來強化他們的行為，是一種極具教育意義的方法。她發現孩童似乎喜歡作業勝過玩樂，她也觀察到，在孩童身上，存在著極高的個人自尊感，而她絕不會去侵犯。後來她得到結論：在一間運作良好的蒙特梭利教室，孩子們就會自發性地產生自我約束。

蒙特梭利最重要的想法之一，是她相信她的學生有一段發展的「敏感期」，幾十年後，這個想法成為動物行為學理論的基礎。她相信比起其他時期，處於敏感期的兒童更可能從學習中獲益，語言就是個很明顯的例子。也就是說，孩童似乎在十歲之前擁有一種學習語言的特殊能力，而一旦過了這個年紀，學習語言就會變得困難許多。彷彿要開啟這一扇機會之窗，必須把握有限的幾年黃金時光。

不久，她主張這段「敏感期」在所有能力或行為中，都可以發揮重大作用，從顏色的辨別到擔任祭壇侍童等能力。她認為年幼的孩童會以不同的方式學習，她稱之為「吸收性心智」。然而，促使她的系統獲得極大能見度的，是一個稱之為「書寫爆發」的觀念。

書寫大爆發

蒙特梭利讓孩童用手去描摹砂紙字母，同時讓他們聽見字母的發音，來為閱讀和書寫做準備。（孩子們使用義大利語，這點或許有幫助。）她並沒有特別教他們閱讀或書寫。這也是伊塔爾發展用來教導「野孩子」維克多學習閱讀的方法——他所謂生理學的方法。

在她某本著作中，有一段戲劇性的章節裡，蒙特梭利這樣描述了她的教學法展現的成效。她帶著孩子們到建築屋頂上透透氣，她丟給一個孩童一根粉筆，要他在屋頂上畫張圖。這個孩子聽話地照做了，但突然之間，他喊了起來：「我會寫字！我知道怎麼寫字了！」只見男孩跪在屋頂上，在屋頂平臺的地板上寫出一連串的字，這是他第一次寫出完整的字句，都是以前沒學過的字。他不明白他早已為此次的演出做好準備，因此表現得彷彿這些字是憑空跳出來似的。

他繼續用筆作畫，其他孩子漸漸靠攏過來，在看見他這麼開心時，紛紛要求要粉筆，接著，「帶著種種欣喜欲狂的快樂」，大家開始在屋頂上寫起字來。這些孩子從來不曾為了寫字而拿粉筆，現在卻自動完整地寫出一連串的字句。後續的記錄發現，這些孩子到處寫字，包括家裡的地板，甚至在麵包硬皮上。結果，這些父母為了拯救家裡的環境免於遭受破壞，只好送給孩子紙筆當作禮物。

說來古怪，雖然這些孩子會寫字，但他們並未明瞭文字的意思。蒙特梭利在教室黑板寫下給孩子的訊息，例如：「如果你看懂這句話，就過來親吻我。」起初沒有任何回應。但過了幾天，有個孩子跑到教室前親吻了她。漸漸的，其他孩子理解了這個秘密，很快的，整個班級都明白發生了什麼事。

這些「爆炸」——蒙特梭利如此稱呼它們——變得司空見慣，而且不限於閱讀和寫作。數學是另一個孩子們體現這類頓悟的領域。這些爆炸之所以會發生，有部分原因出自蒙特梭利發展的教材。她設計的課堂教材，用意都是為了有系統引導孩子利用特定的學習機會。儘管她的系統具有種種彈性，但蒙特梭利堅持她的教材必須以它們預定的方式被運用，否則就會失去效用。

世界各地的蒙特梭利學校

人們風聞「兒童之家」發生的驚人事件，透過報紙媒體的宣傳，蒙特梭利的學校引來一些知名的訪客。幾個月後，蒙特梭利在聖羅倫佐區開設了另一所學校。在越來越多人肯定她的成功經驗後，蒙特梭利受到鼓勵，開始在義大利其他地區和義大利以外的地方辦學。一九〇九年，蒙特梭利第一次舉辦她的教學法訓練課程。當時與蒙特梭利同時代的人，都會同意她是個一流的演講者。

短短幾年內，蒙特梭利學校大量出現在世界各地，包括印度、日本、澳大利亞和許多歐洲國家。蒙特梭利教育在荷蘭尤其活躍。美國《麥克路爾雜誌》（*McClure's Magazine*）創辦人暨編輯塞繆爾・麥克路爾（Samuel S. McClure）也成為熱心的支持者，他透過雜誌的報導，不斷為蒙特梭利宣傳。

美國的第一所蒙特梭利學校於一九一一年在紐約州柏油鎮（Tarrytown）成立，地點設於哈登（Edward Harden）所擁有的一棟私人大宅院，後來搬遷到幾里之外更大、更獨立的地區。值得一提的是，當時連電話的發明者貝爾（Alexander Graham Bell）和他妻子也對蒙特梭利熱情支持，在他們位於華盛頓哥倫比亞特區的家中開設了一所蒙特梭利學校。

一九一三年，麥克路爾、貝爾夫婦以及一些具有社會地位的顯要成立了一個「蒙特梭利教育協會」，來推廣蒙特梭利教學法。出乎意

紐約州柏油鎮的哈登宅邸，美國第一所蒙特梭利學校所在地
Courtesy of Catherine Casella

料的是，蒙特梭利對於這個協會並不認同。在她一生中，蒙特梭利堅持親自掌控她的教學系統，她唯恐別人不夠盡力。儘管如此，該協會還是替蒙特梭利安排了為期三週的美國演講之旅。

一九一三年十二月三日，蒙特梭利搭船抵達紐約布魯克林區。記者收到了風聲前來採訪，碼頭擠滿了迎接的群眾，她將在下榻旅館舉行記者會。因為她不會說英語，所以由她昔日的學生負責翻譯。她先前往華盛頓哥倫比亞特區發表演講，獲得了國家元首級的接待。接著，她在紐約對著卡內基大廳內爆滿的聽眾演說，《紐約時報》報導了這場空前轟動的活動，據說有一千名以上的聽眾不得不被拒於門外。在她匆促的美國行中，她發表了一場接一場的演講，於十二月二十四日返回歐洲。

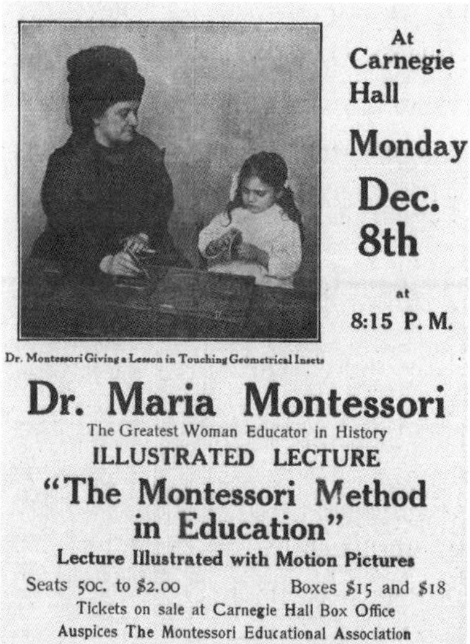
At Carnegie Hall
Monday
Dec. 8th
at
8:15 P. M.
Dr. Montessori Giving a Lesson in Touching Geometrical Insets
Dr. Maria Montessori
The Greatest Woman Educator in History
ILLUSTRATED LECTURE
"The Montessori Method in Education"
Lecture Illustrated with Motion Pictures
Seats 50c. to $2.00
Boxes $15 and $18
Tickets on sale at Carnegie Hall Box Office
Auspices The Montessori Educational Association
蒙特梭利在卡內基大廳演說的宣傳廣告
Courtesy of Carnegie Hall Archives

蒙特梭利似乎贏得了美國民眾的心。一九一五年，她再度到美國演講，這回是由「國際教育協會」贊助。除了替未來的蒙特梭利教師主持訓練講習，她還在舊金山巴拿馬—太平洋國際博覽會打造了一間玻璃牆示範教室。數以千計的參觀者得以有機會觀察到二十一名學生在所謂「典型的蒙特梭利教室」上課的情況。

雖然她的國際影響力持續不墜，但事實證明，她對美國教育的影響力相當短暫。蒙特梭利在美國有許多批評者。克伯屈（William Kilpatrick）是批評她最不遺餘力的人之一，這位具有影響力的哥倫比亞大學教育學教授堅信杜威（John Dewey）所提倡的新教育法更有效。美國的教育學家認為，蒙特梭利過度倚賴感官的訓練，而且低估了玩耍和社交發展的重要性。這些競爭對手宣稱，蒙特梭利扼殺了孩子的創造力。

然而，阻止蒙特梭利在美國成功的最大障礙，來自於她早期的一名支持者。原來，蒙特梭利和麥克路爾兩人鬧翻了，後者曾經利用他創辦的雜誌來為蒙特梭利宣傳。蒙特梭利向來努力維護她的教材和教學法，堅稱它們必須用非常特殊的方法來實施。在她看來，麥克路爾過度熱心地推廣她的教學法，而且背叛了她的信任。此外，她覺得被美國的生意夥伴給騙了，他們透過販售她的教材獲得巨利，而她卻沒收到一丁點報償。自一九一五年的美國行之後，她在美國的影響力很快消退，直到一九五〇年代才恢復。

兩次世界大戰期間，蒙特梭利將大部分的時間花在演講和寫作。從美國歸來後，她在西班牙巴塞隆納打造了一個基地，那是一所特殊實驗學校。蒙特梭利的兒子瑪利歐和他妻子帶著四名子女加入，這些孩子在巴塞隆納度過成長期。當時蒙特梭利早已放棄私人醫師業務而致力於教育事業，儘管她在西班牙獲得支持，但當地的政治動盪持續攀升。一九三六年，西班牙內戰爆發，導致蒙特梭利永久離開了西班牙。

隨著二戰逼近，蒙特梭利面對了來自祖國的威脅。她與義大利領導者墨索里尼一向交好，墨索里尼也支持她的學校。然而，當墨索里尼想利用蒙特梭利學校來宣揚對義大利的願景，也就是成為一個法西斯主義國家，這個昭然若揭的意圖讓蒙特梭利感到駭然！她旋即關閉在義大利的蒙特梭利學校，和兒子離開了義大利，踏上周遊世界的演講之旅，此後鮮少再回到義大利。

二戰爆發時，蒙特梭利和她兒子待在印度。由於他們是義大利人，而義大利是積極參戰的國家，於是他們遭到軟禁。所幸後來這場軟禁變得有些形式化，他們開始取得較為寬鬆的人身自由，戰爭接近尾聲時，他們甚至離開印度外出旅行了。戰後，七十多歲的蒙特梭利遷居阿姆斯特丹，那裡有「國際蒙特梭利協會」設置的辦公室，至今該協會仍然運作中。

蒙特梭利持續工作，積極撰寫有關教育法的書籍和教材。除了獲得諸多榮譽，她三度提名諾貝爾獎。皮亞傑（Jean Piaget）是她在瑞士的擁護者，也是那個時代最具影響力的發展心理學家。一九五二年，在前往諾德韋克（Noordwijk）小鎮拜訪朋友時，蒙特梭利病倒了。她死於大腦出血，享年八十二歲。她的遺體安葬在鎮上的天主教墓園。此後，她兒子瑪利歐擔任國際蒙特梭利協會總會長，直到一九八二年去世，瑪利歐的小女兒瑞妮爾德後來也成為該協會的副幹事，以及會長。

蒙特梭利運動的影響

幾乎打從一開始，就有不少充滿企圖心的教師盜用了蒙特梭利教學法的教材，卻沒有接受過如何使用教材的訓練。此外，有些學校只選用了蒙特梭利教學法的某些部分來教學。蒙特梭利及其後繼者表明，蒙特梭利教學法只有在完整使用時成效最好。也因此，蒙特梭利本人對於未來的蒙特梭利教師的訓練相當一板一眼，招致了某些認為她缺乏彈性的批評。

提到蒙特梭利教育法，最常見的憂慮是：孩子在蒙特梭利學校體驗過人為的自由世界之後，當他們進入「真實世界」時，恐怕難以適應。過去許多年來，要對接受蒙特梭利教育的孩童進行研究是一件困難的事，因為熱中於蒙特梭利教學法的人對他們的成功信心十足，不需要外部的評估來證實成果。蒙特梭利本人則堅信科學的價值，並認為她的方法奠基於堅實的科學原理。

根據「北美蒙特梭利教師協會」的估算，在美國就有四千五百所蒙特梭利學校，全世界約有兩萬所，而當代對於蒙特梭利教學法所做的研究結果，通常是正面的。比起一般學校的孩童，出自蒙特梭利學校的孩童似乎在學業和社交上都更為成功，至少在十二歲之前。他們不像經常被批評的那樣缺乏彈性，反而充滿了創造力。他們的人際關係似乎經營得更好。至於蒙特梭利系統的其他部分，則沒那麼受到現代科學的支持。

蒙特梭利教學法最重要的成就，或許是比較不那麼明顯的成果，那就是，蒙特梭利運用了一種方法，將原本盛行的僵硬教學，轉變成以孩子為中心的教學。她並非藉由不斷重複嘮叨或死板的規則來進行填鴨教育，而是鼓勵孩童自己找到途徑，自己做出選擇。全世界數以千計的蒙特梭利學校證明了這個簡單想法是多麼有效，而令人驚奇的是，這個想法來自於羅馬的貧民區，那間聚集了一群貧窮兒童的小教室。

問題討論

1. 蒙特梭利汲取用來發展她的教學法的源頭是什麼？
2. 試描述蒙特梭利教學法的幾個基本原則。你能否辨識出它們在歷史上的前身？
3. 在蒙特梭利學校中，教師扮演什麼角色？
4. 蒙特梭利教學法似乎在一九〇〇年代初期的美國發展得很興盛，但後來沉寂了很長一段時間，發生了什麼事？
5. 蒙特梭利教學法目前在全世界佔有何種地位？
6. 蒙特梭利是一位教育家。但在哪些方面，她也是一名心理學家？

注釋

本章所參考的吉羅德・古鐵克（Gerald L. Gutek）和派翠西亞・古鐵克（Patricia A. Gutek）著作（參看參考書目），對於蒙特梭利的生平和作品有極為詳細的描寫，尤其著重在她的美國之行。不同於其他記述，在這本書中呈現的蒙特梭利比較不那麼令人崇拜，更為客觀和貼近時代。

第11個故事

佛洛伊德唯一的一次美國行

精神分析的創始者西格蒙德・佛洛伊德（Sigmund Freud, 1856–1939）曾於一九〇九年造訪美國，這是他此生唯一的一次美國行。他受到麻州伍斯特的克拉克大學校長霍爾（G. Stanley Hall）的邀請，在場發表了一系列的演說。

時值克拉克大學慶祝創校二十周年，而佛洛伊德的演講任務，正是在場重要的心理學與教育學者參與演說的一環。佛洛伊德的來訪，是為了宣傳在那個時候尚未廣為人知的精神分析，同時也是美國心理學家對他進行評估的一次機會。學者至今對這個會議造成的影響爭論不已——當時在場的許多心理學家對佛洛伊德的方法抱持著懷疑態度，尤其質疑他對潛意識動機的看法。事實證明，佛洛伊德不太喜歡美國（和美國人）。

然而，在他來訪後不久，佛洛伊德的理論就成了美國文化重要的一部分。事實上，佛洛伊德成為整個美國心理學的代表性人物！儘管他對大眾產生了影響力，然而在心理學家眼中，他依舊極具爭議，還遭到實驗心理學家的指責。不過，也因為他能夠洞察人類心理的本質，而獲得精神分析領域的讚揚。

二度邀約

一九〇九年，五十三歲的佛洛伊德是奧地利維也納的居民，一家人在他四歲時就遷居到維也納。身為六個孩子的父親，他和妻子瑪莎住在伯格街十九號的一間公寓，與維也納大學僅相隔幾個街區。這間公寓容納了他的辦公室和一大家子的起居空間；連小姨子米娜也和他們住在一起。

受邀到克拉克大學發表演說，無疑是件光采的事，但好壞參半——當時克拉克大學正在慶祝創校二十周年，算不上歷史悠久。佛洛伊德認為這所大學雖然規模小，卻很重要，而且擁有優秀的教職陣容，但是他一開始回絕了邀請。因為這場會議預定於一九〇九年七月舉行，如果要出席，他至少得放棄兩週的工作排程，而他還有一大家子要養活。佛洛伊德寫信給霍爾校長，解釋他因為工作檔期無法赴會。

沒想到，後來這個會議計畫有了變更，霍爾遂將日期改到九月。他再度寫信給佛洛伊德，除了提高酬金，還要頒贈榮譽學位給佛洛伊德。這次的邀約條件更吸引人了，佛洛伊德當場答應了。此外，當時與佛洛伊德交好的瑞士精神病學家榮格（Carl G. Jung）也建議他接受邀約。

榮格一早看出此次演講的重要性，這是將精神分析傳播到維也納以外（事實上是歐洲以外）的良機，這也是佛洛伊德主張的願景，也就是說，精神分析運動不應侷限於維也納或猶太社群，這是一個世界性的運動。佛洛伊開始德規劃行程，打算與榮格和一位匈牙利精神分析學家費倫齊（Sándor Ferenczi）同行出發。

克拉克大學校長霍爾本身就是心理學家。事實上，他是第一位取得心理學博士學位的美國人。他希望推動克拉克大學致力於研究和研究所課程，然而，克拉克大學的創辦人暨捐助者強納斯（Jonas G. Clark）卻只想創辦一所普通大學，這導致了霍爾和理事會之間的衝突，讓這所羽翼未豐的機構有個困難重重的開始。

霍爾是心理學家眼中的一號人物，他以浮誇作風和高壓手段著稱，也是一位非常講究效率的組織者。他於一八九二年籌組「美國心理學會」，以這個全世界第一個全國性的心理學家組織展現了他的先見之明。這個學會至今在心理學界擁有強大的國際影響力。

同時，霍爾也是個博覽群書、無所不讀的學者，他很早就看出佛洛伊德的概念對於美國心理學的重要性。早在一九〇一年，霍爾就在演講中提到佛洛伊德，並在他的巨著《青春期》（*Adolescence*）一書中引用佛洛伊德的著作，將人類生命的這段時期視為一個不同的發展階段。佛洛伊德的研究也讓霍爾對於性欲產生了興趣，霍爾也是當時涉入這個題目的少數心理學家之一。

霍爾在一八九九年就曾經籌辦克拉克大學建校十周年的慶祝會議，現在他遇上克拉克大學二十周年慶，簡直煞費苦心。他邀請了幾位歐洲重量級的心理學家出席，接受榮譽學位，包括「實驗心理學的創立者」威廉．馮特。年近八十的馮特以高齡為由推拒了邀約，不過他打算參加萊比錫大學的校慶。他不耐煩地對友人指出，克拉克大學慶祝創校二十周年，萊比錫大學可是在慶祝創校五百周年！

接受霍爾邀約的歐洲名人有艾賓浩斯（Hermann Ebbinghaus），他以極具原創性的「記憶力實驗」而聞名，也是最早將這個主題納入心理學的人。可惜，艾賓浩斯在接受邀約的幾週之後就去世了。另外，創造出第一個成功的智力測驗的比奈也婉拒了邀約。真正出席會議的只有德國心理學家威廉・斯特恩（William Stern），他最知名的貢獻，是對個人差異所做的研究。

繼佛洛伊德二度受邀，榮格也接獲了邀請。榮格被要求在會議上發表三場演說，並接受榮譽學位。佛洛伊德樂見榮格在會議中得到殊榮——他認為榮格的出席讓這個會議變得更加重要。榮格有關「字詞聯想」的研究，融入了類似佛洛伊德的某些概念，同時也是榮格研究有別於佛洛伊德「心理動力學」的證據。儘管有各種領域的佼佼者出席會議，頒發了二十九個榮譽學位，但佛洛伊德依舊成為會議的焦點。多年後，這場會議被稱作「佛洛伊德會議」。

演講之旅

佛洛伊德、榮格和費倫齊來到德國不來梅，搭乘德國汽船「喬治・華盛頓號」前往美國。開航前，佛洛伊德在晚餐時突然昏倒，這起事件讓歷史學家津津樂道。畢竟，佛洛伊德、榮格和費倫齊都是精神分析師，在他們的世界，一切行為都具有意義，即便是一個昏倒的小插曲。

多年來，佛洛伊德患有跟旅行相關的恐懼症，他的昏倒是否代表了某種長期被遺忘的恐懼的重現？榮格想幫助佛洛伊德找出昏倒的心理源頭，但佛洛伊德拒絕了，因為這麼一來，他就必須敞露他的個人生活。按佛洛伊德的話說，「我不能向榮格交出我的權威。」有些歷史學者從這個互動中看出一件事：這是佛洛伊德與榮格的關係無法持續友好的一個明顯跡象。

海上旅程非常順利，佛洛伊德等人避開其他的乘客，將大部分時間用在分析彼此的夢境。船在八月二十九日航抵美國港口——新澤西州的霍博肯（Hoboken）。來自東歐的移民，也是榮格昔日的學生布里爾（Abraham. A. Brill）前來迎接他們。布里爾陪他們到曼哈頓島跟歐尼斯特．瓊斯（Ernest Jones）會合，瓊斯是從多倫多趕來的。若干年後，瓊斯成為第一位佛洛伊德傳記的作者。

佛洛伊德一行人花了幾天當個典型的觀光客，品味當地風情。他們參觀了上曼哈頓著名的仿中世紀修道院博物館，以及時代廣場的屋頂遊藝園。根據記述，榮格與佛洛伊德一起來到康尼島（Coney Island），卻宣稱他們穿過一條「愛的隧道」，這可能是杜撰的說法。在中央公園散步時，榮格嘗試解析佛洛伊德先前告訴他的夢，但當榮格進一步詢問細節，佛洛伊德又拒絕回答了。這似乎是他們關係不會持久的另一個跡象。

到達紐約市六天後，佛洛伊德等人通宵搭船到麻薩諸塞州的瀑布河，再搭火車到波士頓，換另一班火車前往克拉克大學所在的麻薩諸塞州伍斯特。他們比預期早一天抵達。

在旅館過夜後，霍爾邀請佛洛伊德和榮格到位於校園裡的住宅「校長館」作客。佛洛伊德等人接受了邀請，但事後佛洛伊德就後悔了。他發現霍爾家的氣氛非常隨便，不符合他的品味，尤其缺乏隱私讓他倍感困擾。後來他對這趟美國行的批評之一，就是這趟旅程中對日常生活的安排太過不拘禮節了！不過，反觀榮格似乎樂於這樣的安排，他認為霍爾是一位「高雅的老先生」。霍爾當時已經六十五歲了。

心理學演說在大學圖書館的藝術廳舉行，霍爾做了簡單的開場。這個會議有一百七十五人出席。第一位演講者是來自布列斯勞大學的斯特恩，他討論關於法律心理學和個人差異的研究。精神分析組一行人顯然覺得他的演講既枯燥又乏味，中途就藉機離場，到城郊去看風景。佛洛伊德的演說排定在早上十一點，從九月七日開始，連續講五天，那可是最好的時段。佛洛伊德沒有事先擬講稿，但每天開講前，他都會和費倫齊一道散步，讓費倫齊幫他整理思緒。

佛洛伊德的演說以德語發表，現場沒有安排即席口譯。當時博學的學者通常熟悉德語，但一般聽眾可就聽不懂了，包括在場的新聞記者。佛洛伊德擔心他的演說內容無法被理解，但榮格指出那並不重要，因為這次的邀請才是重點。

事實上，佛洛伊德的演說大獲好評，《國家報》（*The Nation*）有一篇非常正面的報導。在霍爾去世多年後，人們才發現霍爾早在演講前就已經寫好一篇更長的評論，後來佛洛伊德表示，霍爾是他的「造王者」。

在一系列演說的開場，佛洛伊德將精神分析的創建歸功於安娜．歐和布洛伊爾，不過往後佛洛伊德鮮少有如此慷慨的說法。安娜．歐是布洛伊爾的病人，她的觀點成為精神分析發展的重要關鍵。（安娜．歐的案例見本書第五章。）

至於布洛伊爾則是佛洛伊德多年的朋友兼導師，正是他與佛洛伊德討論了安娜．歐的案例，才促成精神分析的進一步發展。佛洛伊德與布洛伊爾共同出版《歇斯底里症研究》，這本書裡就收錄了安娜．歐的案例，不過，後來佛洛伊德和布洛伊爾徹底鬧翻了，彼此再也不相往來。

佛洛伊德很擅長以有效的隱喻來闡明他的觀點，這種能力在演講中發揮得淋漓盡致。例如，他在描述潛意識時提到，潛意識就像一個不速之客，不停地敲響演講廳的門，非常想要進來——這是個形象生動的說法。在另一場演講中，他描述了對歇斯底里的看法、他如何運用夢的解析，以及闡釋「日常生活中的精神不正常」。或許他最具爭議性的題目，就是戀母情結和兒童性欲。這場會議之後的若干年，他陸續提出新的概念，但是精神分析的主要論點都在一九〇九年就奠定了基礎。

被視為美國心理學創建者的威廉．詹姆士（William James）從他在劍橋的住處趕來，及時趕上佛洛伊德的第四場演講。詹姆士是最早將佛洛伊德作品介紹到美國的人，他在《心理學評論》（*Psychological Review*）一書中摘要了佛洛伊德論述歇斯底里的內容。會議中，詹姆士對精神分析師瓊斯這麼主張：「心理學的未來，就在精神分析！」然而，更重要的是他對其他心理學家的評論——記錄顯示，詹姆士對榮格的研究更為欣賞；此外，他們兩個人對宗教和超心理學都非常有興趣。

星期五演講結束後，佛洛伊德和詹姆士一起步行到火車站，為詹姆士送行，途中詹姆士突然心絞痛發作（一年後，他死於心臟衰竭），不過詹姆士當時很鎮定，他讓佛洛伊德先走，並表示他會趕上他。佛洛伊德後來說，他很佩服詹姆士面對病痛所展現的勇氣。他們都接受過醫師訓練，非常清楚心絞痛的症狀意味著什麼。

在會議週的星期五，佛洛伊德、榮格和其他演講者都被頒贈了榮譽博士學位。當時才三十四歲的榮格，是獲頒克拉克大學榮譽學位的人中最年輕的學者（目前仍然是記錄保持者）。儘管日後佛洛伊德獲得了全世界的肯定，但克拉克大學頒贈的學位，卻是他一生中唯一獲得的一座榮譽博士。

會議效應

在美國，還有一群人對佛洛伊德的研究感興趣，主要著眼於它對心理治療的影響。佛洛伊德來訪的前幾年，波士頓有個以普林斯（Morton Prince）醫師和哈佛大學精神病學家普特南（James Jackson Putnam）為首的團體，他們曾討論各種運用於心理治療的方法。

普特南邀佛洛伊德一行人走訪他在阿第倫達克山區的一片營地。佛洛伊德非常興奮，他們打算先到尼加拉瀑布（這幾乎是當時歐洲人到美國必去的景點），然後再參觀營地。他們在普特南的營地待了四天，佛洛伊德因而在這裡見到了歐洲人從沒見過的豪豬。或許是一句玩笑話，他說，光是飽覽風光就值得走這麼一遭了。他們於九月十九日返回紐約，三天後搭汽船展開返回德國不來梅。

儘管美國之行讓他聲望高漲，但佛洛伊德對美國的印象並不算好。事實上，他說，「這是一個錯誤！」近三十年後，當他因為納粹的反猶太主義而被迫出走奧地利，他只考慮兩個目的地——英國或美國；因為精神分析已經在這兩個國家發展茁壯。最後，佛洛伊德還是選擇落腳英國，度過人生的最後時光。

除了正式演講，霍爾還在校長館舉辦晚會，讓賓客有機會互相熟識。來自康乃爾大學的實驗心理學家鐵欽納（Edwin B. Titchener）也受邀演講，他利用晚會時間與佛洛伊德討論了心理學的未來。鐵欽納堅持以實驗法來研究心理學，他很懷疑心理學可以做各種應用。佛洛伊德和鐵欽納的理念背道而馳，儘管他們表面上很客氣，但佛洛伊德事後稱鐵欽納為「敵人」，道出兩人之間的巨大分歧。

佛洛伊德造訪美國時，美國的心理學正處於轉捩點。它早已偏離最初的實驗性題材和方法，並發展出許多實際面的應用。不過，美國心理學缺乏統一的核心，被認為可能成為一個死亡學科。

佛洛伊德的概念為心理學增添了另一種分裂因素。多年後，他的研究沒有在學院派成為顯學，只有少數幾所大學教授相關的內容。霍爾校長一直對佛洛伊德的研究充滿興趣，卻也略帶保留。當他從克拉克大學校長的職位退休，他的關門弟子薩姆納（Francis C. Sumner）成為首位取得心理學博士學位的美國黑人，而薩姆納的論文題目是「佛洛伊德與阿德勒（Alfred Adler）的精神分析」。

事實上，「心理治療」在草創時期並沒有被認可是心理學的重要部分，因為當時心理治療被視為醫療領域，這種認知在現在許多地方依舊如此。不過，佛洛伊德並不認為醫學訓練是擔任心理分析師必備條件，他出版了一本有關「外行分析」的著作，也就是由非醫師所執行的精神分析。到了一九三〇年代，心理學團體開始發揚佛洛伊德的理念，包括佛氏主張的「動力發展」概念也因此進入了學院派，而變得相當重要，此後數十年便這麼留存了下來。

維也納的最後時光

一九〇九年九月底，佛洛伊德一行人抵達德國不來梅。在佛洛伊德返回維也納之後，霍爾請求將佛洛伊德在克拉克大學的演講內容付梓出版。後來這些講稿登刊在《美國心理學期刊》（*American Journal of Psychology*），這是霍爾於一八八七年創辦的刊物。曾在會場的聽眾證實了這個版本精準重現了佛洛伊德的演講。儘管講稿中並無太多新鮮的東西，多半是佛氏發表過的重要概念，但仍然是精神分析的絕佳入門書。

關於講稿的出版，還有一件耐人尋味的事，那便是它們很可能是佛洛伊德理論得以引介到歐洲的契機。雖然佛洛伊德的想法在歐洲不太吃香，但《美國心理學期刊》可是大受歐洲心理學家信賴的刊物。

對佛洛伊德而言，接下來的十年充斥著更多的寫作和來自全世界的關注，但他的日子也難熬了起來。他與許多早期的擁護者日漸疏遠，有些人提出他們的心理動力學理論，並且非常知名。阿德勒、荷妮（Karen Horney），甚至是榮格和費倫齊，都陸續與佛洛伊德決裂。不過，佛洛伊德的女兒安娜是他最熱情的擁護者，她發展了他的理論，未曾背離。

除了對專業生涯的失望，佛洛伊德在生活上也遭遇了磨難。他鍾愛的孫子過世，他女兒蘇菲也死於西班牙流感。佛洛伊德的健康開始走下坡，他的口腔診斷出癌前斑點，這得歸因於他每天要抽上二十根雪茄的習慣。不過他沒有戒煙，在一九二〇和三〇年代動了多次口腔和顎部手術。在他人生最後時光所拍攝的影片中，他不停地活動嘴巴，因為他的下巴假體弄得他很不舒服。此外，納粹占領了奧地利，身為猶太人，佛洛伊德冒著極大的危險也不願離開維也納，最後礙於家人安危，只好移居英國，在那裡度過人生最後的時光。

佛洛伊德與他的醫師蘇爾（Max Shurr）有個協議，如果他活得太痛苦，蘇爾會讓他輕鬆一點離開人世。一九三九年九月二十一日，佛洛伊德認為再活下去已經沒有意義了，蘇爾在跟佛洛伊德的家人商量後，為佛洛伊德施打了一劑嗎啡，在他昏迷之後，又追加了其他藥劑。佛洛伊德於九月二十三日去世，他的骨灰存放於大倫敦的一座火葬場，距離他及子女的住處不遠。他女兒蘇菲於二十幾歲亡故，葬於德國的巴登—巴登（Baden-Baden）。佛洛伊德和妻子瑪莎的骨灰則盛裝於病患贈送的一支伊特魯里亞花瓶裡。

如今，佛洛伊德曾造訪過克拉克大學的遺跡早已蕩然無存，當年舉行心理學演講的圖書館藝術廳，現已經改裝成斜坡式的教室。佛洛伊德和榮格下榻的維多利亞式宅邸「校長館」於一九六〇年代拆除，就連佛洛伊德發表演講時那張著名合照的拍攝地，現在也已經消失無蹤。入口處改建為通道，方便興建另一棟毗鄰的建築。

一九五七年，美國精神分析協會致贈克拉克大學一座佛洛伊德青銅像，紀念這場一九〇九年的著名演講。主建物前還有另一座佛洛伊德塑像，但那座塑像不甚壯觀，採坐姿的佛洛伊德看起來不是很自在，一隻腳離地空懸著。

一九五〇年，克拉克大學接待了佛洛伊德的女兒安娜。安娜為精神分析做了不少貢獻，包括源於佛洛伊德所主張的「自我防衛作用」理論。如同她父親，安娜也從克拉克大學接受了榮譽博士學位。事實上，她一生中接受了十二個榮譽學位，遠勝她的父親。她表示，克拉克大學是他父親的作品首度獲得國際認可的地方。近年來，克拉克大學持續紀念這場會議，多少是為了彌補多年來對這場會議的冷淡態度。

問題討論

1. 霍爾起初如何得知關於佛洛伊德的事？他為何如此熱中讓佛洛伊德在會議上發表演說？
2. 一九〇九年的那場會議中，還有其他哪些知名的心理學家？
3. 佛洛伊德的五場演講內容後來刊載在某個美國期刊。它們現今得到什麼評價？
4. 佛洛伊德對美國的印象如何？
5. 為何當時有這麼多美國的心理學家不願接受佛洛伊德的理論？佛洛伊德思想的現況如何？

注釋

本章所引用索爾．羅森茨維格（Saul Rosenzweig）的著作（參看參考書目），是想要更深入探索佛洛伊德美國之行的「必讀作品」。羅森茨維格很早便對佛洛伊德的美國之行感興趣，當時他是克拉克大學的教員。他花了五十多年時間蒐集相關資料，包括大量的原始資料。

第12個故事 左右為難的應用心理學先驅

雨果．明斯特伯格（Hugo Münsterberg, 1863–1916）是在德國出生的美國心理學家，他讓原本作為純理論的美國心理學變得更具實用性，對法律心理學、工業組織心理學、臨床心理學和媒體心理學等領域作出卓越的貢獻。

身為哈佛大學的知名教授，明斯特伯格建立了許多世界級領袖的人脈，包括美國總統羅斯福。他樂於對各種話題發表意見，也受到新聞界的歡迎。不過，他的學界同事們卻沒那麼喜歡他！他一度是美國最有名的心理學家，卻被描述成一個自負、專制和不停自吹自擂的人。最令許多同事懊惱的是，明斯特伯格特別讚揚德國和德國文化，而且不斷貶損美國文化及美國價值觀。隨著一戰逼近，他支持德國的舉動變得極具爭議，結果他在專業和公眾領域都淪為一個「被放逐者」，甚至有輿論慫恿哈佛大學趕緊將他開除。

明斯特伯格在五十三歲暴斃，他的早逝可能跟他遭受眾人排擠有關。有很長一段時間，他的貢獻都被忽略或者低估了，因此他出現在心理學教科書上的次數少之又少。但近幾個世代的人已經瞭解到他理論的重要性，尤其是他對應用心理學的貢獻。

起點

一八六三年六月一日，雨果．明斯特伯格出生於普魯士的但澤市（Danzig）。他的父親莫里茨是木材商人，家境小康。他家裡有父親第一次婚姻生下的兩個同父異母哥哥，以及第二次婚姻生下的另一個弟弟。他們一家都是猶太人，家庭氣氛崇尚智識、富有藝術性，還有點理想主義。

長期生病的母親在雨果十二歲時過世，五年後，雨果的父親也一併走了，他們兄弟改信了基督教。這種改變信仰的行徑在當時並不奇怪，實際上，成為一名基督徒，能夠獲得更多的發展機會。雨果從小就有天分，加上努力不懈，他沒有辜負家人的期待。他在萊比錫大學學醫，這是當時對科學感興趣的學生最常見的選擇。然而，在聽過馮特的講課和在實驗室工作過之後，他決定研讀心理學。馮特在幾年前打造了世界上第一個「心理學實驗室」，一八八五年，明斯特伯格在馮特的指導下取得心理學博士，接著進入海德堡大學攻讀醫學，二十四歲便取得學位。

明斯特伯格起初在弗萊堡大學擔任無薪教員，自掏腰包在家裡打造了一所實驗室，他的研究從一開始就充滿企圖心，結果毀譽參半。不過，開設實驗室並非明斯特伯格早年生活的唯一大事，在弗萊堡大學任職前，他還娶了遠房表親奧波勒（Selma Oppler）。

一八八九年，明斯特伯格出席在巴黎舉行的「第一屆國際心理學會議」，這場會議改變了他的人生。他在會議上認識了美國心理學家威廉・詹姆士。當時詹姆士將新心理學引介到美國哈佛大學，也讀過明斯特伯格所發表的研究，兩人開始通信。一八九二年，弗萊堡大學提供明斯特伯格一個相當於副教授的職位，同年，明斯特伯格又接受了哈佛大學的工作。

當時，詹姆士厭倦了實驗室工作而轉向哲學研究，他需要有人接替他的位子，而明斯特伯格年輕、聰明、勤奮、野心勃勃，無疑是最佳人選。明斯特伯格得到一個為期三年的職位，即使詹姆士希望明斯特伯格能擔任永久職，但明斯特伯格顯然有自己的規劃，他將這個職位看做一個暫時性的跳板，因為他更想在德國謀得永久職。在他看來，就算哈佛是美國的重點大學，也完全無法跟德國的頂尖大學相提並論！

明斯特伯格在弗萊堡大學的實驗室
Max Planck Institute for the History of Science, licensed under CC BY-SA 4.0, https://creativecommons.org/licenses/by-sa/4.0/

哈佛歲月

一八九二年，明斯特伯格帶著妻女來到哈佛，當時他還不會說英語。住在這裡的一年半期間，他（以德語）完成了一部心理學著作，並致力於實驗室的工作，試圖重振萎靡的事業。他的努力沒有白費，這所哈佛實驗室不久成為全美最成功的心理學實驗室。儘管他聲望日隆（此時他已經可以用英語授課，而且吸引了踴躍的學生），明斯特伯格還是在一八九五年返回了德國，他希望在祖國可以獲得學術地位。

關於他為何總是無法如願，一直是個謎。明斯特伯格曾暗示說，可能是反猶太主義的關係，儘管他已經改信了新教。或許他的傲慢才是最大的原因。總之，他沒有如願以償，只好在一八九七年又回到美國。

明斯特伯重新出現在哈佛大學，這時他對心理學的態度起了重大轉變。他在職涯早期公然反對心理學的應用，例如他強調學校老師並不需要「科學」傾向的心理學，然而，在他接下來的二十年，明斯特伯格最重要的貢獻，竟然是心理學的應用！這種方向的改變不只是小小地出人意表，畢竟他曾受聘監督哈佛實驗室。然而，就連他自己的實驗室，也採取了以實用為主的方向。

草創時期的應用心理學一直存在著許多誹謗，在研究與應用的緊張關係中拉鋸多年。馮特認為實驗心理學是個很像哲學的學科，幾乎沒有應用的餘地，但當時有人持不同的看法，包括馮特昔日的學生。馮特的兩名弟子史考特（Walter Dill Scott）和威特默（Lightner Witmer）積極地為心理學開拓新的應用途徑。史考特提倡廣告心理學，寫下這個領域的早期著作，後來還成立了商業顧問公司。威特默則於一八九六年開設了第一間心理診所。

至於史丹利．霍爾，他雖然不是馮特的學生，但他主張心理學能為教育與兒童發展領域提供種種好處，並針對這兩個領域發表了演講。明斯特伯格顯然不是第一個主張應用心理學的人，但他的確是應用心理學最有力的提倡者。

法律心理學

明斯特伯格之所以對法律心理學產生興趣，是因為一九〇六年的一樁訴訟案件，這個案件涉及了一名有精神缺陷的男子遭到指控，殺害了一名年輕的家庭主婦。明斯特伯格與威廉．詹姆士都被要求對案情做出評論。詹姆士建議重啟對於這名男子的精神評估，而明斯特伯格則堅稱這名男子無罪。他的陳述引來大眾的敵意。

這個案子的被告最終被判定有罪，並接受絞刑。當然，這個處決讓明斯特伯格連帶受到了指責。幾個月後，他為通俗雜誌寫了一系列文章，證明心理學能為法律制度做出很大的貢獻，包括幾個司法相關的面向，例如目擊者證詞和陪審團的挑選。在歐洲，法律層面對心理學的運用已經發展多時，但明斯特伯格是最早以強而有力的方式，將這個觀點引進美國的人。

在弗萊堡大學時，雖然明斯特伯格允許女性來上他的課，但他認為不該讓女性擔任陪審團成員——他相信女性「心理固執」，並不合適。可想而知，他的說法遭到女性團體強烈抨擊。他的法律文章集結在《在證人席》（*On the Witness Stand*）一書中，這本著作是明斯特伯格對法律心理學的重要貢獻。

一九〇七年，明斯特伯格與一起謀殺案的關聯，有效地促成了心理學與法律的連結。一名激進的勞工領袖海伍德（William Haywood）被指控教唆謀殺愛達荷州的前州長史托伊南伯格（Frank Steunenberg），後者有危害勞工利益的紀錄。受雇開槍的殺手奧查德（Harry Orchard）預定做出對海伍德不利的證詞。海伍德的辯護律師是大名鼎鼎的達羅（Clarence Darrow），這些指控加上參與者的能見度，注定引發一場戲劇化的審判，以及全國的關注。

明斯特伯格當時受雇於《麥克路爾雜誌》，前往愛達荷州報導這起審判。他原本的觀察是，海伍德是清白的，奧查德在說謊。但他不只簡單地進行觀察和推論，還安排了十多項測試來評估奧查德，包括生理測量和字詞聯想測試。但最終，他相信奧查德說的才是實話，反而是海伍德在說謊。

一如往常，明斯特伯格一點也不介意跟大眾分享他的看法。不過，他的結論沒有影響審判的結果，海伍德最後無罪開釋，但是整個過程中，明斯特伯格一躍成為轟動大眾的人物。他的知名度有部分奠基於他在審判報告中暗示的事，也就是說，心理學家已經發展出一套測謊的方法了。

在討論測謊器的可能性時，明斯特伯格雖然謹慎，但態度非常堅定。在其他研究者的基礎上，明斯特伯格提議，對某些字詞聯想的反應時間，可以作為測試者是否說謊的指標；後來，他聚焦在測試者的生理反應，例如血壓和直流電皮膚反應。他並未進一步發展這些研究，但他的學生付諸了實行。

威廉·馬斯頓（William Moulton Marston）就讀哈佛大學時，就受到明斯特伯格的影響。雖然明斯特伯格在馬斯頓取得博士之前就去世了，但他的想法持續影響了馬斯頓。一九二〇年代初期，馬斯頓創造出以心臟收縮壓為基礎的早期測謊機制，這種測量原理到現在都是現代測謊器運用的一部分。馬斯頓在美國文化史中還享有另一項名聲，他是漫畫女英雄「神力女超人」的創造者。說來古怪，神力女超人會揮舞著一條擁有神奇力量的套索，任何人只要被套住，就必須說實話。

工業組織心理學

如前所述，明斯特伯格並非第一個讓現代心理學與職場產生關連的人，然而，他並沒有太提到前輩學者的論述，反而表現得好像他才是發現這種應用的人。在《心理學與工業效率》（*Psychology and Industrial Efficiency*）一書中，明斯特伯格概述了幾種商業與心理學合作的模式，他對工作者與工作能互相配合這一點特別感興趣，因此他利用他所發展的測試來評估許多行業的員工，包括電話接線生、電車駕駛和船長。

明斯特伯格對工業心理學產生興趣的當下，正值美國商業劇烈變化的時期。在那個年代，工作變得更為專門化，「效率」成為一種標語。明斯特伯格發送問卷給一千名公司的負責人，詢問他們各種工作需要哪些心理技巧。接著，他造訪各種工作場所，追踪後續的反應。他的任務是判定某個特定工作有哪些不可或缺的要素，並設計出一種測試工具來測量。

名聲日盛的明斯特伯格被好幾家公司聘為顧問，協助解決管理問題。在為多種工作發展出測試選項後，他轉向工作者本身，專注在工作環境，以及從工作中獲得的滿足感。他的想法在同時代的人眼中看來有些古怪，不過他篤信心理學是工業效率的重要工具，這個想法不曾動搖過。後來，儘管他遭到心理學界和商界的抵制，但另一方面，他的某些想法也被一些公司所採用，此後，工業組織心理學迅速成為一門勃蓬發展的學科。

對電影的研究

明斯特伯格是早期施行心理治療的心理學家。如前所述，他擁有心理學和醫學學位，這是擔任心理治療師的最佳背景。他的方法相當直接，他往往利用催眠、暗示和說服術來治療病患，而且不收取一毛錢諮商費！至於潛意識，他直言不諱：「那種東西根本不存在！」他認為一切精神疾病都有生理學的基礎。一九〇九年他出版了《心理治療》（*Psychotherapy*）一書，闡釋他的想法。

明斯特伯格涉入心理治療在當時導致了一起駭人事件。據報導，有一位女性病患對明斯特伯格產生了妄想，在他的講堂外持槍威脅他。雖然沒有造成傷害，卻牽扯到名聲和法律問題。哈佛大學校長艾略特（Charles Eliot）建議明斯特伯格停止對女性使用催眠技巧，並排除以女性作為實驗對象。明斯特伯格欣然同意了。

此外，明斯特伯格也成為當時日漸受到歡迎的娛樂形式——電影或稱「無聲電影劇」——的愛好者。這件事多少有些令人驚訝，因為他曾表示，看電影對一個哈佛教授而言，是一件不體面的事。

他在《故事影片：心理學研究》（*The Photoplay: A Psychological Study*）一書中提出看電影的幾個特點，並且解釋電影背後的科學。換言之，他認為電影的影像是來自於觀眾觀看一連串靜止圖片所造成的移動錯覺。也就是說，明斯特伯格會對電影感興趣，是因為他相信影片的移動根本就是心理因素造成的。

明斯特伯格將電影與劇場相提並論，並主張電影應該獨立成為一種藝術。他的著作是最早的嚴肅影評，贏得了剛開始發展的電影工業中許多人的欣賞，因為當時的批評者經常將電影貶斥為低級輕佻的娛樂，而明斯特伯格讓電影得到了正當的地位。

刺眼的國家主義者

儘管明斯特伯格長年待在美國，但他不曾歸化為一名美國公民。他從頭到尾保留德國腔調和德式作風，還蓄著上蠟的八字鬍。他對德國和德國文化無不高度評價，結果被美國人封為「刺眼的國家主義者」！他雖然住在麻薩諸塞州的劍橋，但他每兩年定期走訪德國。明斯特伯格寫道，美國有一些好的特質——努力工作和具有生產力等——但他也毫無顧忌地批評美國文化，認為美國文化比不上德國文化。

日復一日，他自詡為兩個國家之間的連繫者，負責替美國人解釋德國文化，以及替德國人解釋美國文化。哈佛大學指派他到柏林大學當交換教授，正好合乎他的心意，他樂於協助德國人在當地發展美國機構。不過，這份委派成為他後來招致批評的源頭。

起初，明斯特伯格的「國家主義者」看法還算被接受，至少他的朋友和同事願意忍受，不至於對他的職業有什麼影響。一八九八年，三十五歲的明斯特伯格獲選為美國心理學會會長。（他至今仍是美國心理學會史上最年輕的會長）。然而，隨著時間過去，明斯特伯格在學術圈外的活動開始帶有更濃厚的政治氛圍。當他表達支持在哈佛大學設置德國博物館的倡議，他受到哈佛校長艾略特的嚴厲訓斥。艾略特建議明斯特伯格不要碰觸政治議題，只需專注於學術事務。艾略特的訓斥明顯讓明斯特伯格有些受傷，但他還是同意了艾略特的要求。然而，他的靜默為時短暫。

隨著一戰的逼近，明斯特伯格更積極地支持德國，還寫文章勸美國不要參戰。漸漸的，大眾和學術圈對他的態度開始轉變了。當時，德國被視為戰爭中的侵略國，明斯特伯格的立場簡直教人難以忍受。他的生命也受到威脅，有人甚至說他是德國間諜，他的作為引發所有同事和學生的敵視。

一九一四年九月，《倫敦時報》刊登了一篇文章，指控明斯特伯格與德國共謀，並認定哈佛大學正是親德活動的中心。某則報導說，一位昔日的哈佛學生打算撤銷他在遺囑中預定贈予哈佛大學的一千萬美元，除非明斯特伯格被開除！儘管這是一則假新聞，而且這個說法出自一位根本沒有這筆錢的窮光蛋，但這件事無疑擴大了明斯特伯格的爭議性。

隨著「盧西塔尼亞號」（*RMS Lusitania*）的沉沒，美國僅存的親德情緒也消失殆盡，這艘英國遠洋班輪於一九一五年五月七日被德國U艇擊沉，超過一千名乘客因此喪命，包括一百二十八名美國人。

「盧西塔尼亞號」的沉沒，成為一九一七年美國對德國宣戰的重要原因。因為這起沉船事件，明斯特伯格在哈佛教職員中的密友羅伊斯（Josiah Royce）拋棄了他，連哈佛校長似乎也在找藉口開除他。明斯特伯格逐漸成為學術圈的棄兒。

明斯特伯格受到的波及顯而易見，他淡出了學校活動和社團，僅維持教學行程。身為受過訓練的醫師，他深知他遭到排擠的壓力正在影響他的健康狀況。一九一六年十二月一個寒冷的早晨，他按照計畫到拉德克利夫學院授課。上課沒多久，他就突然倒下了。他的博士生伯特（Harold Burtt）從隔壁教室趕過來，試著使他甦醒，終究沒有成功，明斯特伯格就這樣過世了。他的同事要求校方用他的薪水資助他的妻兒，但哈佛大學不同意。最後，明斯特伯格的遺體火化後被送回德國，他的妻女則繼續留在美國生活。

在明斯特伯格死亡前後的那段時期，他可能是美國最出名的心理學家，只是他的名聲不利於學術地位，導致了去世多年，他的貢獻極度被低估。博林（Edwin. G. Boring）是最早撰寫心理學史著作的人，他將明斯特伯格列入他書中標題為「『新』心理學外圍」的部分。他描述明斯特伯格從心理學的核心起步，但在美國被「引誘」到其他的面向——博林不喜歡應用心理學。

此後，明斯特伯格處於歷史文本的外圍，他那備受爭議的性格和不受歡迎的倡議，在在使得他無法受到同時代人的喜愛。然而，近幾十年來，他的研究重新被看待，他的角色也得到了認可，特別是對應用心理學的宣揚和貢獻。

問題討論

1. 如果明斯特伯格如此喜愛德國，為何他要前往美國，又為何待上這麼多年？
2. 說明斯特伯格是應用心理學的創建者是否公允？法律心理學呢？他還對其他哪些應用心理學的領域做出貢獻？
3. 明斯特伯格的人格特質，往往被認為是造成他遭到排擠的原因。請試著說明。
4. 明斯特伯格對德國和德國文化的熱愛，如何促成他的負面名聲？
5. 明斯特伯格對心理學的長遠貢獻是什麼？

第13個故事

追求學術地位的女性拓荒者

十九世紀後期，心理學開始發展成以科學為基礎的學科，女性在這個領域幾乎沒有機會。當時的社會氛圍有效阻止了女性參與許多活動，比起在外工作，在家相夫教子被認為是女性重要的天職。然而，除此之外，女性要進入心理學領域還多了一層障礙，因為心理學需要進一步的學術訓練，而大多數高等教育機構不輕易接受女性教職員或學生。缺乏高等學位文憑，是女性試圖進入心理學領域最大的困難之一。

瑪麗・惠頓・卡爾金斯（Mary Whiton Calkins, 1863–1930）有意挑戰女性在高等教育中面臨的學術標準，她決心進一步研習新興的心理學領域，於是向哈佛大學請願，要與男學生一起上課，這在當時是一項大膽的要求。某種程度上，她脫穎而出，並接受了幾位美國重要心理學家的訓練。卡爾金斯最終成為她所處時代的頂尖心理學家，為學習研究貢獻了重要的方法，並質疑心理學本身的內容。儘管成就斐然，但她辛苦奮鬥的過程並不順遂。

家庭責任

一八六三年三月三十日，瑪麗．卡爾金斯出生在康乃迪克州的哈特福特（Hartford），父親是公理會牧師，她則是五個兄弟姊妹的長女。在紐約上州住了幾年，一家人遷居麻薩諸塞州的牛頓（Newton），卡爾金斯從十七歲起就在牛頓度過餘生。她的家庭十分重視教育，早年她也曾在家自學。

紮實的教育程度，讓卡爾金斯以二年級生的身分進入史密斯學院就讀。一八七一年成立於麻薩諸塞州的史密斯學院，是當時少數願意招收女性的大學。卡爾金斯在史密斯學院研習希臘文、拉丁文和哲學，她想教書，但沒有打算成為一名大學教授。

在妹妹生重病時，卡爾金斯中斷了學業回家陪伴家人，順便幫助體弱的母親操持家事。無奈妹妹的病逝為卡爾金斯留下無法抹滅的傷痕，不過，她還是在史密斯完成了學業。在她陪同家人前往歐洲旅行十六個月之後回到美國，她收到一份意外的邀約。設立於麻薩諸塞州衛斯理的女子學校「衛斯理學院」開設了希臘語系，邀請卡爾金斯擔任教職。衛斯理學院是一所相對年輕的學校，從一八七五年開始招收的校長、教職員和學生，均為女性。猶豫了好一陣子，卡爾金斯在一八八七年秋季上任。

踏入心理學

最初，卡爾金斯很擔心自己的教學能力，不過她很快就對自己的角色感到自在。從事教職一年後，她收到另一份驚喜：衛斯理學院要開設一門涵蓋科學的課程，他們已經接觸到心理學領域的新興科學研究法，因此將心理學納入了課程。問題是，由誰來授課？

想找到一個有能力教授該學科的女性機會渺茫，他們嘗試從現有的教員中找出願意受訓、並有資格在衛斯理學院教書的人。卡爾金斯在衛斯理學院的短短經歷已經證明了她是一個優秀的老師，此外，她在史密斯學院也修習過心理學——儘管是古老而哲學式的心理學，而非新興的心理學實驗法。

衛斯理的行政部門認為卡爾金斯是新職位的最佳人選，對她發出了邀請。卡爾金斯於是向史密斯學院的教授尋求建議，歷經一番天人交戰，她最後同意接受這個職位。衛斯理學院開的條件是：卡爾金斯必須先研習一年的心理學，才能教授該科目。但是，她要去哪裡研習？

在一八九〇那個年代，（無論性別），想進一步研習心理學都很困難，女性更是沒有機會。如果想成為心理學家，首選是德國的萊比錫大學，因為擁有醫學和哲學背景的德國教授馮特，於一八七九年在那裡設立了第一所心理學的博士研究實驗室。從世界各地到萊比錫求學的學生，許多在日後都成為傑出的心理學家。

卡爾金斯會說流利的德語，這是熱愛德國文化的父母留給她的優勢，德語是卡爾金斯的第一語言。但如同許多國家，德國的高等教育鮮少對女性開放。事實上，連馮特的實驗室也不曾有過女性工作人員。

再者，卡爾金斯跟父母關係相當親密，她是長女，也是這個家唯一剩下的女兒，她被期待要照顧父母。這種稱作「家庭要求權」的責任影響到許多女性的生涯規劃。卡爾金斯認為，就讀遠離家鄉的大學根本是不切實際的想法，何況，美國的大學難道不夠多嗎？卡爾金斯相信自己能找到符合需求的大學。

耶魯是個機會，那裡最近接受了一名女性博士研究生。然而，耶魯大學並沒有設立心理學研究實驗室——在當時，實驗室可謂「新科學」的保證，對她的科學訓練十分重要。此外，威斯康辛大學也因為相同的理由而不合適。那麼，還有哪些選擇？事實證明，卡爾金斯只需看一眼自家附近的資源，就能發現兩所新興的重要心理學機構。

在離她家四十里的麻薩諸塞州伍斯特有一所克拉克大學，最近才成立研究所，但已經相當出名。克拉克大學校長史丹利·霍爾是第一位獲得心理學博士學位的人，也是美國心理學的先驅。心理學是克拉克大學設立的五個研究所之一，相當適合卡爾金斯。問題是，霍爾明白表示，克拉克大學的博士計畫不招收女性，他以該大學申請的憑照不允許這麼做作為說詞。

於是，卡爾金斯將目光放到東北方的大學——哈佛。被視為美國心理學創建者的威廉·

詹姆士在那裡任職。詹姆士將實驗心理學引介到美國，一八七五年開始在哈佛授課，還出版了上下兩冊的《心理學原理》（*The Principles of Psychology*），至今成為早期美國心理學的經典教科書。他從根本上重新定義了心理學領域，採取明確的美國方向。只可惜，哈佛也不收女性。不過，卡爾金斯還是想試試看。

卡爾金斯不是唯一申請在哈佛上課的女性，但她是少數要求修習進階課程的人。由於越來越多想進入哈佛的女性提出要求，加上來自教職員和校友的壓力——他們有女性親屬希望進入哈佛上課——於是，哈佛大學自一八七九年起為女性成立了一個「哈佛附屬課程」的計畫，週六上課，使用相同的學校設施，但以不同的頭銜來區別哈佛大學的正式課程。

卡爾金斯寫信給「哈佛附屬課程」中教授心理學的約賽亞・羅伊斯（Josiah Royce），詢問能否去上課，結果沒想到，這封信引起了原本不在附屬課程授課的詹姆士的注意。後來，卡爾金斯被說服去參加詹姆士和羅伊斯開設的正規研究班，她的父親親自拜訪了哈佛校長艾略特，同時，衛斯理學院的校長也寫了推薦信。牧師和校長的聲望想必幫了大忙，此外，卡爾金斯也不算一般學生，她還是別所大學的教員呢！

哈佛旁聽生

卡爾金斯就這樣順利進入哈佛，但並非事事盡如人意。雖然哈佛校長艾略特致力於讓哈佛變成一所世界級的大學，但他的開放態度並未包括准許女性入學。持平而言，要放鬆這個標準，他得獲得哈佛法人與監督者的許可，而他們強烈反對男女同校！

艾略特在信中向卡爾金斯解釋，她可以在哈佛上課，他特別提及她在衛斯理學院擔任教職，以及看在她的牧師父親頗具聲望的面子上，才勉強答應。然而，她並非獲准入學，換句話說，她不用交學費，但也不能企求學位。她必須以聽講者的身分上課，也就是所謂的「旁聽生」。由於衛斯理學院只要求卡爾金斯研習一年的心理學，沒有要求拿到學位，因此卡爾金斯接受了條件，從一八九〇年的秋季開始上課。

幾年後，卡爾金斯在自傳中寫到在哈佛受教育的初體驗。第一堂課的老師是威廉．詹姆士，班上還有四名學生，都是男生，但他們在課程開始的頭幾週就消失了。他們用蹺課來抗議有女性入侵他們的課堂。當時的哈佛學生的確表達了關切，然而，卡爾金斯最終順利完成了學業。卡爾金斯曾在詹姆士位於校園附近的住家和他碰面（這在當時很常見），他們坐在圖書室討論新近出版的書。踏入心理領域帶給卡爾金斯愉快的經驗。

當時哈佛沒有心理系，為卡爾金斯上課的老師，包括詹姆士，都是哲學系的老師。這兩個學科尚未明顯劃分界線，而學成的卡爾金斯也跟詹姆士一樣，同時精通哲學與心理學。事實上，卡爾金斯還是從克拉克大學獲得了協助，儘管史丹利．霍爾不允許卡爾金斯到克拉克大學就讀，但最終幫助她建立了一所心理學實驗室。霍爾新近的博士生桑福德（Edmund Sanford）是克拉克大學的教員，他是心理學實驗室的專家，而卡爾金斯與他私交甚篤。在桑福德的協助下，卡爾金斯於一八九一年在衛斯理學院設立了一間美國早期的心理學實驗室。

桑福德不僅大力幫助卡爾金斯建立實驗室，還和她一起進行一項奠基於兩人夢想的研究，並監督這項研究。一八九二年，桑福德在美國心理學會的首次會議中發表研究，後來將研究結果付梓出版。（隔年，卡爾金斯加入美國心理學會，成為最早的女性會員。）往後一位名叫西格蒙德·佛洛伊德的奧地利醫師注意到他們的研究，並在重要的著作《夢的解析》（*Interpretation of Dreams*）中引用。

遲來的學位

完成一年的研習，卡爾金斯於一八九一年秋季回到衛斯理學院。然而，她覺得有必要進一步接受心理學教育。她的心理學同事大多取得了博士學位，她也心嚮往之。桑福德等人都鼓勵她去歐洲，還提到馮特的學生明斯特伯格此時就在弗萊堡大學任教，允許女性上課。卡爾金斯原本打算馬上寫信給明斯特伯格，但詹姆士讓她先別著急，因為哈佛大學已經聘用了明斯特伯格，卡爾金斯不必跑到歐洲，明斯特伯格自會來哈佛授課。（明斯特伯格的生平與作品在第十二章探討。）

卡爾金斯再度寫信給哈佛校長艾略特，請求成為一名正規的學生，她也特別希望能在明斯特伯格的實驗室工作。可想而知，她得到跟先前一模一樣的答案——她可以進入哈佛，但不能當正規生。

她從一八九三年起跟著明斯特伯格在哈佛實驗室工作，後來離開衛斯理學院的教職，在實驗室擔任全職工作。她的能力讓明斯特伯格印象深刻，而且她流利的德語讓兩人溝通無礙。明斯特伯格大力支持她，甚至要求讓她成為正規博士生，然而這個提議再度遭到否決。

卡爾金斯的研究成果「學習實驗」運用了她所發明的方法，後來稱作「配對聯想法」。在她的研究中，參與者先學習一系列配對的顏色與數字，然後，實驗人員出示某個顏色，藉以測試這些參與者想起與之連結數字的能力。把這項技巧用來測量學習成效，是個聰明而具體的方法，也能運用在許多方面的學習。日後，研究者採用了更多變化的形式，讓這個技巧成為研究學習過程最受歡迎的方法。

瑪麗·卡爾金斯
Courtesy of Wellesley College Archives, Library & Technology Services

一八九五年，明斯特伯格與哈佛大學的合約到期，卡爾金斯請求進行非正式的博士考試，哲學系同意了。由詹姆士、明斯特伯格和哲學系人員組成的委員會共同口試卡爾金斯，就像對待正規的博士候選人。卡爾金斯不僅通過口試，而且表現優異。事實上，詹姆士認為那是他見過最棒的一次博士口試。這份考試報告被送交給校長艾略特，建議哈佛大學授予卡爾金斯博士學位。不過，艾略特校長沒有回應。

一八九五年秋季，卡爾金斯失望地返回衛斯理學院繼續教學和寫作，同時也在她的實驗室做研究。她在一八九八年晉升為正教授，提倡「自體心理學」。她對於原子論失望，她所設想的心理學，是一種有意識的自我和其他自我與外在世界關係的研究。終其一生，她始終捍衛她所主張的心理學定義。

在哈佛通過考試後，卡爾金斯不再奢望拿到博士學位了，但她的傳奇尚未結束。一八九四年，「哈佛附屬課程計畫」大有進展，並獲得高度的支持，哈佛大學成立了拉德克利夫學院（Radcliffe College）這個「姊妹校」。拉德克利夫學院擁有自己的校地，並非男女合校，但是師資和課程都比照哈佛，來上課的女性也可以獲得學位。一直以來有個說法，拉德克利夫學院存在的唯一理由，就是讓哈佛的行政部門仍然可以限制男女一起上課。

拉德克利夫學院成立數年後，關於哈佛應該授予高等學位給女性的議題再度被掀起。事實上，拉德克利夫學院未曾提供研究所或實驗室的課程，這些進階課程都是屬於哈佛的課程。此時明斯特伯格已經返回哈佛，他鼓勵卡爾金斯接受拉德克利夫的學位。一九〇二年，正在遊歷歐洲的卡爾金斯接獲了拉德克利夫學院教務長的來信。信中說明，有鑑於她和另外三位女性在哈佛大學的學習成果，該校準備授予她們博士學位——當然了，不是哈佛學位，而是拉德克利夫學院的學位。

卡爾金斯的回覆成為心理學史上的經典軼聞。她感謝教務長的提議，並承認她很希望擁有博士學位，因為她發現少了博士學位，是有那麼一點「不方便」。然而，既然哈佛無法將學位授予女性，那麼拉德克利夫的學位也不應該授予女性，這樣才符合一致的教育理念。因此，她不願將就接受拉德克利夫的學位。她的拒絕明確表露了心跡，直到一九六三年，哈佛大學才願意授予女性博士學位，那時卡爾金斯已經去世三十年了。

一九〇九年，哥倫比亞大學頒贈榮譽文學博士學位給卡爾金斯，而卡爾金斯的母校則授予她榮譽法學博士學位。一九二七年，在卡爾金斯的職涯尾聲，一群哈佛校友向哈佛大學請願授予卡爾金斯博士學位，而在卡爾金斯去世多年後，學界再度發起請願，追贈她死後的學位。然而，哈佛立場堅定，卡爾金斯始終沒有拿到哈佛學位。時至今日，仍不時有捲土重來的請願活動，要求哈佛授予卡爾金斯學位。

儘管因為缺乏博士學位讓她「不太方便」，但卡爾金斯持續研究與寫作。一九〇三年針對美國心理學家所做的調查中，卡爾金斯在美國重要心理學家中名列十二。她的高排名值得重視，因為這是在心理學家同儕中所做的調查。一九〇五年，她成為美國心理學會首位女性會長，而且還是極少數沒有獲得博士學位的美國心理學會會長。一九一八年，卡爾金斯被選為美國哲學協會的會長。有幾位美國心理學會前會長也擔任過這個職位，而她是第一個位居該職的女性。

一九二九年，六十五歲的卡爾金斯從衛斯理學院退休。由於母親被診斷出罹患癌症，卡爾金斯負起了照顧的義務。卡爾金斯終身未婚，默默陪伴雙親度過一生。一九〇〇年代初，哥倫比亞大學曾提議給她職位，但她因為年邁的雙親遷居紐約，她必須隨行照顧而拒絕。一九三〇年二月二十六日，在母親過世前的幾個月，卡爾金斯死於癌症，享年六十六歲。她的追思活動在衛斯理學院舉行。

女性的奮鬥

卡爾金斯對心理學的兩大貢獻是配對聯想法及自體心理學，不過她求取學位的企圖和努力，可能是她留給後人最大的遺澤。舉凡願意打破現狀的第一人，他們必須揹負的重擔往往很難想像。對卡爾金斯而言，哈佛大學拒頒學位給她，想必讓她非常痛苦，特別在她證明了自己的價值、贏得許多重量級人物的支持後。在一個追求學位對女性如此困難的時代，卡爾金斯勇往直前，躋身領域最前線，破除長久以來的障礙，實在值得欽佩。

很多女性也挑戰了這些高等教育的「規則」，有些人更加成功。第一位獲得心理學博士學位的女性是瓦什本（Margaret Floy Washburn）。那是一八九四年，距離卡爾金斯的求學旅程只隔了幾年。最初瓦什本在哥倫比亞大學當旁聽生，待了一年後，心理系主任詹姆士·卡特爾（James Mckeen Gattell）建議她申請康乃爾大學，因為哥倫比亞大學會頒發學位給女性的希望實在渺茫。而且，當時剛獲博士學位的鐵欽納剛進入康乃爾，卡特爾認為他會是一位有趣的導師。的確，康乃爾大學順利接受瓦什本成為一名全日制學生，瓦什本事後說，「那個不知該拿我怎麼辦的鐵欽納給了我非常多的幫助，他接納了我。」

某種程度上，卡爾金斯可謂生不逢時，倘若她晚出生個幾年，或許照顧父母的責任會小一些，她甚至能申請就讀別所大學，她的故事將有不同的樣貌。如同我們多數人，卡爾金斯也受制於她的時代和環境，儘管她身上有諸多限制，但她終究憑著努力在歷史上贏得名聲，成為一位勇敢且有原則的開拓者。

問題討論

1. 為何在一八〇〇年代後期，女性通常被拒於修習研究所課程的門外？
2. 心理學是否是一門歧視女性的學科？
3. 卡爾金斯和她的教授們相處得如何，尤其是詹姆士和明斯特伯格？
4. 什麼是卡爾金斯最重要的成就？
5. 在研究所教育中，對女性的態度何時開始轉變？
6. 女性在現代的心理學中佔有何種地位？

注釋

本章所參考的《未被述說的人生：第一代美國女性心理學家》（*Untold Lives: The First Generation of American Women Psychologists*），作者是斯卡伯勒（Elizabeth Scarborough）與古本（Laurel Furumoto），他們用長篇幅描繪心理學的五位女性開拓者，以及對另七位女性簡短精采的報導，是這個主題絕佳的資料來源。而小魯迪·班哲明（Ludy Benjamin Jr.）的著作包含與卡爾金斯生平和貢獻有關的原始書信片段。

第14個故事 黛博拉及她的糟糕家族

一八九七年十一月，一名八歲女孩進入美國新澤西州韋恩蘭（Vineland）的「低能男孩女孩訓練學校」。以往她在學校表現不佳，而且可能有輕微的智力缺陷（當時她被描述為「低能」）。

儘管沒有明顯的殘疾，但她對管教者的態度確實有問題。當時的人認為，對她最好的處置，就是把她送進收容機構，因為像她這樣有智力缺陷和不當態度的年幼女孩，在社會上很可能成為被侵害的對象，待在收容機構比較安全。事實上，接下來的八十一年，她繼續被收容，直到八十九歲過世。

這個女孩獲準進入訓練學校的原因有點特別。她母親在備感壓力的情況下，想嫁給與她同居的男人，但除非她打發掉前段婚姻的子女，否則對方拒絕和她結婚。這件事促使他母親積極找尋可以收容女孩的機構。

我們無法確知女孩在情感上所受到的傷害，但小小年紀就要與母親分離，不是一件容易的事。再者，這個八歲孩子真的適合待在訓練學校？如果給她機會融入社會，她又會有怎樣的人生？事實上，關於她「低能」的結論到底有多少可信度？這類問題在她過世許久之後仍然被質疑。

凱利凱克一家人

這個女孩叫做黛博拉．凱利凱克（Deborah Kallikak），不過這並非她的真名，多數作家都不願透露她的真實身分。她之所出名，是因為她成為某項研究的焦點，研究者是當時遭到詆毀的心理學家高達德（Henry H. Goddard）。

一九一二年，高達德以黛博拉的家譜為研究對象，出版了《凱利凱克家族：低能遺傳的研究》（*The Kallikak Family: A Study in the Heredity of Feeble-Mindedness*）一書，描述了遺傳的力量如何決定了人類的行為，以黛博拉家譜為例，來闡述「有缺陷的」基因如何導致代代相傳的負面家族特性。高達德捏造了「凱利凱克」這個姓氏——結合了希臘語的「kallos」（美）和（kakos）（壞）的意思，他相信黛博拉繼承了造成她能力不足的基因，這也符合了當時許多人的看法。

十九世紀中葉，奧地利修道士孟德爾（Gregor Mendel）關於基因傳遞特性的研究，已經在幾十年前重新被重視，並對社會上許多領導者產生了重大的影響。它為人類行為提供了簡單的解釋，包括問題行為。如果植物的特性可以藉由孟德爾描述的簡單規則遺傳下去，那麼諸如犯罪、酗酒和賣淫等複雜的行為，或許也可以用相同方式加以解釋。此外，當時社會對於與許多社會弊病有關的智能低下，多半認為是單一的隱性基因所導致。

所謂「先天本質vs.後天教養」的爭論是這個時期的熱門話題，而黛博拉的家譜正好用來證明某些心理特質的遺傳。雖然當時也有人主張環境的影響力，但社會共識偏向生物遺傳的這一端。高達德的研究所產生的影響，遠超過他對個別家族的見解，而是擴及了整個社會，有人甚至主張將之作為社會與法律改革的基礎。不過，這種討論已超出本章探討的範圍。

雖然高達德經常被妖魔化，但認識他的人多半認為他是個心地善良且虔誠的人。高達德從小就是貴格會教徒，他深切關心同胞，並覺得有義務運用自己的能力服務人群。在當了一段時間的高中教師和校長之後，他進入克拉克大學，在美國先驅心理學家史丹利．霍爾的指導下取得博士學位。

高達德接受了在韋恩蘭的職位，成為最早在學術機構之外擔任全職工作的心理學家。當時的心理學家多半是任職於學院或大學的實驗心理學家，對心理學的應用面向興趣缺缺。高達德受聘指導在韋恩蘭的研究實驗室，設法瞭解「低能」的成因——這個包含甚廣的名詞被用來描述各種有智力缺陷或學習障礙的人。高達德也對預防和管理的實務面感興趣，而且幾乎打從一開始，他就認為遺傳是主要禍首。他沒有去思考，低能是否可以透過教育和訓練而獲得重大改善，只是單純認為低能這個結果應該加以預防。

在著作出版的前幾年，高達德到歐洲遊歷，他想確認歐洲心理學家所提出的低能成因是否比美國心理學家的解釋更完善。遊歷期間，他獲得一份剛完成的智力測驗量表，那是當代第一個成功運作的智力測驗。雖然高達德不認識這個測驗的創造者比奈和西蒙（Theodore Simon），但他帶著「比奈—西蒙量表」回到美國，將之翻譯成英文，開始用在韋恩蘭的孩子身上。測驗結果非常符合高達德對這些孩子的預設。他已經和他們相處了好些年，自認瞭解他們的能力，而這個測驗反映出相同的看法。在這些成果的鼓勵下，高達德將量表發放給學校的老師，要他們對學生們進行測試。

這項測驗似乎再次成功描述了某些孩子的特性。於是，高達德得到結論，他認為這項測驗可靠又有效，具備了可以將不同弱智程度分類的潛力。此後，他成為這項測驗的推廣者，在美國各地實施檢測。當時，量表的發明人比奈認為，「人類的智力」是一種有彈性的概念，能夠藉由教育和訓練加以提升，但高達德得到的結論則是，一個人智力的高低，多半被生物學給限制住了。

高達德對被判定為「**低能者**」的人尤其感興趣——這是他創造的用語。（早期用來描述心理缺陷的用語包括「低能者」、「弱智者」和「白痴」等，各有特定的含意。如今它們已經變成嘲弄語，並非專業用語。）對高達德而言，低能是智力低下最危險的形式，而如果嚴重失能的兒童能夠被辨識出來，那麼就能防止他們結婚和傳遞基因給下一代。另一方面，低能者很容易被誤認為是正常人，順利進入社會和結婚。因此，雖然低能者的缺陷較不明顯，但他們對社會的影響力卻更加深遠。高達德視他們為社會上極大的危險。

一九〇六年高達德抵達韋恩蘭，他認為，若要瞭解低能的成因，必須派遣工作人員到這些孩子們的家中，蒐集關於他們的資料。他後來寫道，從這些孩子的家族中所發現的低能程度令他感到驚訝，他的結論是，有極大比例的孩子沾染到這種「遺傳性污染」。研究結束之後，高達德和他的助手提供了三百個家庭的人際關係、生活條件和個人特質等詳細資料，這項工作過程被記錄在《低能：成因與結果》（*Feeblemindedness: Its Causes and Consequences*）一書中。

不過，他在研究時發生了一個古怪的小插曲，這個插曲使得往後更重要的論述相形失色。在調查被收容孩子家世的過程中，高達德的助手凱特（Elizabeth Kite）碰上一件怪事。她發現黛博拉．凱利凱克家族與住在同地區的另一個家族竟然有相同的姓氏！但後者幾乎在每方面都迥異於前者，包括教育程度、職業和生活方式。這兩個家族會是親戚嗎？兩個家族看起來是如此不同。

凱特奉派調查這兩個家族的家譜。凱特先找黛博拉．凱利凱克的親戚訪談，得知兩家人的確有血緣關係，後來她證實了這層關係。這兩家人成為一九一二年出版的著作《凱利凱克家族》（*The Kallikak Family*）的主角。

老馬丁的祖先們

根據凱特的說法，黛博拉這一脈可以追溯到一個名叫老馬丁·凱利凱克的人，也就是黛博拉的曾曾曾祖父。老凱利凱克在年輕時參與美國革命，他在軍隊弟兄們常去的一間小酒館跟一位酒吧女侍發生了關係，後來，這位女侍生下他的兒子，取名為小馬丁·凱利凱克。凱特推算出小馬丁共有四百八十名後裔，其中只有四十六名智力正常。此外，高達德根據對他們生活的描述，推斷其中一百四十三名後裔是低能者，其他人的智力則無法斷定。這些結論並沒有確切的資料佐證，只是出於主觀的判斷，按現代的標準來看，極具爭議性。

但是，還有另一脈的後裔也出自老馬丁。約在酒吧女的兒子出生的同時，老馬丁娶了另一位跟他社會地位相當的女士，生下不同血脈的四百九十六個後裔。這兩條血脈一經比對，簡直天壤之別。

酒吧女這一脈出現了數量龐大的酒鬼、罪犯和娼妓，而與妻子生下的那一脈卻截然不同。後者不僅出現許多大地主，而且還與美國的顯要家族通婚——從《獨立宣言》簽署者、大學創辦人到傑出的政治人物，這個家族成員從事著名望非凡的工作，包括醫師、律師和教師。這兩群人的差異大到讓人難以置信！他們是生活在同一個地區的兩個家族，但被一條智力與社會地位的巨大鴻溝給分隔開來。

由於這些差異，高達德認定這就是遺傳具有重大影響力的明證。高達德也承認，不同的環境也可能在兩個家族的發展中扮演了角色，然而，他傾向於相信遺傳才是最強大的決定因素。《凱利凱克家族》這本書令許多讀者人心惶惶，因為他警告讀者，有缺陷的基因會造成巨大的危險。

儘管並非人人贊同《凱利凱克家族》的結論，但當時有利於高達德觀點的時代氛圍，讓許多心理學家站在他的陣營。然而，隨著時間過去，異議者越來越多。蒐集凱利凱克家族資料所涉及的方法遭到了質疑，就連用來確認受試者是否有心理缺陷的方式也被重新審視。

此外，還有許多爭議之處。除了一些出生紀錄和死亡通知，並沒有多少資料可以用來追蹤貧困的凱利凱克家族。凱特的調查經常得仰賴凱利凱克家的親戚和社區居民的記憶，而且，她對生活在社會底層的凱利凱克家族很難保持客觀，她私心以為，這些人能聰明到哪兒去？

由於用來測量受試者心理狀態的客觀工具或科學工具數量是那麼少，因此「低能」和「缺陷」的稱號往往以主觀的方式被認定。當時對智力高低的判斷，顯然經常透過社會地位來加以推估，結果混淆了這兩項變數。高達德在研究中的確對某些人進行了測試，但他低估了不符合其假說的結果。此外，當時的智力測驗尚處於早期階段，得等到高達德昔日同窗特曼（Lewis Terman）於一九一六年發表「史丹佛—比奈量表」之後，智力測驗才堪堪搆上嚴謹精確的標準。

然而，最大的問題仍是古老的「先天本質vs.後天教養」，兩者該如何區分？倘若給予更好的環境，貧困的凱利凱克家族的孩子是否會有不同？一位作為單親媽媽的酒吧女，除了養活自己，還得撫養小馬丁，並給孩子一個可以刺激他們發展的環境，這想必是件困難的事。

如今，行為遺傳基礎的研究者對於環境的影響力已經有不同的理解，他們認為，一切行為都源自於經遺傳而獲得的特質，以及與環境的複雜互動。的確，環境的力量是如此強大，甚至可以阻斷某些基因的作用。按照現代標準，高達德對於「先天本質vs.後天教養」的看法都過於簡單了。當然他也不孤單，即便到了今天，社會上還保留著古老的「先天本質vs.後天教養」觀點。

真實身分

高達德和他的助手謹慎地避免洩露凱利凱克家族成員的真實姓名，甚至在這個故事出版幾十年後，那些跟韋恩蘭機構有關的官員，都不願洩露這家人的姓名和身分。然而因為種種原因，包括這個家族長期居住在同一個地區，以及黛博拉多少成了名人，他們的真實姓名還是流傳開來了。

專業的系譜學者也追踪了凱利凱克家族。姓名的洩露，代表該家族的公開和私人紀錄都可以用來比對高達德的研究紀錄。沒想到這一比對之下，透露出許多端倪。

仔細檢視書中的資料會發現，高達德和他的助手過度倚賴他們的假設，而非根據客觀事實來分類研究對象。黛博拉・凱利凱克的許多近親，包括她同母異父的兄弟姊妹，都被歸類為低能，但真實情況並非如此。進一步的調查發現，許多被高達德歸類為低能的對象，實際上都受過教育，儘管教育程度相對較低，但仍然具備讀寫的能力。這個家族的確是出了一些酒鬼、娼妓和名聲不好的人物，但無法斷定他們低能。

至於黛博拉本人，她的生平讓許多人相信她並沒有發展缺陷的問題。黛博拉待在韋恩蘭的機構從事各式各樣的工作，包括縫紉和照料病患。據報導，來訪者還將她誤認為工作人員。她可能有一點學習障礙，這說明了她無法應付學業的原因，但她的整體行為能力顯示了她並非失能。

關於兩個凱利凱克家族的「先天」研究，還有一個最大的致命傷。多年之後發現，這個實驗的最初假定是錯誤的！被驗明為小馬丁・凱利凱克的男人根本不是老馬丁・凱利凱克的兒子，兩人其實是堂兄弟。這個錯誤可能來自某個訪談對象的不準確記憶，將兩個家族裡相似的名字混淆在一起了。無論如何，這個研究採用了錯誤的模型，卻推導出重要的結論。

黛博拉·凱利凱克在她的縫紉機前
Public domain

智力的真相

高達德與凱利凱克家族的牽連，並非他唯一備受矚目的爭議。一九一三年，他應移民局官員之邀，評估那些踏上紐約埃利斯島的新移民。當時媒體上經常出現關於他推斷許多新移民智力有限的報導。他似乎從不考慮那些移民的教育背景、長途旅行的影響、語言障礙，甚至問卷中的若干奇怪問題。他唯一感興趣的變數，是藉由智力量表所測量出的智力高低——而這種量表一如我們現在理解到的，並非一種具備文化敏感度的評估工具。遺憾的是，這些智力測量被用來將一部分滿懷希望的新移民，遣送回他們原本的國家。

高達德原本任職於「低能男孩女孩訓練學校」，後來接受了在俄亥俄州「少年研究局」的職位。一九二二年，他成為俄亥俄州立大學的心理學教授，直到一九三八年退休。儘管他努力捍衛他的「凱利凱克研究」，但他的心思早已不在那些有發展缺陷者的身上。離開訓練學校之後，他主要關注的是智力光譜另一端的天才。一九五七年，高達德在加州的聖塔芭芭拉（Santa Barbara）去世，享年九十歲。

黛博拉・凱利凱克繼續待在機構中過完漫長的一生。當她年紀漸長，她從訓練學校被轉送到對街的另一所機構，在那裡的活動無不被妥善記錄。後來黛博拉因為罹患關節炎而獲准離開，然而她卻拒絕離開。她似乎知道自己在外面世界會面對怎樣的困難。黛博拉在八十九歲時過世，埋葬於該機構設立的墓園。

在美國，對於凱利凱克家族相關出版的強烈興趣，引發了廣泛的社會議題。高移民比例使得許多人擔心有缺陷的基因會進入整體人口之中。各個社會部門公開大談優生學，並採取特別的方法積極管控社會的發展，尤其關注那些有缺陷者的動向。許多州通過立法，允許對被判定為「低智力」的人進行非自願的絕育。某些情況下，這些人甚至不知道他們即將接受的手術性質。有些受害者遭到欺騙，以為他們進行的是闌尾切除術。

有學者觀察到，高達德描述凱利凱克家族的著作，與一九二四年正式通過「限制性移民法」之間有直接的關係，甚至暗示凱利凱克家族與二戰納粹進行種族滅絕之間的關聯。關於這點，的確，納粹份子直接受到美國優生學運動的影響。高達德本人原本就傾向於將低能者與社會隔離開來，晚年才改變心意。

無論這些關聯多麼具有爭議性，優生學在美國歷史的關鍵時期，無疑擁有強大的影響力，許多著名的心理學家都贊成優生學。直到人們瞭解二戰的恐怖後，多數心理學家才改變看法，轉為環境論的支持者。

然而，某些早期的爭論仍然揮之不去。只需注意一下圍繞著《鐘形曲線》（*The Bell Curve*）一書的出版爭議，或者那些反對對少數族裔進行早期有效介入的論點，便可知一二。綜觀一切紛擾，凱利凱克研究依舊成為人們多半受制於其生存年代的最佳實例。倘若我們活在一九一二年，我們與高達德意見一致的機率有多高？

後記

黛博拉‧凱利凱克的真實姓名是艾瑪‧伍耳沃頓（Emma Woolverton）。專業系譜學者對整個事件進行了研究，並且證實了她的身分。事實上，伍耳沃頓家庭（有時拼寫成Wolverton）自上個世紀以來已經出現了可靠的案例，這個家族的成員包括了企業大老闆和學校教師，這對一個數十年來遭受嚴重誹謗的家族而言，可謂令人唏噓的平反。

問題討論

1. 在高達德的時代，「低能」一詞代表什麼意思？黛博拉被視為低能，根據何在？
2. 為何黛博拉的家人想要放棄她？
3. 黛博拉對於被收容有何反應？倘若她離開收容機構，在外面的世界是否會過得更好？
4. 為何高達德對鑑識出「低能者」如此在意？
5. 凱利凱克研究對於其他心理學家產生了什麼影響？現今我們如何詮釋凱利凱克研究？

第15個故事 教孩子學會害怕

幾乎每個修過心理學的人都聽說過小艾伯特（Little Albert），他是約翰．華生（John B. Watson）和雷納（Rosalie Rayner）在一九二〇年發表論文的主角。這篇論文是心理學文獻中最常被引用的論文之一，作為個案研究，它證明了利用相對簡單的心理學原理，能夠解釋人類複雜的行為。該研究因為涉及到一個不滿一歲的嬰孩而增添了吸引力，這項研究也被用來闡釋行為主義——支配美國心理學界數十年的心理學派別——和其研究方法。

然而，儘管這篇論文受到歡迎，但研究者和歷史學家指出了其中的瑕疵。事實上，有些人認為這個研究幾乎沒有價值。近年來，它雖然較少被引用，但尚未淪為令人完全不感興趣的題目。最近有研究者試著追蹤艾伯特的後續發展，具體來說，他們想知道這項實驗是否對（長大後的）艾伯特的行為和幸福造成長期的影響。然而，嘗試找出艾伯特的身分，引來了更多爭議。

行為主義

小艾伯特（在最初的論文中稱作艾伯特．B）的故事始於行為主義的創立者約翰．華生。二十世紀初期的心理學散漫而沒有焦點，幾乎找不到一致的方法論，甚至沒有一致的主題，是一門有待自我驗證的學科。當時，許多心理學家都是哲學系的教授，有些學院派專家甚至懷疑心理學這門科學能否繼續存在。

讓問題雪上加霜的是應用心理學的激增，這些應用的面向有時是該學科成員的研究，也時常有不懂裝懂的江湖郎中對每種設想中的問題大膽提供解決之道。然而，當時的心理學研究對於實際運用只能提供有限的支援，也因此，「行為主義」得以發展起來，提供清楚的方法論，並統一了美國許多學院派的心理學。事後回顧起來，這不見得是一件好事。

在華生之前，有幾個人提倡某種形式的行為主義，特別是俄國生理學家巴甫洛夫和美國教育心理學家愛德華．桑代克，但他們並沒有明確成立「行為心理學派」。尤其是巴甫洛夫，在他一生中，他甚至不想被認定為一名「心理學家」，因為心理學家過於投入意識和內在狀態的研究，這點在他看來極不科學；他需要更客觀的東西。至於桑代克，他自成一格的客觀心理學也融入了某種學習的理論。儘管巴甫洛夫和桑代克的研究南轅北轍，但他們各自構思出一套對行為主義產生長遠影響的系統。

華生的重大突破就是承認心理學面臨的困境，並提供一個他相信能確保其存續的解方。

他在一九一二年發表於哥倫比亞大學的演講，以及一九一三年發表的論文中提出了「行為學家宣言」，那是一個心理學的新方向，徹底脫離古老的方法論，將心理學建構為一門真正的科學。

這個新方法著重於研究人類的行為，他認為這種辦法是讓心理學合乎科學的唯一方式。至於那些調查人類內在狀態或者意識的嘗試？那就像老舊的心理學，是一種無望的事業，因為內在的狀態怎麼能夠以客觀的方式來評估呢？（某些批評者表示，那是心理學「喪失意識」的時期。）

華生的「行為學家宣言」聲明了這個新方法承認人類與低等動物的界線，也暗示人類是複雜的動物，以及研究低等動物將有助於推論出人類行為的相關資訊。華生宣稱心理學研究的焦點，應該放在對「學習」的研究上。事實上，華生認為一切行為都能從學習法則來加以理解。數年後，另一位行為學家托爾曼（Edward C. Tolman）更往前一步，提出關於「學習」這件事，我們可以藉由檢視迷宮中的老鼠，得到我們需要知道的一切。

「小艾伯特研究」是說明情緒可以被學習、然後被類化的實例。在這個特殊實驗中，小艾伯特被教導去害怕白老鼠。為了進行研究，華生利用了俄國生理學家巴甫洛夫的研究模型。（巴甫洛夫的研究於本書第八章探討。）

小艾伯特研究

華生曾在早期的研究中表示，嬰兒期有三種情緒反應模式：恐懼、狂怒和愛。而儘管沒有實質據證，但家庭生活的確給了兒童許多機會，讓他們透過約制或學習的過程發展出情緒。他打算證明一件事：這些情緒反應是可以被學習的。華生選擇了恐懼反應。讓嬰兒承受巨大的聲響，是引發恐懼反應的方法之一，因此他在實驗中利用了這項關聯。

小艾伯特之所以雀屏中選，是因為他具備不容易激動的性情。小艾伯特從來不輕易顯露出害怕的樣子，實際上他幾乎不哭。他母親是在巴爾的摩的哈里特蘭恩「殘疾兒童之家」工作的奶媽，研究就在那裡進行。（奶媽受雇哺育救濟院裡的嬰兒。）

實驗的第一階段，是讓九個月大的艾伯特接觸各種刺激，例如燃燒的報紙、狗、兔子和白老鼠，確定艾伯特不害怕這些東西。的確，當這些東西放在他眼前，他只表現出好奇，而非恐懼。

同時，艾伯特也接受了巨大聲響的測試，看看他會不會出現恐懼反應。實驗中，研究者在艾伯特身後懸掛了一根四英尺長的鐵棒，接著用鐵鎚敲打鐵棒。艾伯特受到驚嚇，他的呼吸突然出現變化，但他沒有哭。然後，實驗人員再度敲打鐵棒，艾伯特的反應還是一樣，但這回，他的嘴唇開始顫動。等到敲第三次，艾伯特突然哭了起來！巨大的聲響終於使得艾伯特產生恐懼。這個反應讓實驗者很滿意，因為這麼一來，就能進行下一階段的實驗。

兩個月後，艾伯特長到十一個月大，華生在他面前擺放了白老鼠。當老鼠放在他面前，而他伸手去捉時，他背後的鐵棒就被鐵錘給敲響。這個做法持續了兩天，中間間隔一個星期，老鼠與鐵棒聲響的配對總共出現了七次。在試驗即將結束時，艾伯特對於老鼠和鐵棒聲響的反應是啜泣、哭叫和蜷縮在地。

經過七次配對情況之後，放在艾伯特面前的只剩下老鼠，不再伴隨出現巨大的聲響。結果，就算沒有出現巨大的聲響，艾伯特一看見老鼠，依舊哭了起來，並且蜷縮在地，還設法爬得遠遠的。

這些實驗證明，中性的刺激（老鼠）可以經由教導，而成為一種引發恐懼的物體。但這種恐懼是否能類化到其他物體？這時，華生給艾伯特看各種白色毛絨絨的東西，包括小白狗、小白兔、白色的毛皮大衣，然後華生自己還戴上了有白色鬍子的聖誕老人面具。最後研究證實，艾伯特的恐懼確實會類化到其他物體。

舉例來說，當兔子被放到艾伯特眼前，他會盡可能向後傾倒，以便遠離兔子，接著哭了起來。這表示艾伯特不僅學會了害怕老鼠，他也害怕白色或毛絨絨等相同特性的物體。相對的，當實驗者拿出幾塊木頭給艾伯特，他很滿足地把玩了起來。艾伯特的恐懼顯然沒有類化到其他不相似的物體。在研究的最後階段，華生與雷納在一個月之後再度測試艾伯特，想確定他的恐懼反應是否持續，結果得到的答案是肯定的。在首次制約艾伯特一個月後，他們仍然在後續測試中發現了殘餘的恐懼反應。

但如同後來眾多批評者指出的，華生與雷納都沒有嘗試去消除艾伯特的恐懼反應。這兩位研究者知道艾伯特的母親正打算將他帶離救濟院，倘若他們願意，他們有足夠的時間進行這類程序。結果論文最末，他們雖然討論到能做點什麼來降低艾伯特的恐懼，但終究沒有實際執行。

倫理問題

華生與雷納的作為是否不合乎道德？他們難道不該多顧及一點艾伯特的幸福？在論文開頭，華生與雷納清楚表明他們關心被選中兒童的福祉。他們之所以選中艾伯特，是因為他不容易激動的性情，而且在他身上進行實驗，對他造成的傷害「相對較小」。

然而在論文結尾，他們似乎對於艾伯特在實驗之後的人生漠不關心。論文中說，若干年後，如果艾伯特坐上精神分析師的躺椅，那麼分析師可能會追踪艾伯特的恐懼根源，歸結到一個包含他母親和某些性元素的夢境。對此，華生與雷納建議，精神分析師應該檢視一些對基本情緒產生制約的東西。

如今，我們無法再度從事小艾伯特研究，因為考量到倫理問題。為了保護人類和動物，如今各大學和學院機構都設有評估倫理機制的審查委員會，如果違反標準，將可能失去政府的資助。不過，在華生與雷納進行研究的當時，並沒有這樣的委員會。事實上，當時不存在心理學家應該遵守的任何正式倫理規範。然而，他們是否應該有這方面的認識？我想多數研究者都會贊同吧。

一九七九年，心理歷史學家哈利斯（Ben Harris）發表了對小艾伯特研究的毀滅性批評。他指出這個研究在許多教科書中的描述根本不正確！這些錯誤有時是一些小細節，例如進行測試的次數，或者雷納的名字拼寫；但有時嚴重得多，而且牽涉到重要論點，例如，有些報告提到艾伯特已經被「去制約」了。

此外，他聲稱這項研究缺點很多，他從兩方面來說明：研究本身的書面報告，以及構成研究一部分的影片紀錄。哈利斯根據可以拿到的證據總結說，這個實驗並沒有堅實證據可以證明制約曾經發生，舉例來說，恐懼反應的準則並沒有在研究中被建立，而且艾伯特的行為表現，也沒有那麼清楚明確。再者，這個實驗遭到了污染。例如，某次實驗中使用的一條狗，牠可怕的吠叫聲根本就嚇壞了每一個人，而不只艾伯特。最後，哈利斯認為這個實驗的結果「很有趣，但說服力不足。」

哈利斯認為這個研究帶來的教訓之一，是閱讀原始資料的必要性。如果其他研究者和教科書作者都讀過原始論文，一定不願意將這項研究記錄下來，或是介紹給讀者，也不會將這項研究推崇到神話般的地位。或許最重要的是，當研究者嘗試複製這項研究，結果是不成功的！

然而，在原始研究發表數年之後，有一個相關研究被視為華生與雷納研究的續集，內容包含了關於情緒發展的補充材料——這項研究後來成為早期行為治療的實例。

彼得研究

正當小艾伯特研究進行時，十九歲的雷納剛從瓦薩學院（Vassar College）畢業，就讀約翰斯．霍普金斯大學的研究所。她的校友瓊斯（Mary Cover Jones）聽到華生談起小艾伯特研究，簡直著迷不已。

瓊斯在哥倫比亞大學工作時碰見一個小男孩，就像年紀稍微大一點的艾伯特，她叫他「彼得」。第一次觀察彼得，他剛滿三歲，智力一般，大體而言適應良好。然而，彼得很怕白老鼠，如果有羊毛外套之類的東西放在他面前，他就會哭出來。

既然華生與雷納能證明恐懼可以在實驗室被製造，那麼瓊斯認為，她或許能證明恐懼也可以被移除，她希望對彼得的研究能作為她博士論文的題材，於是向華生求助。此時的華生多少淪為心理學界排斥的對象，他不太願意在研究中扮演醒目的角色，也擔心瓊斯的計畫一旦跟自己扯上關係，對她沒有任何好處，所以他只同意擔任非正式的顧問。瓊斯最終在華生的協助下開始進行「彼得研究」。

一開始，彼得坐在嬰兒床上，瓊斯將白老鼠從他背後拿出來。彼得一看見白老鼠，馬上顯露出退縮的姿態，並驚恐地發出尖叫。隔天，當皮毛地毯、棉花或有羽毛裝飾的帽子出現在他的眼前，他一樣驚恐的啜泣著，並且開始哭鬧。不過，他對其他玩具和玩偶並不會有這種反應。瓊斯確認了彼得對兔子會表現出最大的恐懼，因此，她將兔子作為除移其恐懼的重點。

彼得被帶進一間遊戲室，和另外三個孩子一起玩耍，而兔子隨後被放進來。這個遊戲時段通常是一天一、兩次，但頻率不太固定。跟他一起玩的同伴是經過特別挑選、完全不會害怕兔子的孩子。起初，只要和兔子待在同一個房間，彼得就表現出恐懼反應。漸漸的，他能夠忍受兔子被關在離他十二英尺遠的籠子裡。日復一日，籠子離他越來越近，然後兔子變得可以在他周遭自由活動了。透過一連串「耐受度」的提升，彼得已經不再害怕兔子，後來，他竟然還能撫摸兔子，甚至讓牠輕咬手指。

可惜某日情況出現逆轉。彼得因為得了猩紅熱而必須住院一段時間，有兩個月都沒有回到遊戲室。在出院的路上，他和陪伴他的大人被一條路上衝出來的大狗給驚嚇到了！這件事之後，彼得對兔子的恐懼回復到先前的程度。

這回，瓊斯用另一種方法來解除他的制約。她將彼得放在高腳椅上，餵他吃喜歡的食物。吃東西的同時，彼得看見關在籠裡的兔子也被帶進房間。起初，兔子沒有太靠近彼得，以免引發他的恐懼。不久，在有美味食物吸引、或者不害怕兔子的其他小孩在場的情況下，彼得開始願意跟兔子進行較親密的接觸。到了最後，彼得對兔子的恐懼完全消失了！實驗即將結束前，彼得甚至說出「我喜歡兔子。」後續的追蹤調查顯示，彼得真正發展出了對兔子的憐愛之情，他也不再害怕老鼠、羽毛、棉花等類似的東西。

瓊斯的研究被視為「行為介入」的早期實例。雖然她後來也對其他心理學理論做出貢獻，尤其是「奧克蘭成長研究」（Oakland Growth Study）中的縱向研究，但她在行為療法中扮演的角色多半被略而不提。持平而言，她沒有對她具有原創性的研究進行系統化追蹤，然而，她終究因創新的貢獻而得到了肯定。行為療法的創建者沃爾普（Joseph Wolpe）稱她為「行為療法之母」。

「小艾伯特實驗」是約翰．華生所從事的最後幾項研究。當時他已經和他的研究助手、比他小二十幾歲的羅莎莉發展出戀情，他後來跟妻子離婚，與羅莎莉結婚，卻因婚外情醜聞而被迫從霍普金斯大學退休，無法享有終身的學術職位。然而，華生沒有放棄心理學，他成功的投身廣告業務，在一九二〇年代還寫出了幾本關於行為主義和兒童發展的著作。他和羅莎莉育有兩名子女，以「行為學的方法」教養他們。

不幸的是，羅莎莉在三十幾歲時過世，而華生一直沒有從喪妻之痛中恢復。他不再對心理學有所建樹，直到從廣告業退休。一九五七年，在華生過世前一年，美國心理學會頒贈他金質獎章，肯定了他對心理學的貢獻。他原本打算出席頒獎典禮，但在最後一刻改變心意，派兒子代為領獎。他說，他擔心自己會太過激動。

身分偵探

許多心理學家對艾伯特最後的命運感到好奇，數度追查他的下落，但多半以失敗收場，因為他待在「哈里特蘭恩殘疾兒童之家」的紀錄已經遺失了。然而，阿帕拉契州立學院的貝克（Hall Beck）教授用了一個特別的方法找到他。他透過一九二〇年以來的人口普查紀錄，比對到某個條件相符的孩童，這個孩童的生平跟小艾伯特實驗描述的經歷極為相似。貝克團隊為了證實小艾伯特身分所做的一大堆努力，簡直就像個偵探故事！

他們得到結論，艾伯特的真實姓名是道格拉斯．梅里特（Douglas Merritte），他是當時「哈里特蘭恩殘疾兒童之家」雇員阿維拉（Arvilla Merritte）的兒子。可惜的是，這個被搜尋的對象──貝克認為是「真正的」艾伯特──六十歲前就過世了。

近來對於小艾伯特實驗的影片所做的評估，為這把爭議之火增添了更多燃料。許多學者推論出道格拉斯很可能是個打從一出生便神經受損的孩子，而華生必然知道此事，當然，許多人認為這是高度的臆測。不過故事沒有就此打住。又有一群研究者根據貝克的早期研究，發現了另一個更符合對小艾伯特描述的孩子。他的母親也曾是「哈里特蘭恩殘疾兒童之家」的奶媽，這個人叫威廉．艾伯特．巴杰（William Albert Barger），在他一生中的大部分時間，身邊的人都叫他艾伯特。他活到了八十七歲。

從小艾伯特的案例，我們學到了什麼？當然，哈利斯提出要運用原始資料的意見非常值得注意，在原始資料的傳遞過程中，歷史訊息很容易被扭曲。此外，華生與雷納是活在一個對研究對象的保護並不那麼積極的時代，所幸自從艾伯特研究之後，心理學研究的倫理標準已經大幅提升了。

這項研究透露的另一項訊息是，實驗者過度強調了環境的力量可以塑造兒童的個性。這在兒童發展的許多歷史研究中向來是持續出現的主題，幾乎要將生物的影響力給排除在外！最後，我們應該注意的是，自從小艾伯特實驗之後，行為學的方法已經大幅修正，當然，華生的基本原則仍然持續對現今的心理學發揮重大的影響力。

問題討論

1. 什麼是行為主義？華生與雷納在他們研究中使用何種學習模型？
2. 研究者在展開實驗之前，有沒有任何跡象顯示他們關心兒童的福祉？
3. 艾伯特的恐懼類化的證據為何？艾伯特一開始發展出恐懼的證據有多麼堅實？
4. 華生與雷納為何不替艾伯特「去制約」？他們是否違反倫理？
5. 為什麼人們對「艾伯特後來怎麼了」如此感興趣？搜尋艾伯特真實的身分的努力是否成功？證據何在？

第16個故事 當天才長大

一九二一年，史丹佛大學的心理學教授特曼（Lewis Madison Terman）展開一項研究，這項研究在日後被證明是社會科學史上最漫長、最全面的研究。起初的目標很簡單，特曼只是想知道當代對於「天才」的看法是否為真。他希望能夠確認那些擁有高智商的人，是否真的在社交上顯得古怪，或者肢體行動笨拙，而且很早就「消耗殆盡」——這是那個時代對「天才」的普遍看法。

特曼最初的計畫是辨識出一千個智商在一百四十以上的年輕人樣本，追蹤他們十年的時間，後來，他將樣本數增加到一千五百二十八個，甚至在特曼死後，這個計畫還在繼續追蹤。這項研究產生了大量的資料，為人類的發展和智力方面提供了深刻的見解。這其中，有些結果非常驚人，有些則顯而易見。

這些年來，約有三十個參與者的名字被證實，他們的個人生活成為這項大型研究的迷人附錄。他們之中，有些人對文化做出重大貢獻，根據某位知名心理歷史學家的說法，其中一位日後還當上了美國總統！

路易斯．特曼出於美國印第安納州的農家。他家裡有十四個孩子，特曼的早年生活並未展現出往後他將出人頭地的徵兆。然而，在他幼年時，有一位商人暨顱相學家「讀出了他頭上的隆起」，預言他的未來不可限量。儘管在他成長的地區，孩童接受教育的機會有限，但特曼還是取得了學位，進入麻薩諸塞州伍斯特的克拉克大學攻讀心理學博士。

當時的克拉克大學校長是美國先驅心理學家史丹利．霍爾，他將克拉克大學打造成一所頂尖學府，而心理學正是這所學校的強項。特曼深深敬佩霍爾，他很喜歡克拉克大學散發的智識氛圍。不久，特曼選定了論文題目：「七個聰明男孩與七個遲鈍男孩的比較」。他很早就對智力這個主題感興趣。

一九〇五年，特曼帶著博士學位畢業後，被診斷出罹患肺結核。他的確有這方面的家族史，因此，他考慮在一個地理氣候有益於健康的地方找工作。他接受了加州聖伯那地諾（San Bernardino）的高中校長職位，但其實他更想獲得大學的職位，才好繼續從事研究。五年後，他在史丹佛大學奮鬥了一生。

比奈—西蒙量表

來到史丹佛大學不久，特曼得知法國心理學家比奈發展出一種測量智力的方法。特曼的朋友、同時也是美國的心理學家高達德，當時就在歐洲遊歷，正在學習這個量表。儘管高達德不認識比奈，但他設法弄到比奈量表的複本，將它帶回美國。當時高達德在美國韋恩蘭某所收容「低能者」的訓練學校進行研究，可以想見，智力評估跟他的工作大有關係。（「**低能**」這個用語很快被其他用語取代，例如現代人會用的「**發展缺陷**」。）

高達德非常肯定這些量表的價值，並且在美國大力推廣，然而，藉由智力測試發揮了最大影響力的人，是特曼。特曼雖然對這個量表印象深刻，但他也發現了其中的侷限，包括美國孩童與法國孩童的反應方式並不盡然相同，也就是說，這些量表需要重新被標準化和規範化，才能在美國使用。其次，量表中有些項目並不適用於美國孩童，這些也需要更改。

特曼馬上著手修改量表。一九一六年，他發表了比奈—西蒙量表的「史丹佛修正版」，日後被稱為「史丹佛—比奈量表」。特曼的修正版量表成為當時最重要的智力評估法，往後數十年間，大多數的智力測驗將它作為評估的標準。

縱向研究

特曼相信，美國的未來，有賴於培養出一個有智力天分的年輕世代，因為這些人將成為下個世代的創新者和領導者。心理學家越是能夠瞭解他們，這個國家就會越富強。他的縱向研究的標題是「天才的遺傳研究」。在當時，所謂的「**遺傳**」只涉及了日後的發展，而非直接涉及基因的檢視。

對特曼而言，如果是一名天才，意味著他要擁有高智商。如今，一個高智商的人只能被稱作是「有天賦的」，我們傾向於將「天才」這個用語，保留給那些日後成就斐然的人。是特曼改變了這個詞彙的意涵，使之更為符合當代意義。

特曼的研究順利獲得了聯邦基金補助及史丹佛大學的資助。在助手的協助下，他搜尋加州所有的公立學校，希望找到一千名參與者樣本。他的研究對象需要一百四十以上的智商，這些人約佔總人口數的前百分之一。（他後來接受的最低智商是一百三十五，這些人通常是參與者的兄弟姊妹。）

樣本的挑選，通常來自於課堂老師提名班上最聰明的學生。這些孩子會接受測試，確保他們屬於高智商族群。據估計，特曼和他的團隊在調查了超過二十五萬名孩童之後，獲得了一千四百七十個樣本；接著，他將這些樣本的兄弟姊妹也加了進來，讓樣本數達到一千五百二十八個，包含了八百五十七名男孩和六百七十一名女孩。男孩的樣本數比較大，這點讓特曼感到困惑，他調查了挑選過程中可能出現的偏見，不過沒有找到滿意的解釋。

路易斯·特曼
Public domain

特曼樣本中的典型研究對象出生於一九一一年，但這個群體中存在著大量變異性。最年長的人出生於一九〇〇年，而最年輕的出生於一九二五年。此外，這些樣本在很多方面都無法代表一般性人口，不管是種族或社經地位。例如，亞洲或拉丁美洲背景的參與者數量相對稀少，而且猶太人的比例過高。

特曼的挑選方法不夠系統化，因為他沒有太多預算，因此他傾向於在大型人口聚集中心進行調查，也因此，他很難去挑到智商較低的類似樣本。雖然樣本的挑選方式令人憂慮，但是特曼順利達成主要目標：辨識出擁有極高智商的孩童的龐大樣本。

特曼審視這些資料，證實了先前的懷疑。這些有天賦者，並非如刻板印象所描述的那麼古怪和脆弱，事實恰好相反。他的「天賦孩童」樣本比一般同齡孩童更加強壯而健康，並擁有同等程度的社交技巧。他們參與學校活動，也結交了許多朋友，絕非大家以為的古怪書呆子。他發現，樣本中唯一的「負面」特質，是這些孩童更可能戴眼鏡。

許多有天賦者在學校裡跳級升學，常常跟年紀比他們大的孩童一起上課。這種年紀上的不對等，加上同學之間不可避免的比較，或許能說明那些關於有天賦者的民間傳說——尤其在體能方面。在孩童中僅僅一兩歲的差異，就可能在體能的表現上造成重大的差異。

可想而知，天賦孩童通常在學業任務表現出色——他們成績更好，在學業系統中快速升等，順利申請到大學，更常從專業學校畢業等，諸如此類。令人驚訝的是，儘管他們年紀較小，但他們的身高和體重往往更高更重，而且少有健康問題。這些早期資料很容易讓人有一種「好事都發生在他們身上」的結論。特曼一開始也這麼認為，直到他發現事情沒那麼簡單。

針對這些孩童所做的後續追蹤，在首次調查的幾年之後隨即展開，持續了數十年。在早期階段，除了研究對象，這些對象的家庭成員和老師們也必須接受訪談，填寫問卷，後來，連這些有天賦者的配偶也被要求填寫問卷。這些參與者發展出某種彼此聯繫的關係，他們稱自己是「白蟻」。

特曼很欣喜的發現，參與者在經過最初的測試後，持續保持著智力方面的優越，證實了他認為「智力是固定不變的」看法。然而，他也發現某些參與者的智商明顯下降了，尤其是女性。由於獲得額外的補助及測驗的專利權使用費，特曼得以將他的研究推展到超乎原本的預期長度，直到參與者進入成年期。這項研究也得到某些「白蟻」本身的捐款支持。

特曼的樣本中，有天賦者的最大優勢，或許表現在他們所受的高等教育和專業成就。他們往往集中在最需要展現言語能力和抽象技術的行業，並從中獲得最高的報酬。相較於一般大眾，他們有更高的比例成為醫師、大學教授、律師、科學家和成功的商人。他們的收入比同齡人高出許多，就他們的高職業水平而言，這點並不令人意外。

研究中的女性則反映出她們所處的時代。相較於男性，她們比較少繼續接受高等教育或從事專業工作，近一半的女性成為家庭主婦，沒有外出就業。儘管如此，作為一個群組，她們的教育與專業成就仍舊高於一般智商的女性。

不過，隨著樣本成員的年紀越來越大，某些早期的優勢似乎消失了。作為一個群組，他們一直在高超的言語和抽象技能等領域保持優勢，甚至於，他們的高收入及智力，與健康上的優勢也有關連。然而，他們的智力強項無法使他們免於遭遇離婚、酗酒或自殺等生活問題。就心理健康而言，他們的穩定性跟一般人一樣脆弱。

從個人和職業觀點來說，某些參與者必須被判定為「沒有成就」，他們終身從事的工作，根本不符合他們的高智商所被期待的程度。在比較這些樣本中最成功和最不成功的人時，職業和社會地位是首要的標準。結果特曼發現，這兩群人的智商幾乎沒有差別。原因是，他們的成就高低，可能歸因於人格特質，例如企圖心或毅力等這類在人生早期就會顯現出來的變數，這些變數與高智力同等重要，而且絕非決定職業成就的唯一變動因素。

後來的一項比較，選定了二十六個智商高乎尋常（智商一百八十以上）和另外二十六個隨機挑選的參與者（平均智商一百五十）。儘管智商較高的那組人，職業和生活滿意度較高，但兩者的差異並不大。結論是，即便這些人擁有極高的智商，也不表示他們會成為一般意義上的天才。

K口糧

這項研究的大多數參與者的身分被保密至今。有些參與者的身分透過訃聞而被公開，有些人則自己跳出來承認了。身分曝光的參與者往往是具備文化知名度的人，因此是有偏見的樣本描述。儘管如此，他們提供了有天賦者得以做出種種貢獻的有趣寫照。

大多數讀者可能不知道安賽爾・基斯（Ancel Keys）是何許人物，但是他的科學貢獻影響到絕大多數的人。他出生於美國科羅拉多州，幼年時舉家遷居舊金山，就在一九〇六年舊金山大地震發生不久之前。基斯從小就展露優異的智力，後來取得兩所大學的博士學位。他最重要的貢獻是在飲食與健康領域，他試圖為二戰中作戰的士兵發展均衡的飲食，因而創造出「K口糧」，這個發明可謂戰時意圖良善卻害處不淺的貢獻。

後來在二戰期間，基斯利用一群因道德或宗教因素而不肯服兵役的自願者，來調查「饑餓式節食」對心理和身體產生的影響。他的調查結果對戰俘、集中營及戰後整體人口都產生了巨大的影響。（請參看第十七章「明尼蘇達飢餓研究」）然而，他最重要的貢獻，可能是他確認了心血管疾病與膽固醇之間的關係，這是目前醫學界還在處理的難題。

由於挑選研究對象的地點是在加州，因此有些參與者從事電影工業並不令人意外。迪麥雷克（Edward Dmytryk）是參與者中，故事比較戲劇化的一個。迪麥雷克在成長期間遭受父親虐待，他憤而逃家，還惹上了官司。即使特曼與迪麥雷克從未謀面，但特曼在某方面就像一個替代性的父親角色，他幫迪麥雷克寫介紹信，幫助他進入一個充滿慈愛的領養家庭。

迪麥雷克最終在電影工業出人頭地，成為一名電影剪輯師和導演。一九五〇年代爆發「紅色恐慌」（"Red Scare"）時，迪麥雷克成為「好萊塢十大寇」之一，這群人被列入電影工業的黑名單。他曾被判定藐視國會，入監服刑數個月，獲釋之後又重操電影舊業。迪麥雷克最出名的事蹟是導演了《凱恩號嘩變》（*The Caine Mutiny*）和《百戰雄獅》（*The Young Lions*）等經典名片，他總共導演了二十三部影片。

奧本海默（Jess Oppenheimer）也出身好萊塢，但是在電視圈揚名立萬。在讀完史丹佛大學後，他從事電視工作，主要是替表演者撰寫喜劇腳本，例如阿斯泰爾（Fred Astaire）、班尼（Jack Benny）、柏根（Edgar Bergen）和麥卡錫（Charlie McCarthy）等人。後來他成為電視影集《我愛露西》的幕後智囊。《我愛露西》是當時非常成功的電視影集，這也是奧本海默的最高成就。在劇中演出的明星、極受敬重的女性喜劇演員露西爾・鮑爾（Lucille Ball）就說，《我愛露西》的基本架構和內容，都應該歸功於奧本海默。

樣本中第三位進入演藝界的人是演員歐基夫（Dennis O'Keefe），他的本名是愛德華・弗拉納根（Edward Vance Flanagan）。他在十六歲便寫作輕歌舞劇，並將腳本投稿給《我們這幫人》影集的製作單位。他曾以弗拉納根（Bud Flanagan）為藝名，在許多電影中擔綱小角色。在演員克拉克・蓋博（Clark Gable）的推薦下，米高梅電影公司替他改名，讓他在眾多小成本電影中演出重要的角色。他活躍於一九四〇年代的大螢幕，也參與了電視影集的演出。

樣本中有幾個「學者近親繁殖」的例子。其中一個樣本是特曼的兒子弗雷德里克（Frederick Terman）。弗雷德里克的入選並非意外。弗雷德里克在從麻省理工學院獲得工程學博士後回到史丹佛大學任教，成為工程學院的院長和大學教務長。他決定將一些未使用的史丹佛地產打造成工業園區，並鼓勵他指導的兩個研究生休利特（William Hewlett）和帕卡德（David Packard）開設公司。他們的公司被視為矽谷的開端！由於他的貢獻，史丹佛大學的工程學中心就是「按弗雷德里克・特曼」這個名字來命名。弗雷德里克後來邀請電晶體的共同發明人，也就是一九五六年諾貝爾物理獎得主肖克利（William Shockley）到史丹佛所擁有的地產上開設工廠。肖克利成為發展矽谷的重要推手，他在兒時曾接受特曼研究的參與者入圍測試，但沒有被選中成為最後的樣本。

知名心理學家暨史丹佛大學教授西爾斯（Robert R. Sears）也跟特曼的研究關係密切。一九五六年特曼去世後，他接管了這項研究。他透露他也是被研究的對象之一，包括他的朋友、教育心理學家克隆巴赫（Lee J. Cronbach）也是研究對象。這兩人在心理學領域都有卓越的成績，而且都享有美國心理學會會長的殊榮。

多年來，人們一直懷疑第三十七任美國總統尼克森也參與了特曼的研究。尼克森出生於加州的約巴林達（Yorba Linda），他的年紀和居住地顯然讓他有資格參與這項研究。有幾份早期的報告否認他是研究的參與者，然而，著名的心理歷史學家明頓（Henry Minton）透露，尼克森事實上就是樣本中的一員。

研究變數

縱向研究——在一段時間內研究同一群人——的限制因素之一是中途退出率。退出的發生原因難以知曉，而且可能具有選擇性的偏見，因此容易扭曲資料。由於特曼研究的參與者之間發展出一種凝聚力，因此這些研究對象極少流失，達成了更準確的結果。

但從負面角度來看，該研究存在某種程度的污染，因為這些研究對象知道這項研究的本質。的確，有些比較不成功的研究對象後來回報說，他們因為沒有符合他們天賦智力所預期的標準，而感到某種程度的內疚。此外，特曼持續與許多參與者接觸，時常為他們寫推薦信，讓他們進入大學或獲得其他就業機會，這點也增加了實驗的不公平。他還和許多參與者的父母連繫，對這些孩子的發展提出建議。他涉入參與者的生活，所造成的結果連帶對研究結果產生了影響，這就成了一個未知因素。

縱向研究還有另一個問題。那就是，對於在不同歷史或時期成長的個人，它們的代表性有多準確？特曼研究的參與者成長於美國的特殊時期，經歷了經濟大蕭條和第二次世界大戰。他們小時候沒有電視，當然，也沒有家用電腦或手持裝置。當時女性跟現代女性的職業機會也很不同。簡單來說，特曼的研究對象活在跟現今孩童和年輕人都不同的世界。這些描述不同時代出生者的資料，到了現在能有多大的用處？

此外，樣本本身也有限制因素。如前所提，挑選的過程高度倚賴是否能找到研究對象來參與，其代價是犧牲那些更具代表性的樣本。至於將研究參與者的家庭成員也放進計畫中做為樣本，以現在的標準來說照樣不可行。特曼也因為沒有挑選某些人作為樣本而遭致批評，的確，後來的證據顯示，這些人應該要入選。

特曼承認要達到完美的參與度，有實際上的困難。舉例來說，有些父母親發現要讓孩子大老遠去接受測試和再測試，是一件很不方便的事，因此充滿了抗拒。有些父母（有時是學校職員）則乾脆拒絕讓孩子接受測試。鑑於這些困難，特曼對他所能挑選到的樣本已經非常滿意了。

特曼透過一開始的資料蒐集和後續追蹤，收集到幾乎橫跨二十世紀的大量資料。此後，許多額外的研究也利用這些資料才得以完成，好比說，一九八九年，科學家佛里曼（Howard Friedman）和馬丁（Leslie Martin）為了研究健康問題而開始採用特曼的資料。在他們的著作《長壽計畫》（*The Longevity Project*）中，他們質疑當代對於健康與長壽的某些看法，進一步探討了社會連繫和婚姻等因素，以及可靠性和毅力之類的人格特質。他們的研究證明了在選定最初樣本的幾十年後，特曼的研究持續對「如何活出成功的人生」提供了洞見。

在那之後，針對有天賦者所做的幾項研究，多半是受到特曼的啟發，特曼被視為「天賦研究之父」。這類研究的目標之一，是及早辨識出擁有特殊才能的人。一如特曼，這些研究希望辨識和培養有天賦的少年，因為他們可能成為未來的研究者和社會領導者。然而，新近的研究通常聚焦在較少的能力項目，而非著重於廣大的認知能力光譜，例如發展STEM學科

（亦即科學、技術、工程學和數學）必要技巧的相關能力。

一個著名的例子是，霍普金斯大學心理學家史丹利（Julian Stanley）於一九七一年展開的研究。他的「數學早熟少年研究」（Study of Mathematically Precocious Youth, SMPY）便是模仿特曼的研究，包含了搜尋人才，以辨識出有天賦的少年，特別是數學方面的能力。一旦辨識出來，史丹利會監督他們的發展，提出種種對他們有好處的教育計畫。

這項研究在范德比大學（Vanderbilt University）的本博（Camilla Benbow）和盧賓斯基（David Lubinski）領導下持續進行至今，這對夫妻檔從一九九一年開始共同主持這項計畫，至今，這個研究的資料庫已經成長到擁有五千多名有智力天賦的參與者和五個合作團隊。

培養有天賦者的好處已經普遍被認可，但值得注意的是，他們也展現出廣泛的個人差異，有各自的長處、弱點和不同程度的熱情和衝勁。我們不應該只看見有天賦者的智力超群，如果要對他們的教育、職業或創造力成果做出長期的預測，也必須將他們多面向的本質納入考量。

問題討論

1. 特曼如何挑選研究對象？這種挑選方式是否造成未來的解讀問題？
2. 特曼的研究對象在教育、社交和情感上的發展狀況如何？
3. 特曼的所有研究對象，是否都長成心理健全的成人？女性的研究對象的發展如何？
4. 有天賦的人時常被冠上性情古怪和拙於社交的刻板印象。這些看法是怎麼形成的？
5. 相較於橫向研究，縱向研究的優缺點是什麼？
6. 為什麼培養有天賦的兒童是如此重要的事——他們難道無法照顧自己？

第三部分　多元樣貌的當代心理學

第17個故事　明尼蘇達飢餓研究

在一門擁有許多令人好奇、甚至古怪研究的學科中，「明尼蘇達飢餓研究」名列最不尋常的研究之一。這項研究具備非常務實的目標，從一九四四年展開，當時正值二戰尾聲。當時戰爭即將結束，在飽受戰爭蹂躪的國家裡，有許多人和戰俘長期處於挨餓的狀態。缺乏食物對於這些人的身體和心理造成了什麼影響？戰爭結束後，可以從他們身上發現什麼樣的行為？還有最重要的，要讓這些缺乏營養的人恢復到一定程度的正常，最好的治療方法是什麼？

這項研究被寄予厚望，希望能為更廣泛深遠的問題提供解答。世界歷史一向會留下饑荒的痕跡，不平均的食物供給問題一直存在，但缺乏食物所造成的影響，卻從未有過系統化的研究。因此，這項研究能夠提出關於人類生存等基本現象的重要資訊。

研究人員打算憑藉著實驗來回答這個問題，而非以理論來解釋。三十六名男性自願者同意進行極度限制熱量的節食活動——大約正常一餐的一半，並受到嚴密的監視。他們都因為道德或宗教信仰的緣故而拒服兵役。儘管反對戰爭，但多數人不僅願意參與這項實驗，而且還渴望這麼做，他們因為沒有參戰而感到內疚。他們將參與這項實驗視為一種效忠國家的方式。另外，許多志願者是真正懷抱著利他精神，樂意參與能為人類謀求利益的實驗。

當時，人們已經知道嚴重缺乏食物可能會產生某些影響。美國最戲劇化的例子發生在一八四六年至一八四七年冬季，著名的「唐納團隊」的篷車隊長征。在那個特別酷寒的冬季，這個車隊被困在加州附近的內華達山脈，有些隊員靠著吃人肉存活了下來，即便在今天看來，這樣的結果仍教人觸目驚心。但類似程度的食物缺乏困境，也曾經發生在戰時的歐洲國家，尤其是列寧格勒自從一九四一年展開的著名圍城事件。據信這個時期的列寧格勒有數百萬人挨餓至死，事後還出現許多恐怖的故事。

明尼蘇達研究經過仔細規劃，自願者的各種行為都會受到長達一年的監視。這是個很特別的研究，而且往後可能再也無法複製，因為這個實驗的條件結合了戰時環境，以及具備了一群和平主義傾向的公民實驗者，這般意志堅定的群體簡直可遇不可求，況且，還得考量到倫理問題。

在那個年代，人體實驗是常有的事，而且這些以人為對象的研究，倫理標準並不明確。此後，大眾開始對於人體實驗的敏感度增加，部分原因是，戰爭時德國人和日本人所做可怕實驗的報導浮出了檯面。以現代對於研究倫理的重視，不可能允許在研究中如此操縱研究對象。然而，當時的時代氛圍的確允許這個研究順利進行，它所產生的結果非常有用，而且相當驚人。有幾項結果都跟一開始沒有被提出的現象有關，例如飲食失調。

平民公益服務隊

研究的主要調查者，也是最初構思出這個研究的人是基斯（Ancel Keys），他是一位聰明、精力旺盛的健康研究者，具備令人印象深刻的背景和一連串的成就。（基斯曾參與第十六章所探討的「天賦者研究」）這個研究進行時，基斯擔任明尼蘇達大學「生理衛生實驗室」的主任，終其職涯，他一直在這個崗位上奮鬥。基斯不僅擁有兩個博士學位，也是戰時士兵的主食「K口糧」的發明者。儘管當時流傳不少關於K口糧的笑話，但是K口糧被設計成體積小巧、方便攜帶、吸引人且營養健全的食物來源，客觀上來說，K口糧在各方面都非常成功。

在基斯的實驗室研究人員當中，捷克斯拉夫裔心理學家布羅熱克（Josef Brožek）扮演了關鍵的角色。一九三七年，他從布拉格的查理大學取得博士學位，而且只在美國待了幾年，他就成為這項研究的首要心理學家。美國陸軍會找上基斯來解決他們所面臨關於健康與營養的問題，正是因為基斯成功的發展出K口糧。他替軍方做了幾項研究，包括缺乏維生素及溫度變化的影響。當基斯想到進行「飢餓研究」的點子時，他馬上明白最重要的要件之一，就是找到合適的受實驗者群體。

由軍方監管的「平民公益服務隊」似乎是特別適合的實驗對象來源，而且不難說服軍方這個新的研究需求。平民公益服務隊主要由一群和平主義者組成，他們因為宗教和個人因素而反戰。至於研究所需的資金則有多種來源，包括教會團體、商業公司和明尼蘇達大學。

基斯設想這項研究分成三個部分。在頭三個月，志願者正常飲食，評估他們的熱量需求，以及確認他們的正常體重。這些資料將為研究建立基準線。在持續了六個月的第二階段中，研究參與者被給予個人化飲食，這些飲食熱量只有正常熱量攝取量的一半，目的是在六個月內，讓他們的體重減少約百分之二十五。基斯估計，這種體重減輕的程度，足以提供研究所需的資訊，而且不致於危及志願者的健康。研究的第三階段是恢復期，持續三個月。志願者被分組按照幾種方式進食，他們的飲食由不同程度的熱量和食物成分組成，例如蛋白質和碳水化合物。恢復期的研究目標，就是判定那一種恢復方式的成效最好。

徵選過程

基斯準備了精心製作的小手冊來招募實驗對象，手冊中說明了這項研究為全體人類帶來的好處，他預測這樣的訴求可以成功吸引平民公益服務隊的成員，因為他們都懷抱著高度的理想主義。在過去，這些平民公益服務隊的成員會從事山林管理或在精神病院的工作，並從中獲得滿足感，許多人樂於投入這種「忙碌的工作」。最後，有超過兩百個人回應了基斯的號召。基斯仔細挑出人選，他深知選對了志願者，才是實驗成功的關鍵。

實驗研究人員開始評估這些志願者，基斯堅持這些參與者的身心狀態必須良好。當時，心理健康是透過一種新的心理學工具來進行量測，稱作「明尼蘇達多相人格測驗」（MMPI），這項測驗在一年多前才剛被創造出來，但很快成為所有客觀人格測驗中最重要且最受歡迎的一種。「明尼蘇達多相人格測驗」的問卷由五百多個題目組成，許多題目看起來顯得溫和又親切。完成問卷的人將與已知有心理問題的其他人進行比對，根據最後的分數產生一份圖表，描述十種不同的心理健康範疇，並標明該問卷對象在各種範疇裡的分數。

此外，基斯堅持入選的研究對象都必須是單身，而且能跟他人相處無虞。他認為已婚者在研究進行期間可能會發生太多衝突。最後，他希望研究對象對於實驗的目標能夠立場堅定，堅持到實驗完成。基斯預料這個實驗的第二階段後半期，過程會十分艱辛。基斯最終選定三十六名志願者參加實驗，清一色是男性，年齡介於二十歲至三十三歲之間。除了符合設定的標準，他們都受過良好的教育，而且根據幾項測量發現，他們遠比一般人聰明。

基斯知道他選擇的並非隨機樣本，但他有優先於隨機樣本的其他考量：他很清楚他是用人類在做實驗，對他而言，這是個敏感的議題。這項實驗存在著身體和心理方面的相關風險，因此他盡可能仔細地向實驗對象說明這些風險。同時，基斯也瞭解到，儘管他事先進行了充分的規劃，但他正邁向一個未知的領域。

一九四四年十一月中旬，志願者聚集在明尼蘇達大學開始進行實驗。他們待在大學體育場看臺下方密集的房間，那裡是基斯所主持的生理衛生實驗室的所在地。他們在那裡睡覺，並進行許多測試，他們的食物受到極為嚴密的監控，由特別設立的自助食堂負責供應，而食堂則設在偌大校園的另一端。

研究開始的頭幾天，志願者接受各種檢驗，尤其是體重和體脂含量，以及感覺的敏銳度和精力。他們的食物熱量經過計算，找出讓每個人維持住體重的精準份量。多數人覺得食物美味可口，而且份量多於需求。他們按照吩咐，每天散步幾英里，每週散步二十二英里。日常活動依據各自的才能和興趣來安排。少數具有科學背景的志願者可以跟研究人員一起分析從研究中獲得的資料。有些志願者定期在明尼蘇達大學上課，而某些具備特殊才能的人，可以為其他志願者開課。大大小小的事情都列入考慮，前三個月，這些人過得十分順利。但這種情況不會持續下去。

挨餓六個月

實驗的第二階段在一九四五年二月展開，約莫是最初評估的三個月後。這時攝取的熱量減少到每天略為多於一千五百大卡，約第一階段的一半。飲食內容被安排成類似一些受戰爭蹂躪的國家人民所能獲得的食物，馬鈴薯和甘藍菜佔了大部分，佐以極少量的肉類。通心麵和乳酪是最受歡迎的餐點，但嚴格管控份量。在第一階段，參與者可以每天都可以吃到完整的三餐，現在只剩下兩餐——早餐和晚餐。志願者可以無限制飲用黑咖啡和水，每天還有限額的香菸。

頭幾週，大多數志願者的行為沒什麼太大的變化。他們對自己的體重下降感到驚異，他們穿在身上的衣服已經顯得寬鬆了。雖然有些體力不濟，但他們的心情大致還不錯。然而，每個人的情況都不一樣。塔克（Tucker）關於這項研究的著作說明了不同的反應。塔克指出，有一位實驗對象在進入第二階段的幾個星期內，就開始在食物的攝取上作弊，而且很快表現出精神病行為的跡象。等到他住院治療並回復正常飲食，他的心理症狀隨即消失了。不令人意外，他從研究中被除名。然而，因為這個事件，其餘志願者受到更嚴密的監控，以防作弊的可能。

基斯設下新的規定：禁止參與者獨自參加活動。他們要外出，必須找到另一名願意陪同的志願者，無論去大學上課，還是出去約會。儘管有諸多抱怨，但志願者遵守著規定。然而，更大的問題出現了。除了身上的衣服變得寬鬆，缺乏食物的影響慢慢顯現了出來，而且讓人意想不到：食物逐漸變成參與者生活的重心，無論他們在讀雜誌或看電影，只要任何涉及食物的事物一出現，馬上成為關注的焦點！志願者開始做起有關食物的夢。他們發展出古怪的進食模式，例如習慣性的舔盤子。

他們的生活也改變了，有幾個實驗對象原本和人交往中，但他們慢慢對約會——及性活動——失去了興趣。這算是最早消失的事物之一。那些在上課或從事文化活動的實驗對象，對文化的興趣也大幅下降，志願者開設的課程也停擺了。他們變得很容易被激怒，而且毫不在意周遭人的看法。隨著挨餓階段進展到後半期，其他身體症狀開始出現。參與者時常覺得冷，他們的體溫和脈搏率下降了。基斯推斷他們的身體正設法保存能量。

坐著不動變成一件不太舒服的事，因為他們不再擁有正常體重所提供的肉墊。他們得不斷克制跟食物有關的衝動。明尼蘇達多相人格測驗記錄下大幅增加的抑鬱、歇斯底里和疑病症。有些參與者認為自己處於發瘋的邊緣，古怪和反社會的行為變得更加明顯。

接著，又有一名志願者承認作弊，他出現某種身體症狀，不得不退出研究。受實驗者的群體人數降至三十四名，還有兩人因為已知或懷疑中的作弊而遭到除名。他們沒有減少應該減少的體重——倘若他們遵守飲食規定的話。近七月底，挨餓階段來到最後一天，受實驗者群體剩下三十二個人。整體而言，他們減掉最初體重的百分之二十四，接近基斯先前預設的數值。

遲到的結論

研究的最後一個階段稱作「復原階段」，但並非參與者所期待的狂吃狂喝，而是將剩下的實驗對象分成四組，每組接受和先前一樣的食物，但熱量增加了。最低的一組每天只增加兩百大卡，而最高的一組增加八百大卡。這樣的改變幅度從任何標準來看都嫌不足，而他們的復原狀況也反映出這個情況。

這些參與者體重增加得非常少，而且速度緩慢，他們變得更具有敵意，而且焦慮不安。

有個人在砍柴時剁掉自己的三根手指，讓人高度懷疑他是故意這麼做，他甚至不確定自己是否是故意的。無論這個事故是否為意外，基斯都準備將他從研究中除名。然而，這個人激動地請求繼續留在研究中，基斯最終答應了。

在與研究團隊商量後，基斯決定偏離原本的計畫，大幅增加參與者攝取的熱量。他們回復到每天可以吃三餐，達到正常飲食的程度。此外，關於參與者只要離開實驗場所便需有人陪同的規定，也被取消了。這些改變之下，參與者的心情迅速振奮了起來。與此同時，戰爭已經結束了，基斯只好撰寫了一篇臨時報告，對救濟工作者提供一些建議。只可惜，這項實驗還需要幾個月才能完成，甚至還需要幾年的時間，才能過濾所蒐集的資料。

基斯不情願地在一九四五年十月發表了一篇描述這項研究的臨時報告，但幾乎不具備實用價值；再說，基斯所秉持的科學精神也不允許他從不完整的資料中遽下結論。幾年後，他才發表了一份完整的報告。慶幸的是，有一位幫助他設計研究的心理學家葛茲刻（Harold Guetzkow）比較隨興。他在一九四六年出版了一本顯然非科學性的著作，內容充滿了漫畫和實用的建議，對救濟工作有很大的參考價值。

有一件事是大家都贊同的——人類的身體非常驚人。演化機制使人類的身體對各種攻擊都能做好準備，包括可能發生的挨餓。身體的演化史最終會產生極具彈性的有機組織。

馬斯洛需求論

亞伯拉罕．馬斯洛（Abraham Maslow）是當時鮮為人知的心理學家，他於一九四〇年代任教於布魯克林學院。但在布魯克林學院時，他寫出一篇奠定了日後名聲的論文，這篇論文同時非刻意地評論——或者說明——從明尼蘇達州研究中觀察到的許多現象。

他的論文描述了人類需求的等級。他將這些需求想像成一個金字塔。金字塔最底層是最基本的需求，例如對氧氣和食物的生理需求。上一層是安全需求，再往上是對愛和歸屬感的需求，然後是對尊嚴的需求。位於頂層的自我實現需求，就是希望可以不辜負自己潛能的渴望。對馬斯洛而言，自我實現的需求包含了「活得完整」的感覺，以及找到生命的意義。

馬斯洛對於這些需求如何支配人類行為抱持著彈性的看法，但他堅信，這些需求的本質具備了等級差別。在這個金字塔模型中，為了探索和徹底滿足較高等級的需求，必須先滿足較低等級的需求。舉例來說，一個無法滿足基本生理需求（例如飢餓）的人，將難以追求更高等級的需求（例如愛和友情）；而最高等級的需求，包括文化興趣和進一步受教育，則處於最大的風險之中。一旦低等級的需求無法被滿足，就會危及高等級需求的實現。

將馬斯洛的模型運用到明尼蘇達研究，為第二階段的參與者行為提供了有用的解釋。當食物供應量越來越少，他們追求更高等級需求的傾向跟著縮減。位於最高等級的項目，如學習和創造性表達，是最先被忽視的東西；接著是第二高等級——對尊嚴的需求。一旦最低等級的需求持續不滿足，其他等級的需求便岌岌可危。馬斯洛的模型不應太嚴格地被檢視，例如，它就無法處理文化差異。但是，等級制度代表了一套簡潔的原則，可以用於描述和概括基斯實驗挨餓的部分後果；它也提供了對於治療神經性厭食症和暴食症等疾患的洞察。

從明尼蘇達飢餓研究和馬斯洛的模式所得到的暗示是，在嘗試治療相關心理問題之前，應該先治療挨餓身體的症狀。

食物與戰爭

基斯和他的實驗團隊準確預測了「食物供應的戰爭」對全世界所產生的影響。美國幾乎打從戰爭一開始，便以配給制來供應如糖和咖啡等食物，而且政府還鼓勵國民種植「勝利園圃」。心理學家勒溫（Kurt Lewin）想盡辦法鼓勵人們食用如腎臟和肝臟等動物內臟，藉以增加食物的選項，不過動物內臟雖然富含營養，卻不受歡迎。

然而，當時幾乎沒有人準備接受即將出現在德國集中營的景象，那些在集中營裡的倖存者，可謂一具具「行走的骨骸」。在歐洲戰爭結束之際，基斯實驗的第二階段只進行到一半，因此這項研究對戰時的倖存者沒有發揮原先預期的幫助。儘管如此，至今它仍然極具參考價值，成為食物與心理問題最重要的研究。

當研究結束，基斯沒有銷聲匿跡。事實上，他因為研究心臟病的成因甚至變得更加有名。他以發現膽固醇和心臟病的關聯而聞名，這個關聯已經成為現代醫學的保健常識。布羅熱克則成為大學教授和著名的心理歷史學家。至於實驗的參與者，則逐漸回歸到正常生活，他們依據各自的智力和教育程度進入相稱的行業，最常見的工作是從事教書和社會工作。有六個人取得博士學位。在這個研究結束很久之後，這些人仍然懷念那些在研究中度過的日子。他們異口同聲地表示，他們願意再接受一次實驗。

這項研究提醒我們食物與許多事物的關係，包括心情、抱負和身體形象。我們應該知道，節食者之所以很難堅守飲食計畫，不全然是缺乏意志力的關係。維持體重是人類固有的生物需求，也是一種保護機制，當這個平衡遭到挑戰，結果可能在我們生活中的其他層面被體現出來，包括心理層面。

問題討論

1. 研究中的對象如何被挑選？由於一些有選擇性的樣本，從這項研究所得到的結論是否有問題？
2. 如果以女性作為實驗對象，結果是否會不同？年紀是否有關係？
3. 進行這項研究的方式，是否涉及倫理問題？如果有，會是哪些方面？
4. 試描述馬斯洛的需求等級。你能否概述該研究利用馬斯洛的等級理論作為指導原則的結果？
5. 我們從這項研究中得到什麼好處？這項研究是否為現代人的飲食失調治療提供了任何建議？

注釋

本章所引用的塔克著作（參看參考書目）概述了基斯的研究，極具可讀性，其中包含許多令人注目的個案研究。大力推薦給想要進一步瞭解這項研究的人。

第18個故事

心理學史上最怪異事件

科學一向仰賴研究人員的誠實操守來獲得成果，我們期許研究資料應當以客觀與冷靜的方式加以蒐集、分析和報告，而不受個人情況或機構偏見的影響。這樣的態度直指科學方法的核心。但是，這類期許不必然敵得過現實。在極少見的情況下，雖然帶有一些規律性，但科學家也會違反他們的職業標準。某些科學家可能對結果造假，確保研究可以繼續獲得資助；也有科學家會扭曲實驗資料，以支持特定的觀點。無論目的為何，造假的科學會帶來有害的結果，有時受害的是一般大眾，但造假的研究人員幾乎總是難辭其咎。

伯特（Cyril Lodovic Burt）是科學欺騙史上較具爭議性的案例，有心理學家稱之為「心理學歷史中最怪異的事件」。英國心理學家伯特在心理學界一向受到敬重，他對於智力的本質抱著堅定的觀點——他認為智力主要是經由遺傳而來。他的研究基礎建立在對雙胞胎和家庭研究所累積的大量證據，憑藉這些證據，他相信他能梳理出遺傳和環境對人類發展的相對貢獻。他雖然遭到批評——智力差異的源頭，向來是爭辯得最激烈的心理學議題——但他的資料難以反駁。

儘管如此，仍有對手質疑他的研究的客觀性。有一位美國心理學家認為，伯特在職涯後期所發表的資料簡直難以置信，因為完美到不像真的！其他人開始指出伯特的可疑行徑。爭論持續擴大，愈演愈烈，除了報紙文章的報導，還有兩本著作的批評聲浪。關於伯特研究成果的爭論，最後擴大成為一起公共事件。等到塵埃落定，普遍的共識似乎認為伯特在說謊。他的欺騙性資料使得學界懷疑起他先前結論的效度。以往，他的名字和資料經常被各種著作引用，甚至出現在教科書中，但如今，全都與這件醜聞劃上了等號。

然而，故事尚未結束。在最初的爭議平息之後，發生了古怪的逆轉。當時出現的文章不僅支持伯特的主張，還質疑一開始引發爭論的動機與行為。那些對伯特的誹謗，是否只不過為了讓人對遺傳論的立場產生懷疑？證據就出在兩本至少抵銷掉某些批評的著作。伯特的擁護者也注意到，批評他的人，是極具選擇性地提出反對的資料。最後一個問題是，煽動爭議的媒體在整起事件中所扮演的角色。

這個爭論延續至今，多少演變成兩個立場僵持不下。但至今無法回答的是：伯特是否真的說謊，還是，他只是政治意識形態的受害者？

伯特的背景

一八八三年三月三日，西里爾．伯特出生於英國倫敦。身為醫師的兒子，他有機會陪同父親出診。透過這些出診的機會，伯特結識了著名的探險家暨發明家法蘭西斯・高爾頓爵士。高爾頓在他的後半生著力於研究智力和智力遺傳的主題。（高爾頓的研究詳見本書第七章。）某一次，伯特的父親到高爾頓家出診，年幼的伯特突然表示，等他長大之後，也想成為像高爾頓那樣的人。某些方面他確實做到了。

伯特進入牛津大學研讀哲學和心理學，接受蘇格蘭心理學家麥獨孤（William McDougal）的指導。麥獨孤知道伯特對心理測驗很感興趣，鼓勵他撰寫相關主題的高年級論文。打從科學心理學的草創時代，英國便比其他國家更注重心理學的定量層面，而伯特接續了這個傳統，他的研究也依循高爾頓的方向。高爾頓發明了許多統計學工具，包括相關係數，這些定量的測量對於教育與心理測驗的進展尤具價值，而當時的主題，主要聚焦於智力。

伯特在職涯早期參與了對英國人身體與心理特質的全國性調查，促成了他對心理測量的興趣。在利物浦大學短暫任職後，柏特於一九一三年成為倫敦郡議會的顧問，接下來的二十年，他擔任駐校心理學家。伯特是英國第一個駐校心理學家，後來成為實施英國「11+考試制度」（即孩子在小學最後一年為進入初中所參加的考試）委員會的顧問，該制度為學生的早期教育經驗建立了軌跡。一九四六年，伯特受封爵士，他是第一位獲此榮譽的英國心理學家。

雙胞胎研究

一九三一年，伯特擔任倫敦大學學院教授及心理學系的系主任。他在這個崇高的職位上拓展他的「雙胞胎研究」，並撰寫出日後奠定國際名聲的著作。伯特的雙胞胎研究，來自於他得知有一對被拆散的同卵雙胞胎，這個消息對他來說，是近乎意外的收穫。

這項研究成為他的研究中最具說服力，以及最具爭議性的部分。他發現同卵或單合子雙胞胎（基因百分之百相同）在智力方面極為相似，無論他們是被一起撫養長大，或者是分開撫養。就智力而言，他們身處不同的成長環境這一點，似乎顯得無關緊要——他們確實遠比非同卵雙胞胎更加的相似。

異卵雙胞胎（由兩顆卵子所生成的雙胞胎，其遺傳天賦等同於兄弟姊妹）在智力方面並不比兄弟姊妹更相似，對伯特而言，這種親屬關係的對比含意是明顯的。遺傳天賦是智力的主要決定因素，能說明某群體內介於百分之七十七到百分之八十八的差異。伯特認為，環境能夠解釋智力差異的程度小得多，大概只有百分之十到十二，剩餘部分則取決於機運和其他尚未被瞭解的變數。

對智力採取平等主義解釋的心理學家認為伯特的結論是有爭議的。當時普遍的看法是：基因的影響是固定的，這在本質上是一種生物決定論。如果智力的差異主要由遺傳造成，那麼兒童智力發揮作用的程度在出生時就已經被決定。這麼一來，更好的教養方式或教育經驗，哪裡還有可能對孩子最終的智力水平造成影響？因此，同樣重要的議題是，孩童早期的增益課程，對他們後來的智力發展，能否產生任何影響？

伯特的結論對上述疑惑沒有提供太多幫助。事實上，他的看法與它們經常被呈現的方式有些不同。伯特雖然相信智力是以遺傳作為基礎，但不等於他相信生物決定論。因為遺傳可能設下了限制，卻沒有完全決定結果。他的早期著作表達了這個觀點，不過多半被批評者給忽略了。批評者幾乎都從嚴格的優生學觀點來解讀他的作品。

二十世紀上半葉，許多美國心理學領導者對於遺傳影響智力的重要性，也抱持堅定的立場。然而，二戰之後，他們對於遺傳天賦的重視態度開始改變，至少就其決定心理特質的面向而言。會造成這種轉變，部分是受到行為學派的影響，以及行為學派對環境影響力的重視。此外，心理學家也瞭解到，恐怖的大屠殺之所以發生，就是為了要打造一個基因「純粹」的種族。因此，若要將行為完全歸因於遺傳的影響，不免讓人猶豫。隨著這種態度的轉變，伯特的資料日益遭到抨擊，尤其是在美國。當然，他在英國也難逃批評。

此時的伯特已經上了年紀，還患有梅尼爾氏症，他設法列舉更多證據來支持他的立場，但疾患導致的暈眩，使得他很難親自蒐集更多的資料。於是，伯特聘請助手替他蒐集資料——至少看起來是這樣。最終，他發表了雙胞胎案例的新報告。這些報告強力支持他先前的立場，但其中存在一個問題：它們的支持力道似乎過於猛烈了。

巧合的數據

在伯特的新資料中有一個統計數據，說明被分開撫養的同卵雙胞胎之間的智力相關係數為〇．七七八，代表兩人之間極高的相似度（完全正相關是一．〇〇）。然而，普林斯頓大學的心理學家卡明（Leon Kamin）注意到，這個數據有一點古怪。它們與前兩篇報告提出的數據，在小數點後第三位竟然一模一樣，這讓他開始起疑。雖然相關係數能證明不同樣本之間一定程度的穩定性，但伯特的資料實在太過於相似，反而不像是真的。

一九七四年，卡明出版了《科學與智商政治學》（*The Science and Politics of IQ*）一書，抨擊整個「智商產業」，還狠很奚落了伯特一番。他聲稱伯特在描述資料的蒐集過程時含糊不清，不僅樣本數量時常不清不楚，就連智商本身也是基於估計、而非紮實的心理測量原則。

簡言之，卡明認為伯特的資料在嚴肅的學術討論中沒有價值！此事非同小可。雖然其他研究人員也調查了被一起撫養和分開撫養的雙胞胎智商，但伯特擁有截至目前為止最大的樣本數，總共有五十三對。把他的資料認定為沒有價值，等同對先天本質VS.後天教養的爭論拋出了推波助瀾的因素。

許多人加入這場論戰。一九七六年，為《倫敦週日時報》撰稿的科學作家吉利（Oliver Gillie）寫了一篇文章攻擊伯特的科學方法，質疑他的研究結果，指控他全然的欺騙。此舉引發軒然大波，因為伯特早已在五年前過世，沒有人可以為他辯護。伯特晚婚，沒有生育子女，死亡時又已經與妻子分居。然而，他的妹妹瑪麗恩（Marion Burt）醫師，同時也是他的遺囑執行人，在伯特過世不久後開始著手撰寫他的傳記。

其實，原本要為伯特作傳的是赫恩肖（Leslie Hearnshaw），他是英國心理學家，也是當時頗受敬重的心理歷史學家。在這些爭議浮現後，赫恩肖擔心瑪麗恩不會像先前那樣樂於合作，尤其是必須取得她哥哥的檔案與文件。但事實證明，瑪麗恩慷慨地給予支持，鼓勵赫恩肖讓這本傳記如實出版。瑪麗恩在一九七八年去世，伯特的傳記則在一年後出版。

正當爭議如火如荼展開時，伯特的命運在許多人看來都有賴於這本傳記的結果。赫恩肖是造詣高深的歷史學家，顯然不會別有用心，他的結論將被認真看待。此外，他已經取得伯特的許多文件和個人紀錄。不過，當這本傳記終於在伯特去世八年之後出版，並沒有為伯特帶來有利的影響。因為在傳記中，赫恩肖斷定，伯特確實涉及不法行為。

赫恩肖描述了在爭議之前的伯特研究。他注意到伯特早期研究中不同的檢驗標準，以及二戰和倫敦大轟炸可能導致了伯特的資料遭到毀損。因此，赫恩肖推斷，當伯特被要求捍衛自己的研究時，乾脆捏造資料，而且為了讓這些資料的蒐集顯得有理有據，伯特還謊稱他找了兩位研究助理來幫忙：霍華德小姐與康威小姐。只不過，當有學者嘗試建立伯特聲稱的效度時，卻無法找出這兩位研究人員。尋人廣告刊遍了全世界的英語國家，都找不到她們曾經存在的證據。

赫恩肖還指出伯特的其他不當行為。舉例來說，伯特身為某生物統計學權威期刊的編輯，他會在期刊中發表「讀者投書」，其中包括了對伯特的抨擊。接著，伯特回信反駁這些投書，捍衛自己的立場。赫恩肖確信伯特不僅回信反駁，還時常以化名撰寫那些來自讀者的「抨擊投書」，根本是自導自演。

這本傳記對伯特的支持者而言是毀滅性的，而且極具份量。就連伯特最熱心的支持者、知名的美國心理學家詹生（Arthur Jensen）也終於相信伯特說了謊。此後，在「先天本質vs.後天教養」的爭論中，伯特的名字再也不能用來支持先天派的論點。

然而，這場中辯尚未結束。發展心理學家夫妻檔艾倫與安・克拉克（Alan and Anne Clarke）聲稱，伯特曾冒用他們的名字撰寫文章及修改文章，只為了有利於他自己的名聲和立場。最後，英國廣播公司於一九八四年製作了一部影片《研究智力的男人》（*The Intelligence Man*），影片中對伯特發出了強烈的批評。（後來，伯特的支持者認為這部影片嚴重扭曲事實，已經達到毀謗名譽的程度。）

局勢翻轉

伯特的名聲和貢獻看似就要從心理學歷史上被抹除了，後來發生了一件出人意表的事，讓伯特的支持者積極地捍衛起伯特的名聲。

當時，質疑赫恩肖的文章和書籍接連出現，但是幾乎每個人都同意，伯特為人是有點古怪，晚年時變得難以取悅，但他早先並非如此。他或許涉及了一些頂多算是「不太得體」的手段，但這跟一口咬定他刻意偽造資料是兩回事，因為沒有具體的證據。此外，有些完全不受伯特影響的行為遺傳學家所蒐集到的資料，達成的結論幾乎和伯特的結論一模一樣。

被用來反對伯特的論據之一，是他的日記。先前提到的報社記者，亦即早期批評伯特的吉利注意到，伯特的日記中，有些記載暗示了伯特的欺騙行徑，不過這點從伯特留下的文件中卻找不到證據支持。伯特手上保存的文件和信件已經由他的秘書阿契爾（Gretl Archer）交給他的傳記作者赫恩肖，赫恩肖認為伯特日記和文件中所缺乏的資訊，正是其犯行的證據。舉例來說，他不曾提到他的助理或者蒐集新資料的事。

伯特去世之後，愛丁堡大學的教育心理學教授哈德森（Liam Hudson）走訪伯特在倫敦的寓所，查看伯特存放在那裡的成箱資料。哈德森告訴伯特的秘書，這裡缺少的是只有伯特才能提供的資訊。這位秘書當時顯然因為伯特突然的過世而手忙腳亂，她銷毀了那些資料——後來她聲稱，她很後悔這麼做。

後來研究者才知道，伯特對於指控者的回應，或許就在那些被銷毀的文件中。此外，有幾個人挺身而出表示，伯特的助手絕非憑空捏造，雖然這兩名助手被認定已經死亡，但有幾位心理學家聲稱在某些科學協會確實見過她們。她們曾在戰前協助伯特進行研究，若干年後，伯特還因為找回戰爭期間遺失的資料而讚揚了她們。

值得注意的是，指控伯特的人擁有跟伯特大相逕庭的意識形態立場！倫敦大學心理學家蒂澤德（Jack Tizard）就是公然反對伯特的人，他曾協助吉利備妥對伯特不利的論據。至於最早指控伯特的卡明，他對於個人差異的看法，長久以來，一直就跟伯特不一致。

欺騙或意識形態？

關於伯特資料的重要性，目前尚無定論。如今已經出現更多針對一起撫養和分開撫養的同卵雙胞胎所做的研究，不但藉由先進的方法完成，而且擁有更多的樣本數，例如明尼蘇達雙胞胎研究。當然，伯特所主張關於智力本質的方法論和結論，如今不再被接受。但是問題依舊存在：他是否故意偽造資料？

一直以來，人們都找不到伯特實驗造假的直接證據。如同先前所提，伯特的研究結果，與在他過世後、由他人所完成的研究結果，比對之下並沒有出入。既然如此，這個研究紀錄應該沒有被扭曲——無論他是否造假。但這些指控對伯特造成了哪些影響？伯特的名聲很難從眾多爭議中恢復，如果他是清白的，這對他完全不公平。

麥金托什（Mackintosh）在他所編輯的書中列舉了爭辯伯特犯行的促成因素。他斷定兩邊的論點都有瑕疵，而且反對伯特的論據「未獲證明」。儘管如此，他相信伯特的確可能偽造了資料。另一方面，曾經不信任伯特的心理學家詹生的結論是，喬因森（Robert. B. Joynson）

和弗萊徹（Ronald Fletche）的著作清楚證明了對伯特的指控，那其中至少有一部分是不正確的。

事情還沒解決，兩邊陣營都未能提供清楚的解答。弗萊徹指出了一個超越伯特爭議的議題，那就是，媒體的力量是如何影響一個以科學為主要依據的論點。在那個許多媒體形式仍處於嬰兒期的不成熟年代，弗萊徹表達了這樣的憂慮。

問題討論

1. 伯特的研究在怎樣的基礎上，首度達成他對於智力遺傳基礎的看法？
2. 伯特的資料起初為何遭到質疑？你是否贊同批評他這個人？
3. 伯特的批評者為何要進行攻擊？他們的論點是否更多奠基於個人意見、而非科學？
4. 目前我們對於伯特的研究有何評價？關於智力的遺傳基礎，現代的立場是什麼？
5. 你能否想出一個例子，說明媒體在科學的發現上，如何發揮了重要的影響力？

第19個故事 跟動物說話

包括亞里斯多德在內的一些古代哲學家，都曾經對「動物心智」的本質做出評論。大多數的哲學家認為，動物的意識經驗——涉及知覺、影像和有限的記憶——與人類的意識經驗，存在著明顯的分界。他們相信人類所具備的理性和語言能力，迥異於動物能夠體驗的任何事物。

達爾文曾經挑戰這個看法。他的主要論點是，他相信人類與低等動物之間有一種連續性。如果這個連續性的確存在，那麼，我們難道無法藉由研究動物來獲得關於人類處境的理解？心理學家已經利用這個假定調查了諸多領域。例如，為了瞭解人類的學習能力，長久以來，心理學家一直利用動物進行研究。這種類型的研究中，用白老鼠做實驗已經變成常態。

另一種研究領域，是嘗試去瞭解動物的認知過程，尤其是牠們的溝通能力。這條研究路線，產生了一系列的研究，涉及了類人猿一族，例如，針對一隻淘氣、但條件與人類極為相似的黑猩猩做研究，這隻黑猩猩名叫尼姆・欽普斯基（Nim Chimpsky）。

黑猩猩尼姆

尼姆的故事甚至在牠出生之前就已經展開。紐約市哥倫比亞大學的心理學教授泰瑞斯（Herbert S. Terrace），對於由麻省理工學院的杭士基（Noam Chomsky）所提出的「語言本質論」感到興趣。

杭士基認為，語言是人類獨有的能力，不可能出現在低等動物身上。他主張，人類是以某種「語言習得機制」的方式來進行演化，這種特殊的「硬連線」讓人類得以透過動物辦不到的方式來處理語言及文法。杭士基的論點超出了對我們對語言意涵的瞭解，引進了新的認知心理學，取代了老舊且佔優勢的行為學派。

泰瑞斯以相當簡單的質疑，提出他的研究計畫：黑猩猩能不能說出一個完整的句子？黑猩猩能不能學習基本文法？由於研究人員曾經證明黑猩猩的語言能力有限，所以他打算利用手語來測試他的假說。他的目標是，以盡可能提供人類社交經驗的方式，來養育一隻黑猩猩，藉以提高黑猩猩語言發展的潛能。他相信，儘管黑猩猩可能無法像人類嬰兒那麼輕鬆地學會語言，但牠們的語言**能力**跟人類並無本質上的差別。如果給予牠們適當的環境和語言刺激，黑猩猩就能學會語言，不需要特殊的語言習得機制。

他的質疑挑戰了杭士基的論點，也挑戰了出現在心理學領域的認知運動。泰瑞斯還有另一個目標，他希望這隻黑猩猩能有效地學會手語，以便在自發的動機下比劃手語，藉此溝通牠自己的感覺，以及對周遭環境中的人和物體的觀察。

其實，早先已經有一些研究者訓練過黑猩猩，希望促成黑猩猩的語言發展。凱洛格（Winthrop and Luella Kellogg）夫妻檔是最早嘗試這麼做的人，他們從一九三一年共同養育一隻黑猩猩「古阿」（Gua）和他們九個月大的兒子唐納德。不料，唐納德竟然開始模仿起古阿的行為，凱洛格夫妻擔心這樣會危及兒子的發展，迅速中止了實驗。

一九五〇年代，心理學家海斯（Keith Hayes）和妻子凱瑟琳領養了一隻新生的黑猩猩，取名「維琪」。在實驗結束前，維琪能說出四個單字，但不算很清楚，而且得費盡心思才能讓牠開口。

然而，對泰瑞斯影響最深的研究，可能是迦德納夫婦（Allen and Beatrix Gardner）進行的研究，他們在一九六六年教導黑猩猩「瓦修」學習美國手語。瓦修是他們從新墨西哥州買來的黑猩猩，根據大多數人的說法，瓦修學會了超過三百五十個單字，而且為新的情況創造出新的手語組合。

可是，所有這些研究都存在著一個問題：黑猩猩是否真的能學會語言，或者，牠們只是在模仿照顧者的行為？泰瑞斯相信他一定能教導黑猩猩真正的學會語言。

當泰瑞斯獲得一隻名叫「艾比」的年幼黑猩猩時，他既沒有跟黑猩猩相處的經驗，也缺乏研究經費，不過他決定訓練艾比，作為他進行實驗的準備工作。他必須知道他規劃的研究是否可行，畢竟他提議在紐約市的公寓養育一隻黑猩猩，而非一個通常用來飼養黑猩猩的環境。泰瑞斯昔日的學生史蒂芬妮（Stephanie Lee）接納了艾比，她讓艾比和她的小孩一起長大。泰瑞斯也雇用保姆來協助這個養育計畫。

泰瑞斯飛到俄克拉荷馬州去接收六週大的艾比，迅速將牠改名「布魯諾」，在機場就將牠交給史蒂芬妮一家人。史蒂芬妮的孩子，尤其是最年幼的五歲喬許對於這隻新寵物相當滿意。不過這樣的安排沒有持續太久，史蒂芬妮的丈夫拉爾夫（Ralph Lee）接受了某戲團的職務，負責規劃歐洲的夏季巡演，史蒂芬妮必須跟隨丈夫遠行，於是布魯諾被迫被交給其他的研究生照料，最終送回俄克拉荷馬州。

泰瑞斯的研究並沒有因為養育了布魯諾而獲得進展，或許他只學到了一些照顧黑猩猩的基本知識。過了幾年，泰瑞斯再度從事語言研究，這時泰瑞斯昔日的研究生史蒂芬妮已經再婚（婚後冠夫姓為史蒂芬妮．拉法基〔Stephanie LaFarge〕），她將扮演重要的角色。

手語實驗

一九七三年十一月十九日，尼姆出生於俄克拉荷馬州的諾爾曼（Norman），俄克拉荷馬大學附屬的一所研究站。尼姆的母親卡洛琳先前生下了六隻黑猩猩，全都是為了研究目的。產後六週，牠的孩子就被帶走，尼姆也不例外。在卡洛琳生產後十天，史蒂芬妮來到俄克拉荷馬州，為卡洛琳注射了大量鎮定劑，然後強行將尼姆帶往紐約市作為實驗對象。尼姆被迫與母親分離的描述，讀起來教人心痛。

「尼姆」這個名字顯然是仿傚麻省理工學院的諾姆．杭士基，泰瑞斯希望能夠反駁杭士基提出的語言理論。尼姆的家位於曼哈頓上西城的一棟赤褐色建築。除了史蒂芬妮，尼姆的照顧者還包括史蒂芬妮的一大家子——第一次婚姻的三個孩子，以及新任丈夫的四個孩子。史蒂芬妮的女兒珍妮似乎一下子就跟尼姆產生了感情。這些照顧者的任務，就是為尼姆提供一個人類嬰兒可能體驗到的環境。

泰瑞斯尚未獲得計畫的經費，但史蒂芬妮的丈夫願意支付尼姆的扶養費。他出身富裕家庭，財源不少。雖然史蒂芬妮與黑猩猩相處的經驗有限，而她的丈夫毫無經驗，但他們似乎樂於將尼姆當成大家庭的一分子來對待。這一家人與尼姆共同完成的事，從如廁訓練到用餐和社交練習，他們甚至讓牠一起抽大麻，而尼姆樂在其中。後來，尼姆學會手語，牠會明確要求要抽一口大麻。事實證明，尼姆是這麼討人喜愛，許多方面就像人類的兒童那麼可愛。

尼姆熱中玩耍，也非常淘氣，這些特質讓牠成為一個媒體名人。牠出現在《芝麻街》這類兒童節目，所到之處都是矚目的焦點。然而，尼姆是生物學上具有支配性的公猩猩，這點很快顯現了出來。為了配合尼姆，拉法基家的房子全部重新裝修，不久，史蒂芬妮的丈夫自覺變成一個外人了！——的確，尼姆特別喜歡作弄他。泰瑞斯不定期走訪這棟赤褐色建築，實驗慢慢開始了。

尼姆學會的第一個手語，是代表「喝」的單字。牠的手和手指被擺成適當的姿勢，像迦德納夫婦曾經教導瓦修的方式。尼姆先是抗拒，但兩週後，他自動開始打起了手語。為了確認尼姆真的學會了手語，泰瑞斯建立了嚴格的檢驗標準。在認定尼姆學會某個手語單字之前，至少得經過三個人連續五天的觀察。尼姆開始學習更多的手語單字，但隨著詞彙量的增加，出現了一個問題。

史蒂芬妮和泰瑞斯對於實驗的方向和速度產生了歧見。史蒂芬妮接受過「蒙特梭利教學法」訓練，她認為著重於尼姆的社交需求是一件很重要的事，這麼一來，尼姆才會開始展開學習。反觀泰瑞斯，他急欲展示尼姆的進步，以便成功申請到研究經費，所以他堅持採用較嚴格的訓練。結果，史蒂芬妮決定退出尼姆的教育，但她依舊願意當牠的代理母親。

學習手語的尼姆
Susan Kuklin/Science Source

隨著尼姆越長越大，牠變得難以管教，而管教是非常有必要的，因為他喜歡咬人！只可惜，管教毫無效果，因為尼姆顯然很樂於接受體罰，對牠來說，體罰是另一種打鬧的形式。然而，史蒂芬妮發現，如果推拒、忽視，或者走開不理會尼姆，尼姆就會很難過——牠討厭孤單。牠甚至學會在惹惱照顧者之後，打出表達「抱歉」的手語。尼姆顯然個性分明。牠除了喜歡成為大家的焦點，對面孔的記憶力也強，而且會利用這點來忽略或接近某些人。很多人都說，一旦你認識了尼姆，你就很難忘記牠。

泰瑞斯後來從哥倫比亞大學獲得了一個養育場所和技術支援，這讓他可以好好觀察尼姆，擺脫在第七十八街房子裡遠端遙控的局面。對泰瑞斯而言，這是研究尼姆比較科學的方法，他甚至雇用了一名手語老師。然而，那些尼姆照料者之間的衝突持續上演。尤其史蒂芬妮的丈夫拉法基竟然與手語老師產生了衝突，這位老師最後被解雇了。史蒂芬妮決定放棄尼姆，因為不但她的婚姻為此遭殃，也因為她在計畫中的角色，充其量只是個保姆。

德拉菲爾德莊園

隨著史蒂芬妮退出計畫，來自她丈夫的金援也跟著斷絕了，更糟的是，泰瑞斯申請的兩項補助金都遭到拒絕。這時哥倫比亞大學提供了幫助。哥倫比亞大學曾獲贈一座十七英畝大的莊園，名叫「里弗岱爾的德拉菲爾德」（Delafield in Riverdale），位於曼哈頓以北。泰瑞斯認為既然先前那棟位於第七十八街的赤褐色建築再也不能使用，那麼，這裡簡直是扶養尼姆的絕佳地點。研究生佩蒂托（Laura-Ann Pettito）提供了尼姆一個新家庭，她志願擔任尼姆的母親和老師，最終被任命為支薪的計畫主任。（佩蒂托日後取得博士學位，成為非常知名的認知神經學家。）

此時尼姆已經二十二個月大，進入了過渡期。搬遷到德拉菲爾德一個月後，泰瑞斯收到第一筆補助款。在佩蒂托建立的嚴格計畫下，尼姆學習手語的速度大幅增加了，通常一週內就能多學會一兩個單字。接著，在佩蒂托的訪談和批准下，有大批的志願者加入計畫。尼姆繼續調皮搗蛋，打開門窗玩逃亡，或者恐嚇那些初來乍到的志願者，藉以取樂。整體看來，實驗進行得非常順利，但更多變數接踵而來。

被迫結束的計畫

為了訓練尼姆，佩蒂托已經推遲了上研究所的時程，但她無法為了研究尼姆再放棄一年，只好退出了計畫；許多工作人員也在相同時間點一一離去。不得已之下，泰瑞斯只好考慮放棄計畫，不過，這意味著對尼姆的「額外研究」必須要收手。好比說，他曾想過帶另一隻黑猩猩到德拉菲爾德，讓尼姆教導這隻新來的黑猩猩手語。另外，他不願放棄計畫還有一個理由——這個計畫才剛剛解決了財務問題。

泰瑞斯請巴特勒（Joyce Butler）接手負責照顧尼姆。巴特勒對尼姆似乎有某種特殊的親和力，他們可以一起相處好幾個小時。巴特勒和她的工作人員監督尼姆生活的每個層面，從刷牙方式到晚上如何入睡。這個階段，尼姆培養出對特定食物的愛好，牠特別喜歡蔬菜千層麵。如果尼姆聽見巴特勒打電話訂披薩，牠還會自動跑到門口等披薩送達。

從德拉菲爾德開車到哥倫比亞大學實驗室的路程是件苦差事，至少需要兩個人完成——一個負責開車，另一個控制住尼姆。尼姆在車上會扭來扭去動個不停，牠非常想自己開車，研究人員必須按住牠。偶爾也有幽默的時刻：尼姆被允許支付通行費，牠會乖乖將錢放進收費員的手中，然後不出所料，一陣尖叫聲響起，讓車上每個人都樂了起來，包括尼姆自己。後來，研究人員發尼姆在德拉菲爾德學得更快，便不願再送牠去哥倫比亞大學，這件事讓泰瑞斯相當不高興。尼姆持續出現在《芝麻街》和許多電視節目，聲名大噪，但實驗已經接近尾聲了。

隨著年紀增長，尼姆越來越具有攻擊性，牠會咬人，有時還造成嚴重的傷害，這讓照顧尼姆變得很辛苦。雪上加霜的是，泰瑞斯申請不到資金，他想結束這個計畫，因為即便不考慮資金和尼姆的問題，他認為這項計畫已經無法產生更多科學價值了。最後，泰瑞斯不顧眾人反對，宣布結束計畫！尼姆將何去何從？誰會想要牠？

尼姆與莎莉

計畫進行期間，尼姆已經培養出日常習慣，而且持續與人接觸。牠不再是一隻正常的黑猩猩，至少就文化意義而言。而且，牠在其他的研究計畫中派不上用場，因為牠的背景太不尋常。

有幾個先前照顧牠的人，也嘗試著要領養牠，但沒有成功，最終尼姆被安排送回俄克拉荷馬州的「靈長類動物研究學會」。某天早晨，牠被注射了大量鎮定劑，送上一架私人飛機，在泰瑞斯的陪伴下出發。打從計畫一開始，尼姆就得適應各種改變，無論是地點或照顧者。現在，牠即將經歷最大的改變。

「靈長類動物研究學會」是許多黑猩猩的家，包括尼姆的母親和牠的幾個血親。在這裡，尼姆第一次能跟其他黑猩猩社交，牠的生活也變得很不一樣。此外，牠必須住在籠子裡。即使可以想像，讓一隻習慣人類家居生活的黑猩猩住進籠子，通常會對牠們造成創傷。

難得的是，泰瑞斯陪伴尼姆度過在俄克拉荷馬州的第一晚，他希望尼姆可以平順走過這個過渡期。其他黑猩猩的籠子就在附近。當尼姆醒來，牠的好奇似乎多過於害怕。先前照顧過尼姆的兩名照顧者也來到了俄克拉荷馬州，幫助牠適應環境。他們早已跟尼姆發展出牢固的情感關係，希望能幫助尼姆過得輕鬆一點。

不久，尼姆正式被介紹給另一隻黑猩猩，比起學會裡的其他黑猩猩，這隻黑猩猩更容易接納新來的伙伴。的確，當這隻黑猩猩被帶到尼姆面前，牠似乎準備帶動尼姆玩耍，但尼姆沒有反應。過了一天，牠們的互動友善了許多，牠們一起翻觔斗，這是接納彼此的跡象。

泰瑞斯對於尼姆有個好歸宿感到滿意，他待了一天才離去。其他照顧者則多待了一些時間，他們對於俄克拉荷馬州的環境並不滿意，也非常捨不得尼姆，但終究得屈服於現實。在所有照顧過牠的人都離開後，尼姆又陷入了沮喪，一整天都待在籠子裡。牠跟其他同類打交道的經驗十分有限，不知道如何回應牠們。所幸，兩個月之後，牠漸漸恢復過來。

牠跟另一隻黑猩猩歐南交上了朋友，實際上，歐南是牠的哥哥。照顧者注意到尼姆有些不尋常，牠的手語能力不僅變得更好，也自動自發了起來。當尼姆想要某件東西，牠就會比劃手語，即使只是為了讓人注意到牠。牠還是跟以前一樣淘氣。

隨著尼姆展開新生活，更多的事情發生在幕後。學會中的兩個要角，學會的創建者萊蒙（William Lemmon），和精通黑猩猩的語言學習的福茲（Roger Fouts），兩人個性嚴重不合。後來福茲前往別所大學任職，他的離去讓獲得資助的希望也跟著泡湯了。俄克拉荷馬大學明白地告訴萊蒙，他們打算終止對學會的資助，因為它不再符合國際標準，而且大學負擔不起升級的費用。萊蒙無別選擇，只能想辦法替他的黑猩猩們找另一個家。

萊蒙從以前就一直反對拿黑猩猩進行生物醫學實驗，現在他被迫考慮。最終，他很不情願地將大多數黑猩猩賣給紐約大學的附屬實驗室，尼姆也在其中。尼姆的新家是紐約市郊一個沒有窗戶的孤立囚室，而牠活著的唯一理由，就是參與一連串的肝炎醫學實驗。當時尼姆已經聲名大噪，牠的重新安置不可能不受到注意。昔日的幾位照顧者透過新聞輿論陳述尼姆及其他在人類家中被養大的黑猩猩，應該獲得比在一個狹窄孤立的住所、淪為醫學研究對象更好的待遇。就連早已退出研究的泰瑞斯，也氣憤地發言。

輿論非常有用。許多人（包括一名律師）志願幫助尼姆和牠的黑猩猩夥伴。面對法律代理人，紐約大學承受了莫大壓力，最終態度軟化。尼姆在該研究機構待不到一個月，就被歸還給俄克拉荷馬大學及牠被認定的物主萊蒙。俄克拉荷馬大學為了擺脫爭議，乾脆表示尼姆的未來不在他們控制中。

然而，萊蒙依舊無法為學會爭取到資助，他還是必須減少黑猩猩的數量。萊蒙將尼姆賣給高調且富裕的動物權運動人士艾默里（Cleveland Amory）。艾默里向來對尼姆特別感興趣，將牠安置在他的德州救援農場——那裡收容了各種動物。艾默里所不瞭解的是，尼姆不同於他農場裡的其他動物，牠們至少在社交上自給自足。另一方面，尼姆需要跟其他黑猩猩互動，結果牠在孤獨中日漸變得憂鬱。最終，艾默里找到一個解決辦法，他從萊蒙那裡買來另一隻黑猩猩，這隻比尼姆大十歲、名叫莎莉的黑猩猩，被送進德州農場。

尼姆和莎莉幾乎立刻看對了眼，每天花好幾個小時互相理毛。當尼姆習慣性地逃出籠子，總會帶上莎莉一起去探險。牠們的關係緊密而滿足。但到一九九七年，在尼姆與莎莉相處十年後，莎莉罹患了致命的中風。尼姆身心交瘁，無精打采，牠顯然很需要同伴。這次又有三隻黑猩猩被帶到德州，兩隻雌性——露露和凱蒂——以及一隻叫做密基的雄性，牠們很快就像一家人一樣親密。

尼姆繼續比劃手語，甚至教導他的新家庭成員比手語。每當有訪客到來，牠也會對他們比手語，如果訪客沒有回應，牠會感到挫折——牠在德州的照顧者沒有人學過手語。尼姆對農場上的其他動物和各種活動都很感興趣，簡單來說，牠非常自在。後來某個早上，牠突然死於心臟病發作，享壽二十六歲。就黑猩猩而言，這是相當年輕的歲數。後來，有一部由馬許（*James Marsh*）製作的紀錄片《尼姆計畫》（*Project Nim*），拍攝下尼姆和牠許多照顧者的片段。

對於研究的批評

尼姆計畫的目標無疑是高尚的，如同其他那些試圖突破物種的障礙、發展出某種溝通形式的研究。但是，對尼姆所做的研究，卻因為幾個原因而未能獲得好的結局。這個研究結果遭到質疑，泰瑞斯對他自己申述的最初論點也猶豫不決。

事後，在《科學》（*Science*）期刊的某篇論文中，泰瑞斯推斷尼姆從未學會任何語言，還有，牠的反應也不能準確地被稱作「語言」。牠們只是模仿，不具備最終在人類語言中所見的複雜組合。錄影帶的分析顯示，尼姆大多數的發言是在回應老師所做的提示。此外，泰瑞斯嚴厲批評教導黑猩猩學會語言的各種嘗試，不光針對他自己的努力。他的結論是，杭士基一直是對的：語言是只有人類才能具備的能力。

自從尼姆研究之後，人們對於動物研究的態度幡然轉變。研究人員對於動物權變得更加敏感，並且重新思考動物對人類的意義與貢獻。甚至有學者認為，我們用來瞭解動物的方法根本完全錯誤，我們一開始就問錯了問題。

長久以來，研究者往往以人類作為標準來衡量動物。當我們想知道某種動物有多麼聰明，我們用的是為人類設計出來的測驗。不過，諸如瓦爾（Frans De Waal）等作者一向反對這種簡化的概念，因為人類和動物本來就遵循著不同的路線演化，所需要的生存技巧也相當不同，如果人類嘗試跟動物比賽任何技巧，肯定輸得很慘。動物，如同人類，最好在牠們自己的脈絡中進行評估。

問題討論

1. 關於語言發展，杭士基抱持著何種立場？為何泰瑞斯對於讓尼姆學會溝通如此感興趣？
2. 以往嘗試教導人猿學習語言的進展如何？
3. 為何泰瑞斯斷定尼姆未能學會語言？
4. 從這個超越溝通的研究，我們學到什麼功課？

注釋

本章所引用的伊莉莎白．赫斯（Elizabeth Hess）的書（參看參考書目）詳細記述整個研究計畫，以及尼姆及其照顧者所處的複雜的社會和科學環境。赫斯也是紀錄片《尼姆計畫》的作者。

第20個故事　從洋娃娃到最高法院

一九五四年，美國最高法院發布了一項判決，有人稱之為「近百年來最重要的公告」。上訴到最高法院的這個案件，挑戰了一八九六年的「普萊西訴弗格森案」（Plessy v. Ferguson）裁決，該裁決認為：只要教育品質平等，學校裡的種族隔離政策是可被接受的。半個多世紀之後，人們發現「隔離但平等」顯然行不通，這種做法不僅鮮少提供平等的教育機會，而且這個前提本身——可被接受的隔離——就是錯誤且有害的。

這個案子運用了來自社會科學的研究，這是最高法院第一次接受這類證據。提供證據的是夫妻檔心理學家肯尼士與梅密．克拉克（Kenneth B. and Mamie Phipps Clark）。克拉克夫婦的研究始於妻子梅密最初關注的議題，她利用不同膚色的洋娃娃來評估黑人兒童的自我概念，而肯尼士則負責規劃並撰寫論文，總結種族隔離對於黑人兒童所造成的影響。

因為參與了最高法院的判決，肯尼士一躍成為具有全國知名度的人物。當時美國時局動盪不安，處理種族議題變得比以往更重要，因此，政治人物和教育人士紛紛向克拉克等黑人知識份子尋求答案。肯尼士描述了黑人兒童的困境，以及不平等的社會是如何阻礙了他們的發展，這些議題催生了許多協助黑人兒童的計畫。

到了一九六〇年代，肯尼士成為向大眾講述種族問題的社會科學家，他也在教育和組織心理學領域擔任重要的角色，包括成為美國心理學會第一位黑人會長。然而，若干年後，克拉克對於對抗種族不平等的運動所獲得的有限成果日益感到失望，此外，他也對這些運動發展的方向產生疑慮。

夫唱婦隨

一九一四年七月十四，肯尼士．克拉克出生於巴拿馬運河區，是亞瑟與米瑞安（Arthur and Miriam Clark）的兒子。亞瑟的父母從牙買加島移民過來，因此他能在「聯合果品公司」工作。儘管家庭經濟穩定，但米瑞安渴望給兩個孩子更好的教育環境。肯尼士四歲時，米瑞安帶著肯尼士和他妹妹比尤拉來到紐約。米瑞安和兩個孩子住在哈林區（Harlem）的廉價公寓，靠著裁縫工作養家活口。一家人雖然貧窮，但米瑞安對子女懷抱極高的期望。米瑞安後來成為「國際女裝工會」的勞工代表，她的幹勁和毅力對子女往後的人生態度產生了很大的影響。當學校建議肯尼士去某一所高中學習手藝（當時這是對年輕黑人男性的典型建議），米瑞安堅持讓肯尼士就讀走學術路線的學校。

肯尼士是個意志堅定的學生，高中畢業後進入哥倫比亞特區華盛頓的霍華德大學，這所學校是歷史上最優良的黑人大學之一。日後，知名律師馬歇爾（Thurgood Marshall）就是從這所學校的法學院畢業，他是美國第一位最高法院的黑人大法官。

當時霍華德大學心理學系系主任是薩姆納（Francis C. Sumner），他是美國第一位取得心理學博士學位的黑人，他的成就深刻影響了肯尼士。碩士畢業後，肯尼士認識了他未來的妻子梅密（Mamie Phipps），梅密當時在研讀數學。肯尼士對於心理學的興趣和熱情異常強烈，連帶的，梅密也為此改變了主修方向，跟著他選讀心理學。終其一生，肯尼士的成功背後，梅密的支持扮演了重要角色。

一九三六年，肯尼士在哥倫比亞大學攻讀心理學博士，兩年之後與梅密結婚。後來，梅密也進入哥倫比亞大學研讀心理博士。梅密選擇迦勒特（Henry Garrett）擔任指導教授，迦勒特在當時享有卓越的學術地位，而且對種族隔離抱持著堅定的信念。若干年後，他們將在聯邦法庭上再度碰面，分別為一件學校隔離案的不同陣營作證。肯尼士與梅密各自帶著博士頭銜畢業，成為從哥倫比亞大學取得心理學博士學位的第一位黑人男性和女性。

夫妻檔心理學家肯尼士與梅密·克拉克

Courtesy of Kate Clark Harris

洋娃娃研究

梅密還在霍華德大學唸書時，就已經開始為碩士論文找主題。她發現尤金與露絲・霍洛維茲（Eugene and Ruth Horowitz）的作品曾利用黑人和白人兒童的圖畫，來評估兒童發展中的「自我概念」。梅密在這個研究基礎上找到了自己的研究方向。洋娃娃研究最終演變出多種不同的形式，但起初的程序很簡單：在黑人兒童面前放置一黑一白的兩個洋娃娃，然後問他們：你喜歡哪個洋娃娃？哪一個是好洋娃娃？你想要玩哪一個洋娃娃？

這些兒童能輕易辨識出看起來與他們長得相像的洋娃娃。問到喜歡哪個娃娃，他們一面倒地選擇了黑人洋娃娃；但當問到哪一個是「好娃娃」，或者，想要玩哪一個娃娃，其中三分之二的孩子都選擇了白人娃娃。

這些結果明白顯示關於種族認同的「不良自我」概念。克拉克夫婦擴大了最初的研究，發表了三篇以這些研究為基礎的論文。

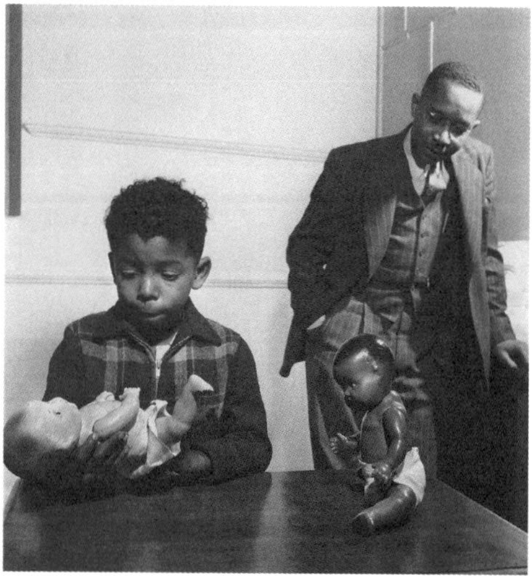

肯尼士・克拉克和「洋娃娃研究」
Courtesy of Kate Clark Harris

其中一篇，他們比較了來自種族隔離學校和非種族隔離學校的兒童所做的選擇，並得出結論：教育隔離是促成黑人兒童發展出不良自我概念的重要因素。

克拉克夫婦不但點出哈林區孩童面臨的困境，更打算提供實實在在的幫助。在首度嘗試讓某些機構的設施對黑人兒童開放後，他們決定創建一個屬於自己的場所。一九四六年，他們在梅密的父親資助下開設了「北區兒童發展中心」，原名為「北區測試與諮詢中心」。這個機構至今提供了包括諮詢、心理治療、危機介入、個別指導和課後活動等服務。梅密擔任發展中心的主任長達三十三年，將這個機構開放給不限種族的兒童，她提供了內城區兒童難以獲得的心理和教育機會，並持續服務那些未得到足夠關心的內城區兒童。

除了薩姆納，當時還在唸書的肯尼士還認識了一些對他職涯產生重大影響的人，其中最重要的是加拿大裔社會心理學家克林伯格（Otto Klineberg），他是克拉克在哥倫比亞大學的博士指導教授。先前克林伯格的研究，有力證明了文化在心理特質的表現和評估中（如智力）所扮演的重要角色，他的著作《種族差異》（*Race Differences*）被視為第一本談論智力測量表現中的種族差異的作品。克林伯格的研究令克拉克極為欽佩，使得克拉克堅信「社會心理學」是能夠造成社會改變的重要媒介。

當學界邀請克林伯格推薦一位心理學家來參與二十世紀中舉辦的「白宮兒童及青年會議」時，他毫不遲疑地推薦了克拉克。克拉克現身於會議中，受到了國際矚目。此外，他發表了〈偏見與歧視對人格發展造成的效應〉為題的論文，再次廣受關注。

一九五一年，代表「全國有色人種協進會」挑戰學校隔離法的卡特（Robert Carter）接洽了克林伯格，這個協進會打算運用一項全新的策略，以主張「種族隔離傷害了黑人兒童的人格發展」這個論點。卡特和協進會已經達成共識，但不確定能否從心理學領域獲得經驗證據來支持他們的論點。

儘管卡特希望克林伯格成為他們社會科學的專家——的確，克林伯格的著作是完美的背景——但克林伯格卻建議道，克拉克先前為白宮會議所準備的論文，可能才是他們需要的東西。因此，卡特接洽了克拉克，短短時間內，克拉克成為這個協進會的社會科學專家，他在三個關於廢除種族隔離的訴訟案件中作證。最後，這些案件與第四個案件合併成為一樁集體訴訟，稱作《布朗訴托彼卡教育局案》（Brown v. the Board of Education of Topeka）。

通往最高法院之路

除了作證，克拉克還加入「社會議題心理學研究學會」（SPSSI）的一個委員會，任務是替訴訟案件備妥所謂的「社會科學陳述」。該陳述包含了幾個部分，第一部分是關於種族隔離影響黑人兒童發展的心理學研究和理論的概述。第二部分則說明，如果法院依照這些理論建立一個穩固的指導方針，那麼廢除種族隔離將不再是難事。這份陳述由心理學家庫克（Stuart Cook）和錢（Isidor Chein）撰寫，但克拉克才是主要的作者。最終，這份文件有三十二名重要的社會科學家共同簽署，作為學校隔離相關法律摘要的附錄。一般公認，克拉克是發展出這項陳述的背後推手。

《布朗訴托彼卡教育局案》判決的第十一條註腳承認了心理學的證據，並列出源自社會科學陳述的七項出版品。儘管「洋娃娃研究」被認為在最高法院的判決中扮演了關鍵角色，但它們並非唯一相關的論述。列在第十一條註腳的第一篇論文，就是肯尼士在白宮會議提出的那篇論文。後來，雖然最高法院堅稱這項判決完全基於法律和道德的考量，但引人注目的心理學和社會學證據再清楚不過地起了作用。

無異議的最高法院判決於一九五四年發布，由新任命的首席大法官沃倫（Earl Warren）宣讀。對於許多參與本案的人而言，包括克拉克夫婦和克林伯格，這絕對是歡欣鼓舞的時刻。關於這件事有個古怪的細節，那便是，這項判決似乎被整個心理學界給忽略了！儘管心理學領域在這項判決中扮演了開創性的角色，但美國心理學會的刊物竟然完全沒有提及此事，它們清楚表明了該學會的優先順序和政治顏面。

十五年後，美國心理學會的成員推舉肯尼士擔任會長，而後又籌辦了一個座談會，表彰曾參與布朗案以及先前案件的心理學家。儘管美國心理學會刻意忽略了一九五四年的最高法院判決，但他們無法無視於肯尼士·克拉克的貢獻，他將成為在批評美國種族關係方面、擁有最高聲量與能見度的人。

布朗案之後

最高法院的判決並未立即為學校裡種族隔離的情況劃下句點。為了安撫種族隔離主義者，最高法院的判決附加了一項條款，指示各州「盡可能以謹慎的速度」合併學校。許多學區找到拖延實施的理由，還有一些團體嘗試推翻這個政策。質疑這項判決的人包括了某些科學家，他們認為在該案中提呈的證據完全沒有科學根據！此外，他們聲稱案件中使用的論點，只不過是意圖良善的少數開明派的看法。

梅密克的前指導教授迦勒特是提出質疑的人之一。事實上，他們的說法頗有道理。被引用的研究中，並不包含能夠清楚顯示種族隔離與黑人兒童自我概念發展不良之間有關聯的實驗。然而，支持這項判決的人認為，隔離就是一種先天的不平等，無論科學能否建立起種族隔離與自我概念之間的因果關係。

儘管遭遇質疑的聲浪，克拉克身為種族關係專家的名聲持續不墜，為了讓大眾知道文化的力量如何導致種族主義的產生，他出版了《偏見與你的孩子》（*Prejudice and Your Child*）一書，說明黑人所能扮演的角色有限，並指出刻板印象的危險，以及對現況提出呼籲。他甚至用了一整章的內容來講述他相信歧視黑人會對白人兒童造成傷害。這本書雖然沒有引起太多關注，卻吸引了一大批擁護者，一九六三年時還發行了修訂版。

雖然克拉克聲望日隆，但仍然不斷被抗拒民權的人檢驗。事實上，在最高法院做出判決不久，他遭遇了最令他失望的事件。甘迺迪行政團隊指派克拉克領導「哈林青年計畫」（Harlem Youth Project），這是一項價值數百萬美元的倡議。只可惜，該計畫卡在當時的地方政治與國家機器之間，遲滯不前。如果克拉克保有計畫的全部控制權，很可能得不到資金；但如果他放棄控制權，那麼該計畫將失去目的。克拉克看不到計畫達成的可能性，失望之餘只好請辭。

克拉克為該計畫所做的努力，是出版了《黑暗的貧民區》（*Dark Ghetto*）一書，他以引發爭議的方式檢視都市的生活。在書中，克拉克描繪的不只是生活在貧民區的窮苦百姓，還包括美國黑人在貧民區所面臨的特殊困境。在敘述社會結構的系統缺陷時，他的寫作變得有些悲觀。令他不快的是，這本書的內容後來被黑人權力運動的成員給引用了。

克拉克寫道，大多數處於貧窮之中的白人都能看見通往成功之路，但更多的黑人看不見，他們不僅被生活的現實所阻礙，也受制於他人的期待。克拉克批評那些拒絕給予每個人平等機會的社會與政治體制，而且這些體制還往往以非常隱微的方式存在，他稱之為「制度化的病態」。此外，他也指責那些沒有能力評估黑人學童智力的心理學家。克拉克並不認為自己是個超然的觀察者，他坦承待在美國貧民區面臨的困境和缺點，並倡議讓美國的黑人兒童擁有一個成功的未來。

克拉克是處在第一線提倡民權的黑人男性，他與不少黑人領袖交好，包括金恩（Martin Luther King Jr.）、馬爾科姆·X（Malcolm X）和鮑爾溫（James Baldwin）。一九六三年，克拉克與這三個人在電視上進行對話，提出了美國當前所面臨的種族問題。一九六七年，他協助安排「可敬的國王」*（Reverend King）在美國心理學會的年會上發表演說。

美國心理學會

在一九六五年以前，克拉克還不算特別活躍的美國心理學會會員。但那一年，他被要求加入執行委員會，原本這個委員會對於種族議題的態度向來模稜兩可，並傾向於將較沒爭議的科學議題擺在前頭。然而，科學優先與社會改革的拉鋸變得越來越明顯，在克拉克看來，社會科學必須承擔與人產生關聯、並影響人類生活的責任。

大多數的組織領導者都明白，黑人心理學家極少有機會接受訓練或受聘，於是組成一個委員會來探索改革的可能性。美國心理學會對於種族議題的敏感度隨著一九六〇年代後期的社會事件而強化，這些事件包括了金恩遭到刺殺，以及隨後發生的種族暴動。在這樣的氛圍下，克拉克於一九六九年當選美國心理學會會長。

克拉克並不完全贊同心理學近來的一些發展，包括「黑人心理學家協會」（ABPsi）的成立。對他而言，這個組織代表一種分離主義運動，而他是堅信融合的人。他認為唯有透過融

* 譯注：黑人基督教傳道者Chukwuemeka Ezeugo的綽號。

合，才可能達成真正公平的社會。由於看法不同，克拉克遭到黑人心理學家協會的質疑。克拉克除了感覺不受黑人心理學家和一些白人心理學家的信任，他也必須回應正在迅速發展的女性心理學家的運動——她們強烈感覺到需求被忽視。

一九七〇年十二月，克拉克在與美國心理學會的董事會中直接迎戰這些問題。他建議美國心理學會成立一個新的委員會，負責處理社會公平的議題。這個提議最終催生出「心理學社會與倫理責任委員會」，並於一九七二年獲得美國心理學會會員的批準。這個委員會的任務不止處理女性與黑人不平等待遇的問題，日後還為美國原住民或返鄉退伍軍人等提供保護和發聲的管道。在這個委員會成立多年後，克拉克持續進行監督，這是他對美國心理學會最長久的貢獻。

克拉克於一九七五年自城市學院（City College）退休，不過，他的退休生活可一點都不清閒。他被提名擔任許多重要職位，包括紐約州立大學董事會董事。他持續寫作，與人合夥成立顧問公司，處理歧視弱勢及種族等案件。梅密於一九八三年的去世，讓克拉克失去了最親密的研究夥伴和知己。

克拉克並不樂見黑人自由運動所發展的方向。他不喜歡如「黑豹組織」（Black Panthers）等團體具有攻擊性、甚至暴力的立場。他也被某些以「種族關係」為名義的分離主義者給激怒，例如，這些運動希望能推動按種族分居的「大學宿舍法」。他堅持他的奮鬥是為了追求平等，而不是為了區分差異。克拉克於二〇〇五年五月去世，享年九十歲。

晚年的克拉克對於追求種族平等的目標日益悲觀。然而事實上，種族不平的境況早已經有所改變。儘管他感到失望，但他具有開創性的研究，讓美國對於種族議題更加敏感。他也使得心理學機構——尤其是美國心理學會——敏於覺察種種社會上的不公不義，成果至今有目共睹。

問題討論

1. 最高法院的普萊西案裁決主張「隔離但平等」的通融作法。學校在哪些方面對黑人兒童不公平？
2. 在最高法院於一九五四年做出布朗案判決後，學校是否立即進行合併？合併的障礙是什麼？
3. 有組織的心理學機構對於布朗案的判決有何反應？
4. 當克拉克年紀越大，他對於美國種族關係越不樂觀。什麼樣的發展令他不安？他的感覺是否有根據？
5. 克拉克最重要的貢獻是什麼？
6. 你會如何評估現今的種族關係，包括其進步和限制的面向？

第21個故事 挑戰同性戀的社會規範

在目前的社會氛圍中，我們可能很難想像早期同性戀在美國所經歷的沉重壓力。許多年來，同性戀的存在是一件秘而不宣的事，它被隱藏起來，不為大眾所知。性向暴露的同性戀不僅下場難堪，必須面對法律上的困境，還可能失去工作。某間同性戀俱樂部突然遭到警方的查抄，這種消息根本家常便飯。

為了改變這些同性戀者的性傾向，有各種方法被發明出來，包括極端的電擊療法和前額葉白質切除術。一九五〇年代，美國參議員麥卡錫就提到，政府中的共產黨員和同性戀者都應該是亟欲剷除的「恐怖事物」，而且他擁有許多支持者。一九七三年以前，同性戀名列《精神疾病診斷與統計手冊》（*DSM*）之中，在這部由「美國精神醫學學會」出版的標準參考書中，同性戀被置於諸如「性變態」等負面的類別之下，也因此被心理健康社群正式判定為是一種不正常的疾病。

到了二十世紀下半葉，人們對同性戀的態度開始轉變。這種轉變一部分是大環境的文化使然，包括女性運動和民權運動的推波助瀾。一九六九年的「石牆暴動」（Stonewall Riots）是個轉捩點，昭示了同性戀者本身的新態度。除了文化變遷，還有一些人也貢獻卓著，包括心理學家伊芙琳．胡克（Evelyn Hooker），她為往後的運動奠定了基礎，最終成為現代同志運動中備受尊崇的偶像。

胡克進行的研究，後來成為性別研究領域的經典，挑戰了人們對於同性戀的普遍看法。同性戀向來被視為一種「病態」，而胡克則證明了同性戀者的「病態程度」與異性戀者不相上下。不過，她的研究只是個起點，透過胡克與更多其他著作和研究，由心理健康專業人士所制定的同性戀分類系統受到仔細的檢視，最終做出改變。從日後關於同性戀婚姻的法律裁決，以及軍方採取的態度，都可以看出這些影響正在逐漸擴散中。胡克的故事是如何靠一個人的力量，強力扭轉並影響重要社會議題的絕佳例子。

布置舞台

一九〇七年九月二日，伊芙琳．胡克（Evelyn Gentry）出生於內布拉斯加州北普拉特的一座農場，在九個兄弟姊妹之中排行老六。她母親曾經搭乘篷車遊歷美國西部，對城市充滿了嚮往。在伊芙琳年幼時，一家人就遷居科羅拉多州，最初她在一所只有一間教室的學校裡受教育。到了上高中的年紀，伊芙琳一家人搬遷到科羅拉多州首府斯特林（Sterling），確保了伊芙琳能就近在一個高水準的當地高中求學。伊芙琳的母親在小學三年級就失學了，但她十分重視子女的教育，不停向伊芙琳灌輸讀書的好處。

伊芙琳頭腦聰明又成績優異，高中畢業後進入科羅拉多大學波德分校就讀，主修心理學。在取得碩士學位後，伊芙琳最喜歡的老師穆津格（Karl Muezinger）鼓勵她攻讀博士。原本，耶魯大學是她的首選，然而她無緣進入該校，因為科羅拉多大學心理學系系主任拒絕為她寫推薦信。這位系主任就畢業於耶魯，認為耶魯並不適合女性就讀。於是伊芙琳轉而向霍普金斯大學提出申請，這回她錄取了，但她所遭遇的性別歧視如影隨形。

一九三二年，她以一篇「不公平學習」為題的論文，從霍普金斯大學取得實驗心理學博士學位。當時心理系的職缺少得可憐，尤其對女性而言，但她幸運地在馬里蘭女子學院找到工作，開始授課。一九三六年底，伊芙琳染上結核病，在友人的協助下住進加州一所療養院，經過兩年調養後，她重返在加州惠蒂爾學院（Whittier College）的兼職教學工作。漫長的復原期間，伊芙琳的興趣轉向臨床心理學。為了升級證書，她取得在柏林心理治療所研讀的獎學金。在德國時，她寄宿在一個猶太家庭，有機會觀察到當地猖獗的反猶太主義，這個經歷使她敏於察覺到，社會上某些族群正在遭受到系統化的虐待和排斥。

回到美國後，伊芙琳接受加州大學洛杉磯分校的教職，一待就是三十年。但她並沒有獲得心理系的正職，因為校方認為該系已經有太多女性了。伊芙琳擔任教學的是類似「成人教育計畫」的延伸課程。所以，儘管她在加州大學洛杉磯分校待了幾十年，卻從未成為一名正規教員。一九四一年，伊芙琳與作家考德威爾（Donn Caldwell）結婚，在學術生活中安頓下來。她教書的名聲傳揚開來，她也從教學中得到極大的滿足。她人生的下個階段，就是透過教室開展而來。

無關乎性向的友誼

後來說起這個故事，伊芙琳談到她的研究點子來自一個名叫山姆（Sam From）的大學生。她跟山姆感情甚篤，一開始她並不知道山姆是男同性戀，他們相處得很自在，直到山姆跟她討論起性傾向。當時多數同性戀都必須戴上異性戀的面具，只有在同性戀的社交聚會中，他們才願意公開性傾向。山姆邀請伊芙琳參加這類社交，她也因此認識了山姆的許多朋友。

一九四五年的某天，山姆向伊芙琳提出建議。他認為她應該研究男同性戀——這個族群持續遭到心理學家和心理健康工作者的誤解。伊芙琳很為難，她對同性戀一無所知，但山姆非常堅持，聲稱這將改變她的人生。（不幸的是，山姆在一九五六年死於車禍，距他大力支持的研究被發表出來只有幾個月時間。）

當時對於同性戀的普遍看法是，同性戀的性活動是一種外顯的病狀，是不正常的發展。山姆堅稱同性戀的心理失常並不比一般人嚴重，問題在於，心理健康人士眼中的典型同性戀者都是一些具有高度選擇性的樣本，往往包含了住院、入獄或其他必須尋求協助的人。這些人並非同性戀者的隨機樣本，因此比一般人更可能展現病徵。伊芙琳不反對這個論點，但她對於是否投入研究打不定主意。她對性別研究一無所知，如何驗證這麼一個假說？從何處獲得樣本？除此之外，當時她的生活陷入一團混亂，她跟丈夫離了婚，也擱下了各種研究計畫。

伊芙琳於一九五一年與加州大學洛杉磯分校的英語教授胡克（Edward Hooker）再婚，胡克成為她的一生摯愛，這段婚姻維持了七年，直到胡克早逝。但幾年的婚姻生活中，伊芙琳逐漸相信山姆是對的，必須有人以客觀方式研究同性戀，這個念頭在她心中萌芽。

同性戀人格研究

她原本想得很單純，藉由幾項心理學工具來比較「正常」同性戀男性與「正常」異性戀男性。她無意主張同性戀是心理健康的模範，而是主張同性戀並不比異性戀更病態。然而，要落實這個研究，難度卻遠超過她原本的預期。

一九五三年，伊芙琳向「國家心理健康研究所」申請補助金。她的研究計畫吸引了部門主管埃布哈特（John Eberhart），他親自到加州大學洛杉磯分校和伊芙琳見面，並決定撥給她補助金。不過他警告說，她可能收不到這筆錢。原來在當時，共產黨員和同性戀者都是獵巫的對象，他無法保證過程中不會有官僚干預。

事實證明，伊芙琳順利收到了補助款，她甚至獲頒「研究生涯獎」。在埃布哈特離開國家心理健康研究所後，沙比爾（Philip Sapir）接替了這個職位，也成為伊芙琳進行研究的盟友。伊芙琳對埃布哈特一直心懷感激，她知道如果沒有沙比爾的關注和協助，她無法繼續這個計畫。

伊芙琳以三項心理學工具進行研究，包括「主題統覺測驗」（TAT）、羅夏克墨漬測驗，以及「組圖說故事測驗」（MAPS）。這三種測驗都屬於投射測驗，換言之，就是藉由含糊不清的刺激來引發內心投射的感覺和想法。這些工具在許多方面備受爭議，包括理論和評分方式，而且沒有一項能夠客觀評估人格，這成為伊芙琳日後遭受批評的關鍵。

伊芙琳挑選的對象也有爭議，她透過與同志社群的接觸，召集了一個沒有明顯異性戀史和病史的男同性戀樣本。參與研究的這些人，沒有一個接受過心理治療，而且她選用的熟識者之中，有些還是新成立的同性戀倡導團體「馬太辛協會」（Mattachine Society）的成員。結果有人批評她，透過這種團體所挑選出來的參與者，根本就無法代表男同性戀。

伊芙琳還有個問題要解決：她上哪兒去找異性戀男性的樣本？一旦研究性質被公開，招募工作會變得非常困難。當時異性戀男性對她的辦公室可說避之唯恐不及！此外，加州大學洛杉磯分校要求她必須在學校的場地進行研究，但這麼一來，根本不可能招募得到參與者，因為她必須保護參與者的隱私，她得找到一個做法。

所幸，她的住家旁邊有一片一畝大的土地，還有一間跟主屋分隔的花園書房，這裡非常隱蔽，足以確保參與者的隱私。她用磁帶錄下研究的過程，包括所有訪談和測驗，再將錄音內容謄寫下來，然後消除了錄音檔。在謄寫之前，只有伊芙琳本人和她的秘書能接觸到這些資料。這個研究的參與者對她非常信任，當然，她也極盡所能維護了這份信任。她甚至拒絕了一些想要加入研究的合作者，因為她不想增加洩露參與者身分的風險。她後來寫道，她其實很歡迎有新的工作夥伴加入，尤其在那個因為麥卡錫的想法而風聲鶴唳的危險年代，如果能運用這些支持的力量，那簡直再好不過，但是她卻不得不靠自己完成研究。

伊芙琳對這些參與者的生活方式充滿了好奇，她不只簡單對他們進行訪談和測驗，她也結交了許多男同性戀朋友，而他們也會邀請她參與某些社交場合，例如同性派對和同性酒吧，她經常是在場唯一的女性。儘管伊芙琳終身是個異性戀者，但她的同性戀粉絲都視她為「榮譽同性戀」。

最後，伊芙琳蒐集到三十名異性戀男性和三十名同性戀男性的樣本，他們符合智商、年齡和教育程度的可變因素。依據前述三項測驗進行人格評估及評分，每項測驗由兩位評審者評分。她刪掉明顯涉及「性」的資料，例如在主題統覺測驗中，男性與男性之間的性故事。

接著，她要求三位臨床專家評估所有參與者的反應，判定他們整體的適應力。最終，她將這些資料配對成三十組，呈現給三位臨床專家。她詢問評審者兩個問題：一、在每組中，哪一個人適應得比較好？二、在每組中，哪一個是同性戀？評審者的反應比她預期的更戲劇化。評審者發現，每個參與者的整體適應力都相當高，更重要的是，評審者利用人格測驗進行判斷時，根本無法辨別這兩群人的差異——他們不認為哪一群人比另一群人更病態。

一九五五年，伊芙琳在美國心理學會的會議中發表了研究成果，後來為了《投射法期刊》（*Journal of Projective Techniques*）的出版，她將結果寫成一篇論文。雖然該期刊發行量有限，但專業人士漸漸注意到這個研究。接下來幾年，伊芙琳繼續替《投射法期刊》撰寫相關文章。在資助伊芙琳研究的基礎下，國家心理健康研究所要求她帶領一個專門小組，目標是找到可以減輕同性戀沉重社會壓力的方法。

精神病學家馬爾默（Judd Marmor）是小組成員，日後成為美國精神醫學學會的會長。他相信伊芙琳．胡克研究的價值，大力支持她的研究結果。馬爾默透過在精神病學界的領導地位，對同性戀的「法定」心理健康狀態產生了影響力。

由美國精神醫學學會發行的《精神疾病診斷與統計手冊》，向來被心理健康工作者奉為「聖經」，目前發行到第五版。它是一個具有巨大影響力的分類系統，其中的描述被各種個人與團體採用，從執業者到保險公司。事實上，《精神疾病診斷與統計手冊》負責來定義哪些是精神疾病，而哪些不是。根據《精神疾病診斷與統計手冊》的定義，直到一九七二年，同性戀都是一種精神疾病。一九七三年之後，同性戀不再是一種精神疾病。一九七三年初，心理學家西爾弗斯坦（Charles Silverstein）向《精神疾病診斷與統計手冊》委員會提出關於同性戀分類的重要報告，而胡克的研究起了重大作用。

在修改《精神疾病診斷與統計手冊》的決定之前，一群同性戀者聚集在美國心理學會的年度會議上，成立了「同性戀心理學家學會」。他們要求美國心理學會的董事會必須召集專門小組，來思考心理學對於該議題的立場。一九七五年，美國心理學會發布聲明，表達了與美國精神醫學學會類似的看法。的確，當《精神疾病診斷與統計手冊》進行修訂時，「同性戀」這個類別依舊存在（直到一九八七年被刪除），但已不再認定某些同性戀男女可能具有性傾向的相關障礙。同性戀被視為正常性行為的範圍，這是一個巨大的改變。

評估工具的瑕疵

並非每個人對伊芙琳·胡克的研究都給予正面的評價，有些批評指向她資料中不甚重要的計算錯誤和評分失誤，認為這顯示了胡克本人態度和研究上的馬虎。事實上，這些錯誤儘管令人遺憾，卻絲毫沒有減損這份研究的價值。比較大的問題是，胡克接受的並非臨床心理學家的訓練，儘管她後來靠著自修取得臨床心理學證書，但在她從事研究之前，幾乎沒有使用人格評估工具的經驗，而那是她研究的重要部分。這些工具的運用和評分非常複雜，不應由沒有經驗的人來執行。

不過，在她完成羅夏克測驗後，負責評估的人是克洛普弗，美國羅夏克測驗的頂尖專家。「組圖說故事測驗」的評分則由創建這個測驗的心理學家施耐德曼（Edwin Shneidman）負責。另外，「主題統覺測驗」則由臨床醫師梅爾（Mortimer Meyer）負責，梅爾擁有合格的投射測驗證書。如果說胡克在這個領域的資歷不夠格，那麼她邀集來的評估團隊，實力不容質疑。

如前所述，胡克所使用的男同戀樣本遠非隨機的樣本，而且，她對異性戀男性樣本的挑選尤其含糊，甚至相互矛盾。批評者也指出，胡克是帶著偏見展開研究，不具備一個科學家應有的超然和客觀立場。她著手證明同性戀並非病態，從一開始就帶著很明確的意圖。她的個人態度是否可能影響研究的結果？眾所周知，在社會科學的領域，實驗者往往會帶有偏見，但胡克的態度是否真的影響了研究結果？答案可就不一定了。

值得注意的是，後來的研究使用了較客觀的評估法，一樣證實了結果的可信度。然而，倘若沒有那些提供資助的單位、同性戀的倡導社團，以及某些專業團體的關注和支持，胡克的研究不可能獲得如此廣泛的贊同。就連她發表研究成果的期刊，也在她的論文中添加了一條編輯注釋，大意是說：編輯群強烈感覺到胡克的研究具有重要性，督促她公開發表，即使該研究結論「或許不夠成熟，或沒有提供充分的證明。」這樣的注釋出現在科學刊物中，可算非常的罕見。

按照大多數的學術生產力的標準，胡克的研究並不算太多，不超過二十篇論文，但這個數量不見得能夠反映出她的影響力和能見度。一九七〇年，胡克自加州大學洛杉磯分校退休，持續從事私人的臨床業務。不令人意外，她的案主許多都是同性戀者。此外，她是個優雅有魅力的女主人，喜歡在自己家中招待客人。根據流傳的說法，她是眾人的好朋友和迷人的交談對象，博覽群書、堅持己見，而且極富幽默感。她跟作家伊舍伍（Christopher Isherwood）建立了深厚的友誼。

當胡克透露她患有雙極性障礙而且必須服藥時，她在個人與專業上的成功更令人感到訝異。儘管她不再從事研究，但仍與那些大力支持她的專業團體保持連繫，尤其是美國心理學會。後來她碰上了更多驚奇。

一九八九年，胡克收到一封內布拉斯加州林肯市某銀行受託管理人的來信。她被告知她最初的研究對象普雷西克（Wayne Placek）成立了一個信託基金，資助那些能夠促進對同性戀的理解，並減輕同性戀壓力的研究。普雷西克指定由胡克來挑選委員會，管理分配這筆基金。三年後，這筆基金已經高達五十萬美元，目前由「美國心理基金會」監管，每年分配補助款給與同性戀相關的研究使用。

胡克在晚年獲頒許多獎項，包括美國心理學會的心理學公益卓越貢獻獎（一九九一年）。此外，記錄胡克一生的紀錄片《改變我們的思想：伊芙琳．胡克博士的故事》（*Changing Our Minds: The Story of Dr. Evelyn Hooker*），也被提名角逐奧斯卡金像獎。芝加哥大學則成立了「胡克男女同性戀心理健康中心」。

一九九六年十一月，伊芙琳．胡克在洛杉磯去世，享年八十九歲。她的著作幫助同性戀研究成為合法的學術領域。對她而言，最重要的是，她親自見證了她的研究發揮作用，消除了過往伴隨著同性戀行為而來的污名，並對許多同性戀的生活產生了正面的影響——這是令她感到最欣慰的事。

問題討論

1. 試描述胡克最初實驗的基本規劃。
2. 胡克在籌備研究時，遭遇了哪些困難？
3. 胡克的研究並非沒有瑕疵。那些針對她的研究所產生的批評，有多少可信度？
4. 除了胡克的研究，還有哪些力量促成同性戀在《精神疾病診斷與統計手冊》中分類的改變？
5. 試比較胡克展開研究的年代與今日的環境現況，人們對同性戀的看法有何不同。有哪些原因造成了這些看法的改變？

第22個故事　愛的禮讚

截至一九五〇年代，哈里．哈洛（Harry Harlow, 1905–1981）一直被視為美國頂尖的實驗心理學家。他的研究定期獲得政府的資助，研究成果也經常在教科書中被引用。他是大學校園中極受歡迎的演講者，以及一名活躍的顧問。一九五八年，他擔任美國心理學會的會長，昭示了他在心理學界的崇尚地位。一九六七年，他從美國總統強森（Lyndon Johnson）手中接獲「國家科學獎章」。

雖然哈洛影響了心理學的各種次領域，但他的研究幾乎完全以猴子作為對象。起初他關切猴子是如何學習的，在這個領域獲得了重大的發現，後來他的興趣轉向，他開始利用恆河猴的母親其及後代的行為來探索愛和情感的本質。

關於「母愛」的本質，猴子有什麼重要的事要告訴人類？我們真的有可能探索像「愛」這般定義模糊的概念嗎？哈洛給了響亮的答案，「是的！」猴子並不像人類那麼複雜，但牠們具備許多和人類一樣的運作系統，或者說，哈洛如此認為。

哈洛的實驗結果驚人而且戲劇化，促使他在餘生的職涯中繼續探索相關的問題。然而，他的研究最終被認為存在著疑慮、甚至是不道德的。他後期的研究尤其如此，因為他對待實驗動物的方式變得更加苛刻，有些評論者形容道：「那簡直是折磨！」同時，人們對於動物實驗也越來越敏感，這也是哈洛的研究所導致的結果。

研究猴子

哈洛出生於美國愛荷華州的費爾菲爾德（Fairfield），在一個關係緊密的大家庭成長，他有三個兄弟。他就讀奧勒崗州的里德學院（Reed College），主修英語，一年後轉到史丹佛大學。哈洛寫了一輩子的詩文、愛的雙關語和文字遊戲，證明他早期對英語的興趣並未消失。

他在史丹佛大學時期開始對心理學著迷，在研究所進行了三年的研究之後，順利於一九三〇年取得博士學位。他的論文利用老鼠做實驗，據說，這導致他在後來的研究中對老鼠非常反感。正當哈利在史丹佛大學完成博士研究時，一個事件讓我們一窺當時的高等教育氛圍。

哈利．哈洛的本名是哈利．以色列（Harry Israel）。他昔日的指導教授，動物行為學家史東（Calvin Stone）以及系主任路易斯．特曼曾預言哈利在畢業後會很難找工作。哈利的智力和幹勁不成問題，但他們擔心他的名字——聽起來像猶太人，而且當時學術界存在著強烈的反猶偏見。

某一天，特曼把哈利叫進了辦公室，語重心長地說出這樣的憂慮，他確信哈利會因為名字的關係，在申請學術職位時遭遇到阻礙。哈利抗議地表示：他又不是猶太人！特曼回答：「這並不重要，因為每個人都會以為你是猶太人。」就在他們思考著可以改什麼名字時，哈利提起父親那邊的姓氏「哈洛」，於是，哈利．以色列的下半生於就改稱哈利．哈洛了。（後來，哈利的兒子羅伯特選擇保留了以色列這個姓氏。）

哈洛一畢業就被威斯康辛大學聘用，這所學校成為他的職涯根據地，他一直在這裡待到退休。不過，當年剛抵達威斯康辛州的麥迪森（Madison）時，哈洛便失望地發現，校方承諾的研究實驗室早已經被拆除了。然而，在系主任的協助下，哈洛找到一些臨時場所可用，校方提供他一棟廢棄建築，條件是他不能要求太多額外的支援。

哈洛立即著手改造這棟建築，在學生的協助下蓋好一座建物。幾年後，威斯康辛大學又給他一間廢棄的乳酪工廠，連同一筆修繕費用，哈洛對他的研究場所總算感到滿意，他在這裡設立了全美最精心布置的靈長類實驗室。

哈洛也幸運地吸引了一大批精力充沛且具有創意的研究生。他的首位博士弟子是來自布魯克林的亞伯拉罕．馬斯洛，這個聰明的學生同樣對於猴子著迷，至少在一開始時，而且他非常珍視他與哈洛的合作關係。日後，馬斯洛成為人本心理學學派的主要奠基者。

由於哈洛不願在研究中使用老鼠，因此他嘗試利用其他動物，包括貓，甚至是青蛙。某個傳聞說，威辛康辛大學的系主任夫人曾建議他利用當地動物園的動物來實驗，「那是一座小型動物園，」她說，「你或許能從中發現有意思的動物。」

哈洛開始利用那家動物園裡的一隻紅毛猩猩來做實驗，結果，牠在他還沒能完成研究之前就死亡了。他沒有繼續使用人猿，這次換成了猴子。猴子比他想像的還要複雜，而且個性分明。當他開始用猴子進行實驗，他越來越肯定牠們是動物研究的首選。往後的職涯中，哈洛繼續用猴子做實驗。

哈洛利用猴子研究情感系統，這並非他最早以靈長類進行研究的領域。最初，他研究過靈長類如何學習。他與布羅莫（John Bromer）發展出測試猴子的標準設備，稱作「威斯康辛通用檢驗裝置」。經過多次實驗後，他發現了猴子藉以「學會東西」的一整套方法。一開始，猴子是在嘗試錯誤的基礎上學會任務，不久之後，牠們理解了學習的原理，於是更快地完成了任務。藉由這個研究，哈洛將學習研究更推往「認知」的方向，脫離全然的行為領域。這些經驗讓他相信，人類嬰兒與猴子有許多類似的行為——從吸乳到視覺探索。這兩個物種就連恐懼和挫折感，似乎也有類似的發展方式。此外，他還知道了一件事，那便是猴子的學習，不單是為了獲得食物的獎勵，牠們的行為受到許多非生理的驅力所規範，例如操縱和好奇心。在哈洛決定要研究猴子的情感系統時，他已經擁有與牠們相處三年的經驗。

哈洛的許多研究點子都是偶然間才想到的，來自於那些沒有特定目的的觀察。他最著名的研究就是這樣：他因為擔心某些疾病會在這些恆河猴之間傳播，於是在幼猴一出生後，便在無菌的條件下與母親隔離開來。這些幼猴在許多方面似乎都很茁壯，牠們更容易被餵養和照顧，沒有生病，死亡率也更低。哈洛認為將幼猴跟母親分開養，比起讓牠們和母親在一起生活，會有更好的進展。但事實證明，這些幼猴在某些方面出現了古怪之處。舉例來說，牠們傾向於反社會，也對交配行為感到困惑。

哈洛最初「情感研究」的構思，就是來自於對六十隻與母親分開的幼猴的觀察。哈洛注意到這些猴子依附著墊在籠子底部的尿布，當尿布被取出清洗時，牠們變得非常激動。這些尿布對這些猴子來說有多重要？這傳達出什麼訊息？哈洛決定用餵食的力量來對照這種「舒適撫觸」的力量。作為實驗的一部分，他自行設計並製作了所謂的「代理母親」。

情感實驗

在一九五〇年代，學習理論是以哈爾（Clark Hull）和史賓斯（Kenneth Spence）的倡議為主流。他們認為學習只會發生在驅力或需求得到滿足的時刻。孩子對母親的愛，通常被解釋成驅力減降的作用，因為當嬰兒的驅力——如飢餓和口渴——減降時，母親通常會出現在他身旁，因此，母親變成次要的增強物，讓嬰兒發展出與母親在情感上的牢固連結。簡言之，孩童之所以愛母親，是因為母親滿足了他們的原始驅力。

哈洛堅決反對這個立場。他的早期研究使他敏於覺察如此過度簡單的行為觀點。再者，這些學習法則在解釋多數人從母親身上感覺到的持久的愛與情感時，尤其顯得缺乏說服力。根據大多數的學習理論，一旦某個行為無法被強化，這些行為便會逐漸消失。然而，大多數人都可以證實，他們對母親的愛可能持續一輩子。

哈洛認為必定有某種超越簡單關聯和驅力減降的原因，可以用來解釋這種複雜的情緒。為了進行情感實驗，哈洛製作了一對「代理母親」。一個是「鐵絲媽媽」，她有由金屬絲組成的瘦長身體，加上像頭部的構造，並在身體上半段的中央設有一個放置奶瓶的位置。第二個是由一塊木頭製成的「布媽媽」，一樣有頭部構造，但身上包覆著裹上毛圈布的海綿橡皮。後者除了有毛圈布提供撫慰，哈洛表示，這兩個母親長得「一模一樣」，都是透過身體下方的燈泡提供熱度。然後，哈洛讓幼猴接近籠子裡的這兩個母親。

在最初的實驗中，四隻新生的恆河猴被關在籠子裡，裡面的鐵絲媽媽身上有奶瓶。另外四隻猴子被放在一個裝有布媽媽的籠子，母親身上同樣有奶瓶。這樣的設計讓餵食與接觸的明顯對比被建立了起來。如果孩子學會「愛」母親，主要是因為驅力減降，那麼，猴子應該會對能餵養牠們的母親表現出情感的跡象。而表現情感的方式，可以透過依附在母親身邊的時間加以觀察。

實驗的結果相當戲劇化，而且完全不支持「驅力減降理論」。經由鐵絲媽媽餵食的猴子，除了吸奶的時間外，幾乎沒有花時間依附在母親身邊。牠們更喜歡去依附布媽媽。而且，不意外的，經由布媽媽餵食的猴子，幾乎不會跑去依附鐵絲媽媽。

簡單地說，猴子喜歡親近能提供給他們舒適撫觸的對象，無論餵食的來源是什麼。這個實驗也嘗試其他的變化，包括一個會搖擺的媽媽，以及一個溫度會逐漸變化的媽媽。然而，最具影響力的，莫過於「舒適撫觸」。它的效果是如此的明顯，哈洛因此下結論說，哺乳作為一個情感的變數，它的主要作用是提供幼兒跟母親頻繁的親密接觸。

對哈洛而言，舒適撫觸的意義，代表了幼猴對安全感的需求。為了進一步證明這點，他發展出另一項測試。由於母親通常會在危險時刻為她們的子女提供安全感，因此哈洛想知道，如果猴子被暴露在牠們視為危險的事物面前，會有什麼反應。牠們會投向哪個母親？心理動力學理論家曾引進「安全堡壘」的概念，這是嬰兒受到驚嚇時獲得安慰的地方，也是他們進行探索的地方。這些恆河猴會不會利用代理母親作為安全堡壘？以及，牠們會選擇哪一個母親？

哈洛在猴子籠裡放進各種發條玩具，這些玩具會到處移動並不停發出聲響。面對這些嘩啦作響的玩具，受到驚嚇的猴子立刻逃向布媽媽，無論它是否是牠們從而獲得餵食的對象。食物來源在牠們選擇作為安全避難所的母親時，並不發揮作用，因此哈洛斷言，這些猴子受到驚嚇時的行為，類似於由生母撫養的嬰兒。此外，曠野對猴子而言是另一種可能的焦慮來源，結果曠野中的進一步測試也證實了相同的現象，在在為舒適撫觸的重要性提供了額外的證據。至此，哈洛已經達成了重要的突破，然而，他的猴子帶給了他更多的驚奇。

性與母性

此時，哈洛實驗室中有一群不是典型由母親養大的猴子，牠們在出生後不久，就跟母親分開了。牠們在某些方面似乎很正常，身體健康，而且沒有疾病，但牠們也表現出一些奇怪的行為。牠們會前後搖晃、長時間呆坐、對外物視而不見，有時還會咬自己，類似自殘。除了由代理母親養大，牠們一直處於社交孤立的狀態，很難和其他猴子進行有效的互動。

雖然由鐵絲媽媽養大的猴子展現出更糟糕的行為，但似乎所有的猴子都受到了影響。代理母親或許能提供幼猴某些特定的需求，但絕對無法供應牠們所需要的一切。首先，代理母親是被動的，無法跟牠們互動。雖然真實的母親未必對子女呵護備至，有時甚至會推拒孩子，但即便如此，她們仍然提供了孩子社交方面的經驗，而且是真實世界的社交經驗。

當哈洛試著繁殖這些恆河猴，被代理母親養大的猴子展現出牠們受到侷限最戲劇化的例子。他發現這些猴子身上的某個環節遺失了，那就是，牠們缺乏發揮性功能的知識。在這些猴子身上，性驅力似乎還是存在，但牠們卻不知道如何進行。哈洛描述說，牠們仍然具備性動力，但其他事情全都出了錯。

儘管牠們沒有能力以正常的方式對性起反應，但哈洛還是設法讓他的猴子懷孕——他引進一些非常具有攻擊性的雄猴到牠們的籠子裡。現在，哈洛面臨一個情況，他有一群不是由生母養大的猴子，這些猴子被要求擔任母親的角色，牠們能夠多有效地承擔起母職？牠們會不會本能地變成一個好母親？

事實上，結果正好相反。牠們是糟糕的母親。牠們能給幼猴最好的反應，就是乾脆冷落牠們。牠們不是忽略這些幼猴，就是推開牠們或者咬牠們，還可能殺死幼猴。可見，這些被剝奪生母養育的猴子身上發生了某件事。哈洛最後承認，他的實驗對這些猴子所產生的影響不但嚴重，而且改變了牠們的生命。不久，他決定放棄這一系列的研究。

孤立實驗

哈洛對於沮喪和絕望的研究興趣，可能出自於他自身的經驗，至少有部分是。儘管哈洛的成就看起來無比成功而且備受肯定，但在他生涯的最高峰，他卻陷入一種臨床上的抑鬱。他花了幾個月進行治療，最終接受了電擊痙攣休克治療法。他是否從抑鬱中完全復原，至今仍然眾說紛紜，但此後，他完全變了一個人。

哈洛將他對抑鬱的興趣，轉移到用猴子進行研究。他發現那些沒有母親的猴子，已經因為早期的隔離經驗而產生了變化。牠們表現出嚴重心理失常的特徵。但是，牠們的隔離並未產生真正臨床上的嚴重抑鬱。他決定進一步研究。

哈洛將猴子放在一個沒有窗戶的房間，牠們與外界的唯一接觸，是實驗人員送來食物或清理籠子的雙手。實驗人員在籠子外透過單向鏡觀察牠們。有些被孤立了三十天的猴子表現出高度的不安，至於孤立時間更長的猴子，則幾乎無可救藥地顯現出心理失常，牠們在跟其他猴子相處時無法展現正常的行為，而且經常淪為被攻擊的對象。

在另一個實驗中，哈洛設計了一個上寬下窄的房間。想要爬到頂端的幼猴會不由自主地往下滑落，最後幾乎處於完全孤立的狀態。被關進這個房間的實驗對象，少則待上幾天，最多不超過六個星期，但後續的影響極其可怕！先前快樂且正常的猴子變得很反常，而且幾乎沒有猴子不受到孤立的影響。當這些猴子回到先前的社交環境，牠們的孤立感如影隨形。牠們變得退縮，而且很難跟其他猴子相處。

接下來才是最大的挑戰：如何修復嚴重孤立對牠們所造成的影響？如何治療抑鬱？起初，哈洛及團隊對藥物的效用展開了調查，尤其是血清素。血清素似乎具備正面的效果，但還不夠。最終，他們利用極年幼的猴子擔任治療師。說到「擁抱」，這是幼猴非常需要的東西。不久，這些新的幼猴似乎融化了那些先前被孤立的猴子，後者開始出現比較正常的反應。這個研究非常有意義，哈洛在退休後仍然努力想辦法改善這些猴子的狀況。

個人生活

年輕時的哈洛被視為一個個性害羞但充滿野心的人，後來最常被用來形容他的字眼是「古怪」，這不僅因為他的個人特質，也來自於他在工作上投入了極為大量的時間。他徹夜在實驗室裡工作，直到凌晨收工，還跟門房一起喝咖啡。他以嗜酒聞名，越老越愛杯中物。

一九三二年，哈洛抵達麥迪森不久，就跟當時在威斯康辛大學擔任教學助理的克拉拉（Clara Mears）結婚了，克拉拉是著名的「天賦研究」的對象（本書第十六章討論的主題）。由於受到當時聘任政策的影響，克拉拉被勸阻不要繼續從事博士研究——夫婦兩人不能同時受聘於同一個科系，必須以先生（哈洛）為第一優先。於是，克拉拉退出博士課程，沒想到，她後來成了一位成功的採購員，為某家商店採買服裝。

兩人在結婚十五年後離婚，育有兩個兒子。哈利不久便發現他不適合單身生活，一年內，他與發展心理學家瑪格麗特（Margaret Kuenne）結婚，瑪格麗特原本是威斯康辛大學的教員，她也因為威斯康辛大學的聘任規定而被迫離職。然而，瑪格麗特和哈利密切合作，她待在實驗室工作，並負起出版《比較與生理心理學期刊》（*Journal of Comparative and Physiological Psychology*）的重責大任——該期刊由哈利編輯。瑪格麗特最終還是在威斯康辛大學謀得一份教職，並在她去世不久前晉升為正式教授。

瑪格麗特和哈洛也育有兩名子女。雖然在實驗室的瑪格麗特有時顯得冷漠又疏離，但她對自己的孩子可說溫柔又深情，而且害羞多於冷漠。瑪格麗特在五十二歲死於癌症，哈利為此身心交瘁。然而，他後來跟已經成為寡婦的第一任妻子克拉拉再續前緣，兩人於瑪格麗特死後一年內再婚，婚姻關係順利維持到哈利去世。

再婚後不久，哈洛出現帕金森氏症的早期症狀，克拉拉也出現了健康問題。哈利不情願地放棄了經營四十多年的實驗室，夫婦倆遷居亞利桑那州。一九八一年，哈洛在亞利桑那州去世，享年七十一歲。

批評與貢獻

哈洛竟然會從事「愛與情感」的研究，實在是一件驚人之舉。威斯康辛大學心理學系當時以統計數據的嚴謹性和主流實驗而聞名，像愛與情感這類模糊的概念，並不符合該學系的作風。此外，哈洛使用的樣本數相當小，也不足以產生讓當時大多數實驗心理學家所重視的那種統計數字。

不過，這些似乎都不重要，當哈洛公開他對「愛的本質」的研究，立刻收到來自各大學和公共討論會的大量邀約。他孜孜不倦地推動研究，但在進行的過程中，並非沒有遭受批評。他的演說往往風趣又幽默，但有時被認為蔑視女性。女性主義者批評他對性別差異本質的看法，以及他過度強調「母職」的概念。當時的女性已經開始掙脫「女人的地位存在於家中」觀念的束縛，而哈洛似乎還繼續鼓吹這種觀念。事實上，他真正鼓吹的，是讓幼兒獲得前後一致的早期教養。

哈洛和他的研究在生前遭受的批評還算溫和，但後來就變得非常猛烈，輿論認為哈洛是故意讓猴子承受不必要的痛苦。哈洛承認他的猴子的確受了苦，但他認為從實驗中獲得的知識，可以減輕無數孩童的痛苦。然而，這樣的說法無法說服動物權運動人士，就連哈洛的某些支持者也覺得哈利的「孤立實驗」有些太過份了。即使哈洛辯才無礙，但最終每個人都同意，哈洛的實驗絕不該再被複製了，沒有任何必要。

哈洛對「動物學習與動機」的這個領域做出了革新，也對兒童照顧與發展的議題做出重大貢獻。其實，他所主張的「早期經驗至關重要」這樣的概念並不新鮮，例如鮑比（John Bowlby）等精神病學家在多年前就已經提出相似的觀念：早期的母親照顧，對於兒童的發展非常重要。此後，美國心理學家愛因斯沃斯（Mary Ainsworth）曾對兒童進行跨文化研究，結果顯示，獲得安全依附的兒童，比其他兒童展現出更多的獨立性，這直接牴觸了約翰·華生多年前的主張。就連諾貝爾獎得主洛倫茲等動物行為學家，也曾對這個主題進行深入的研究，但只有哈洛，他提供了許多人所認為顛撲不破的「硬數據」。

哈洛的研究激發了後代人去探討「母親—兒童」這樣的關係。他發現母職非常具有重要性，但它不盡然必須來自親生的母親。此外，他也證明了兒童早期經驗的重要性。最後，哈洛的研究以奇特的方式對當代做出的另一個貢獻是，透過「與母親分離」和「孤立」等主題的著作，他促進了人們對於實驗室動物待遇的關心，以及倫理指導原則的發展。

問題討論

1. 哈洛為何選擇用猴子作為研究的動物？
2. 請描述哈洛「愛與情感研究」的基本設計，以及解釋學習的驅力減降論。
3. 哈洛對於「愛的本質」有什麼看法？舒適撫觸是否為唯一重要的變數？
4. 哈洛的研究能否在現今的研究氛圍下進行？
5. 從哈洛的研究中，我們學到了哪些關於人類發展與行為的功課？

注釋

本章所引用的黛博拉・布魯姆（Deborah Blum）的著作（參看參考書目）極具可讀性，並且詳述了哈洛的生平和作品。

第23個故事　驚世駭俗的社會心理實驗

年輕時的史丹利．米爾格蘭（Stanley Milgram）充滿野心、創造力和自信，他生性愛開玩笑，偶爾會給人一種趾高氣揚的感覺。為了不辜負他超群的智力，他決定投入學術研究，日後他將揚名立萬——這點從來沒有人懷疑過。

基於對政治議題的興趣，他以「社會心理學」作為主要研究領域顯得合理而明智。然而，沒有人準備好面對他著名的一系列實驗——「服從權威研究」——所帶來的騷動。這個實驗結果不僅令人意外，而且在許多方面堪稱驚世駭俗！此外，這些研究開啟了人類史上最悲傷的篇章，也就是，二戰時納粹對猶太人的大屠殺。

關於米爾格蘭使用的方法是否合適，迅速招來質疑的聲浪。實驗者能欺騙他的實驗對象到什麼程度？對實驗對象可能造成的傷害，是否比起研究本身獲得的好處更為重要？有人甚至質疑，米爾格蘭是否絕對誠實地呈現了實驗的結論。因此，在他的研究超過半世紀之後，依舊充滿了爭議。

持平而論，我們應該注意到在米爾格蘭的年代，許多實驗中的防護措施都尚未被採用，而如今，任何想複製這類實驗的嘗試，無疑都會被審查委員會給否決。話雖如此，目前為止至少有一項現代實驗設法複製了這個研究的某些要素。

充滿幹勁的起點

一九三三年八月十五日，史丹利．米爾格蘭出生於紐約市的布朗克斯（Bronx），他是東歐猶太裔移民家庭的長子。他的父親很早便看出兒子早熟又聰明，對他寄予厚望。果然，米爾格蘭在文法學校表現優異，緊接著就讀詹姆士．門羅高中，他在那所高中的同學津巴多（Philip Zimbardo）日後也成為一名傑出的社會心理學家。

一九五〇年秋季，米爾格蘭就讀隸屬於城市大學體系的紐約皇后學院。這所學院不僅擁有優良的師資和名聲，還減免學費。米爾格蘭修習許多課程，主要專注於政治科學和對外關係。在他三年級時，父親突然死於心臟病，年輕的史丹利預言他自己也會早死——很遺憾，他的預言成真了。

在米爾格蘭即將完成大學學業時，他的興趣轉向了心理學。然而，要申請研究所是個問題，因為他在大學沒有修過任何心理學課程。可想而知，當他申請哈佛的社會關係系（一門結合了社會學、人類學和心理學課程的科系），他因為缺乏適當的學術背景而被拒絕了。米爾格蘭直面這個門檻，他在一九五四年的夏季完成了六門必修課，於同年秋季進入該系的研究所。

米爾格蘭在一個很幸運的時期進入哈佛，當時的師資陣容可說高度專業並具有創造力。他享受哈佛帶來的優勢，並與當時的心理學巨擘奧爾波特（Gordon Allport）建立了長久的友誼。他也注意到客座教授阿希（Solomon Asch）的研究，並擔任他的助手。阿希當時以「社會從眾實驗」而知名。

米爾格蘭的博士論文比照了阿希的研究路線，但他利用聽覺刺激在法國和挪威進行跨文化的從眾比較。儘管籌措研究與生活費很不容易，但他爭取到許多資金來源。除了研究本身，他在寫論文的過程中培養出對法國文化的愛好，待在歐洲讓他產生了一種國際觀，這些好處都反映在他人生後期的諸多層面。

米爾格蘭回到美國之後，沒有急著完成論文，他花了一年時間擔任阿希的助理（當時是阿希在「普林斯頓高級研究所」的休假年），然後才完成博士學位。一九六〇年，米爾格蘭被耶魯大學聘為助理教授，在他抵達紐哈芬（New Haven）展開新職務時，他已經決定好他的研究方向。他一如既往地野心勃勃，冀望第一個研究就能打響名號。就這點來說，他極為成功，儘管不見得是他希望的方向。

服從權威實驗

米爾格蘭的一系列實驗稱為「服從權威」，從這個名號可以輕易看出阿希的研究與米爾格蘭研究之間的關聯，此外，還有一個關聯：米爾格蘭對於服從現象的興趣，跟二戰期間許多歐洲猶太人的命運有著極大的關係。他的服從研究，是想瞭解為什麼會發生大屠殺。他最重要的提問是：看似平凡的國民，為什麼會參與如此可怕的罪行？

另一個關聯在日後才漸漸浮出檯面。一九六〇年，納粹頭子阿道夫．艾希曼在阿根廷被逮，送往以色列接受審判，他在造成數百萬猶太人喪命的一場大屠殺中扮演了重要角色。打從一九六一年四月開始接受審問，艾希曼的辯護理由就是「我純粹奉命行事！」在二戰後的紐倫堡大審期期，許多納粹戰犯都用這個理由為自己辯護。如今看來，米爾格蘭的實驗竟然呼應了艾希曼的辯護理由，這完全超出了他原先的意圖。

在耶魯大學的第一個學期，米爾格蘭為了探究「服從權威」這個現象到底有多麼普遍，他進行了一項試驗，最後的結果讓他感到非常驚訝。後來他向「國家科學基金會」申請補助，基金會團隊在實地視察之後批准了他要求的資助。米爾格蘭透過紐哈芬的報紙廣告及信件來招募他的實驗對象，他幾乎在所有實驗中都使用男性對象。以下是他的實驗過程：

當應徵者來到耶魯大學的「林斯里—齊坦丹廳」（Linsly-Chittenden Hall），他會遇到一名實驗人員，這名實驗人員會付給他約定的酬勞（每小時四塊半美元，加上半美元的車資。

要記得，那時可是一九六〇年代！）實驗對象被告知可以隨時退出實驗，接著，他被帶入一個裡面有另一名參與者的房間。

參與者被告知，這是一個研究「學習與處罰的相關性」的實驗。由一個人扮演「老師」，另一個人扮演「學生」，他們用抽籤來決定誰扮演哪個角色。接著，學生被帶出房間，身體接上電擊的裝置。實驗人員會告訴他們，電擊會造成一點疼痛，但不會有危險。另一個房間裡，老師坐在一個電擊控制台前，上面裝設了可以顯示電擊強度的控制桿。這個電擊控制台包含了一些讓人怯步的訊息：機台上清楚列出電擊的強度，最弱是十五伏特，每一格增加十五伏特，直到最強四百五十伏特，伏特數旁會標註「危險：劇烈電擊。」機台上還標示了一連串的符號。

學生被要求對先前接觸過的題目給出正確答案。一旦說錯答案，就要接受電擊，而且隨著每次答錯，逐漸增加電擊的強度。當電擊強度增加，學生可能表現出越來越痛苦的模樣，大喊著「讓我出去」或「我要停止實驗！」等。而如果老師對於施

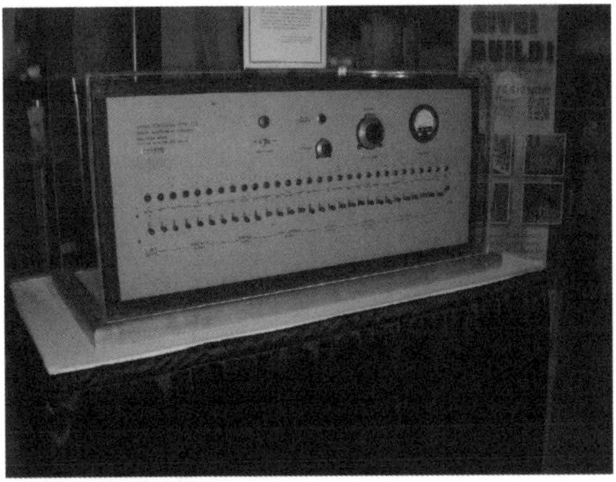

米爾格蘭的電擊機
Courtesy of the author

予電擊懲罰顯得猶豫不決，也會被實驗人員要求繼續電擊，因為這正是實驗的本質。這個實驗對老師和學生來說都是殘忍的安排。

然而，這個實驗其實是一場重大的騙局。因為根本沒有電擊這回事，控制台也是假的，而「學生」是實驗者刻意安排的角色。在這個實驗中要測量的行為，並非一開始宣稱的記憶與學習，而是要看看老師因為被告知要施以懲處，便真的願意去電擊學生的意願有多強。約有百分之六十五的老師會持續施予電擊懲罰，即使聽見學生痛苦的大喊大叫，或著激烈的控訴心臟不舒服。（這些反應都是事先錄音好的）儘管這些老師在施予電擊時表現出不安的樣子，但多數人會遵從指示，對學生施以電擊。

等到實驗結束，共有七百八十名實驗對象參與了超過二十個不同條件的實驗。這些實驗結果在各種變動條件下多半都成立，但有一些值得注意的例外。舉例來說，學生跟老師的親近程度，會降低老師服從權威的意願。不過，有個對米爾格蘭研究非常權威的心理學家布雷斯（Thomas Blass）指出，老師服從權威的程度，對米爾格蘭而言並非核心的關注議題，米爾格蘭所關切的，是那些會對服從產生影響的條件。

聽從指示的老師，在所有老師中所佔的比例，讓每個人驚訝不已！根據追蹤調查，被招募的實驗對象多半相信電擊懲罰是真有其事，這些民眾並沒有被迫繼續實驗；再者，他們一開始就收到酬勞，而且知道就算退出實驗，也能享用這筆錢。米爾格蘭聲明他是從各種社會階層中來招募參與者，因此，這些參與者可以代表「一般」人，而這些人多半願意遵從指示，無視於學生所承受的痛苦。

這就是服從權威實驗帶給我們的教訓。多數人認為自己是遵循著某種內在的道德原則在過生活，但米爾格蘭的研究證明，還有其他看不見的力量影響著我們的行為，服從權威便是其中一種。此外，多數人在合適的條件下，會願意從事這類不能被接受的行為，因此，環境或背景因素可能比你我認同的內在原則更加地強而有力——這項引人注目的結論道出了人類處境的核心。布雷斯還提供了看待這項研究的另一種方式。他指出，如果要產生服從，實驗對象必須認可實驗者的權威，才能將他的行為責任順利轉嫁給實驗者。

一九六〇年代初是米爾格蘭的忙碌時期。除了新的職位和新研究，他的生活也歷經了劇烈的改變。他在紐約市某宴會上認識了亞歷珊卓（Alexandra [Sasha] Menkin），這位受過大學教育的舞蹈家，出身背景與米爾格蘭十分相似，兩人在年底結婚。此後，亞歷珊卓生下女兒蜜雪兒和兒子馬克，儘管米爾格蘭致力於工作，但他從兒女身上獲得了極大的喜悅，經常撥出時間陪伴兒女。

任務報告

在尚未發表研究報告前，米爾格蘭的實驗倫理便遭受到嚴厲的抨擊。美國心理學會接獲對米爾格蘭的指控，擱置了他的入會申請。後來，米爾格蘭雖然獲准進入學會，但批評的聲浪並沒有消失。

批評者認為米爾格蘭的研究罔顧倫理，他讓參與者以為他們在傷害別人，這種對參與者造成的傷害可說非常不妥當，這項研究根本就不該進行！事實上，米爾格蘭一向注重實驗倫理，甚至比同時代的實驗者還要在意。在他的博士論文中，他向參與者進行了「任務報告」，詢問他們關於研究的一些問題，例如：是否後悔參與實驗？願不願意再度參與？這類任務報告在當時並不是常見的做法。

多數參與者在實驗後聽取了任務報告，他們不僅被告知實驗的性質，也和那些顯然沒有受傷的「學生」碰了面。不可否認的是，許多實驗對象對自己的行為感到懊惱，但他們似乎瞭解這樣的欺騙是必要的。之後，米爾格蘭將一些追蹤問卷寄給這些參與者，以瞭解他們對於實驗的感覺。多數人都表示，他們不會因為實驗而留下長期的陰影。米爾格蘭也記錄了自己的想法，包括這個實驗的欺騙成分帶給他的愧疚感。後來，他更加肯定這種欺騙對於實驗有其必要性。

完成研究的一年後，米爾格蘭發表了三篇論文。他的研究幾乎立刻成為大眾熱議的焦點，議論文章透過美國和歐洲媒體排山倒海而來，有些評論著重研究本身，有些則給實驗予嚴厲的批評。最強烈的批評來自心理學家鮑姆林德（Diana Baumrind），她在美國心理學會的頭號期刊《美國心理學家》發表文章，關切那些參與者可能留下長期的負面陰影。米爾格蘭對這篇文章惱怒不已，因為他沒有被告知這篇文章要刊載的消息，好讓他可以事先提出辯駁。他後來回應了鮑姆林德的評論。

米爾格蘭打算出版著作，發表所有的研究，包含先前遺漏的材料，他將這本書命名為《服從權威：有多少罪惡，假服從之名而行？》（*Obedience to Authority: An Experimental View*）。書中包含了各種變化形式的「服從研究」及理論基礎，結果一如預期，這本書掀起國內外大量的評論，甚至比他首次發表研究時產生更多的爭議。

有些人認為米爾格蘭的研究具有時效性，是一種處於美國特定時期的產物。二〇〇九年，聖克拉拉大學心理學家柏格（Jerry Burger）發表了另一種看法，他「部分複製」了米爾格蘭的研究。他修改了米爾格蘭實驗中幾個令人反感的部分，去除了假裝實施的電擊，並特別留意參與者內心的正向感受。他的研究顯示，參與者的服從程度跟原本的米爾格蘭實驗大抵相同。

墨爾本的心理學家暨作家佩里（Gina Perry）在書中對於米爾格蘭的服從研究進行了詳細的批評，她以《電擊機的背後》（*Behind the Shock Machine*）一書來探討這些參與者的生活，也訪談了一些人。然而，當她深入鑽研那些收藏在耶魯大學檔案館的錄音和問卷，她對研究本身產生了更大的質疑，包括研究進行和被說明的方式。

佩里的第一個問題是，米爾格蘭在實驗之後，將追蹤問卷寄給參與者，所得到的回應。米爾格蘭曾表示，絕大多數的參與者（百分之八十四）都很高興參與實驗。但就佩里的判斷，這一點都不合理！在她做了許多訪談後，她相信真正的數字遠低於此。事實上，許多接受訪談的人在數十年之後仍然感到忿忿不平，認為這個實驗對他們造成了強烈的負面影響。

此外，關於假定的「任務報告」，她斷定米爾格蘭在著作和論文中使用了含糊不清的措辭。多數實驗對象都沒有被告知實驗的完整真相，因此他們在離開實驗時，是真的相信他們親手電擊了別人，而這對他們的自我評價造成了打擊。佩里還寫到，米爾格蘭低估了這個研究對那些在實驗中一早看穿實驗安排、並相信根本沒有電擊這回事的參與者的影響。最後，她聲稱米爾格蘭選擇性地發表這份報告，刻意輕描淡寫許多跟結論互相牴觸的情況。

六度分隔的小世界

繼服從研究之後，米爾格蘭開始製作一系列的社會心理學影片，積極投入電影製作，表達他對社會的關注。他開始上電視，一九七六年還播出了一齣以他的研究為梗概的電視劇。他在各種專業會議中發表演說，應邀為《社會心理學手冊》（*Handbook of Social Psychology*）撰寫部分的內容。簡言之，他成了心理學領域的名人。

儘管他的名聲大半建立在「服從權威研究」，但米爾格蘭還有更多創意點子，其中有兩個實驗特別出名，那就是「遺落的信」和「小世界研究」，後者被稱作「六度分隔」。

「遺落的信」是他離開耶魯到哈佛找工作之前，在研究所課堂上討論時，腦中浮現的點子。這個實驗以這樣的方式進行：將一些寫有關於安排集會等無關緊要瑣事的信裝在信封，將這些信封遺落在人行道、電話亭或汽車擋風玻璃上，散播於在紐哈芬各處。信封上寫有相同的地址。這些地址有四種寄件對象：共產黨、納粹黨、某個醫療研究團體，以及某個平民百姓，但所有的地址都指向一個「紐哈芬郵政信箱」（這個信箱已事先被租用）。結果不令人意外，大多數被寄回來的信，都是投寄給醫療研究團體和平民百姓，而那些預設寫給共產黨和納粹黨的信，則最不可能被投寄。

米爾格蘭認為這個方法可以測量一件事：當人涉及敏感事物時所展現的態度。多數紐哈芬市民想必不喜歡納粹和共產黨。這個方法比讓人填寫一份簡單的問卷還要精準，因為它需要做的事，遠大於在一個量表上勾選項目，也就是說，這個態度需要你採取行動。米爾格蘭利用這個方法來評估各種態度和背景，尤其是政治立場，以及某些人們不願意公開承認的態度。

至於「小世界研究」並非米爾格蘭的創意，先前已經有非心理學的領域討論過這個作法，但米爾格蘭是第一個將它轉為實驗，並證明數量的人。他的研究反映出許多人經歷過的一種社交現象，呈現出人際之間的驚人連結。米爾格蘭的方法是這樣的：他希望將一個資料夾送達目標對象的手中。

他將一個資料夾隨機分送出去，然後鼓勵這些拿到資料夾的人，將資料夾轉傳給他們認為會靠近目標對象的某人，而且，他們只能將資料夾傳給一個離他們不遠、並跟他們關係親近的人。然後，這個收到資歷夾的人，又被要求將資料夾傳給另一個跟他關係親密的人，以此類推。每個連結都是為了讓資料夾更靠近預定的目標。每個資料夾裡放著用來追踪資料夾傳遞途徑的卡片。當資料夾最終到達目標手中，米爾格蘭就會知道這個資料夾到底轉手過多少人，他藉此判定一個資料夾到達目標的手上，究竟需要多少次的連結。

在還沒有實驗之前，如果有人問你，把一個資料夾送到某個你全然陌生的人手上，需要經過幾次轉手？相信每個人估算的數字都會很高，許多人認為必須多達一百次以上。但實驗證明，根據米爾格蘭回收到的大部分資料夾，一個資料夾要到達目標的平均次數大約是六次！這個數字實在是低得驚人！這個原理最後定名為「六度分隔」。在全世界數十億人口中，米爾格蘭證明了人際關係驚人的連結程度，而且用非常簡單的方式辦到了！「小世界」這個概念可說名符其實。

都市心理學

米爾格蘭原本與哈佛大學的合約是三年，後來增加了一年，但他始終沒有獲得終身職。米爾格蘭失望不已，他和妻子莎夏已經愛上了哈佛和劍橋的環境。他失落了很多年，自尊心也受到了打擊。

後來，米爾格蘭接獲幾家大學的邀約，但都不是他屬意的學校。他的服從研究使他成為備受爭議的學者，不少院系抵制聘用他。米爾格蘭對新職位的要求，是必須位於繁榮的都市地區，他於一九六七年初接受紐約市立大學的邀約。即使紐約市立大學不具備他所期待的聲望，但至少位於紐約，那裡有他許多親朋好友。他受聘為正教授，職位和薪水都獲得升遷，紐約市立大學成為他專業生涯的最後歸宿。

紐約市立大學的研究所中心剛從紐約市體系的幾所學校獨立出來，它的新鮮朝氣帶給了米爾格蘭很大的自由，這是過往在有歷史的大學中不曾體驗到的。他開發出「都市心理學」這類新課程，讓紐約市立大學在日後成為該領域的領頭羊。米爾格蘭以實驗來證明紐約市的生活層面，他研究電視造成的衝擊，甚至製作低預算的紐約市生活影片。

古根漢（Guggenheim）獎學金讓米爾格蘭得以和家人在巴黎度過一年，那段時光他沉迷於發展城市的心理地圖，他走訪歐洲城市，還去了一趟以色列。當時希伯來大學願意提供米爾格蘭職位，但他婉拒了。回到美國後，米爾格蘭成為搶手的論文指導教授，幫助許多學生步入職涯。

米爾格蘭在相當年輕時就被診斷出有高血壓，但沒有其他健康問題。一九八〇年他四十多歲時，遇上第一次心臟病發作，檢驗結果顯示他有嚴重的動脈阻塞，而且不適合進行繞道手術。他放下了教學工作，但治療使他開始變得衰落。不過根據各種流傳說法，他個性圓熟了不少。在返回工作崗位、完成一位博士生的口試之後，一九八四年，他死於心臟病的再度發作，享年五十一歲。

米爾格蘭經常被提到的事蹟包括了他的原創實驗，他的愛開玩笑，以及他顯然很享受實驗的過程。他可能會給人驕傲的印象，易怒而缺乏耐性，有時做出古怪的行為，後來我們知道他偶爾會服用安非他命和古柯鹼，或許這解釋了他的某些怪異舉動。然而，他最亮眼的特質，還是公認的天資出眾。

儘管米爾格蘭活力充沛且創意十足，但他所有成就都比不上「服從研究」所發揮的影響力。他如願成為備受矚目的心理學家，但對於大眾將他跟「服從研究」劃上等號，他感到忿忿不平。他認為他的其他貢獻同樣具有價值，應該獲得更多肯定。

直到現在，念商學院的學生還不時被提醒要留意「權威」在決策中可能扮演的角色，尤其是跟倫理有關的決策。至於獨裁體制下的民眾，則更瞭解發生在他們國家的心理動力。布雷斯證明了服從研究在許多個人生活中的影響力，而權威的力量，則明顯展現在任何一種等級制度的社會結構之中。

即便「服從研究」至今已經擁有幾十年的歷史，但是仍然具有爭議性。它是否真的是服從研究？如此人為安排的遭遇，能否類化到真實生活的情境？這些資料是否足以代表不同對象的差異？這個研究結果放到不同的國家，能不能站得住腳？以及，社會科學家在尋求問題解答時，能夠做到什麼地步？米爾格蘭的服從研究讓後代心理學家開始深思研究方法和意義，然而，無論如何，這項研究是對權威力量的活生生批判。

問題討論

1. 米爾格蘭「服從權威」研究的基本設計為何？
2. 他所使用的方法如今是否可被接受？實驗者能欺騙他的實驗對象到什麼程度？
3. 米爾格蘭的實驗對象可能遭受的傷害，是否比他的研究可能產生的好處更為重要？
4. 米爾格蘭的實驗結果，會不會因為實驗對象的性別而有所差異？例如，當「學生」跟「老師」更加親近的情況下？
5. 相較於環境背景，人格在決定行為時有多大的影響力？
6. 進行該實驗的年代有什麼重要性？倘若是現在，米爾格蘭會不會得到相同的結論？

注釋

數十年來，湯瑪斯．布雷斯（Thomas Blass）已經蒐集了米爾格蘭個人和專業方面的大量資料，並且廣泛發表相關著作。建議想要更深入探索米爾格蘭作品的讀者，不妨搜尋米爾格蘭的原作和布雷斯博士的作品。

第24個故事

凱蒂・吉諾維斯謀殺案

一九六四年，約有七百個人在紐約市遭到謀殺，二十八歲的酒吧經理凱瑟琳・吉諾維斯（Catherine [Kitty] Genovese）是其中之一。但這則立刻被報導的死亡事件，並未引來強烈的反應，這充其量只是紐約大都會中某個悲傷的故事。然而，十天後的一篇報導，使得這起吉諾維斯死亡事件引發了全國性的關注。這篇《紐約時報》的報導說，有三十八個人目睹吉諾維斯被謀殺的過程，卻沒有人伸出援手——沒有人介入，沒有人打電話報警！她的死亡迅速變成城市居民冷漠與感覺遲鈍的象徵。

關於這起謀殺案以及三十八個默不吭聲證人的新聞傳遍了全美國，甚至全世界。最終，吉諾維斯之死產生了無數文章和新聞報導、幾本著作和一部紀錄片。大多數的報導並非聚焦在受害者死亡的事實，而是旁觀者的無所作為。

兩名學術研究人員達利（John Darley）和拉塔納（Bibb Latané）探索吉諾維斯之死的另一個層面，他們並非簡單地批評那些毫無反應的旁觀者，而是提出建議，認為目擊者的行為可以用他們稱之為「旁觀者效應」的社會心理學現象加以解釋。他們假定：當晚那些人之所以沒有反應，是基於目擊者數量所造成的責任分散。簡單地說，當有大量的旁觀者在場時，個人會感覺比較沒有責任，而讓別人去採取行動。

吉諾維斯謀殺案連同「旁觀者效應」，變成教科書的必備內容，尤其在比較入門的心理學和社會心理學課程。但這個故事漸漸產生了變化。接下來若干年，吉諾維斯之死引發了一些問題，特別是關於所謂的「旁觀者」。二〇〇七年，一篇無所不包的文章刊登在《美國心理學家》期刊，質疑這件謀殺案被述說的方式。在吉諾維斯逝世的五十週年，有兩本書出版，提出了更多問題和相關事件的細節。這三十八位目擊者的故事，看起來迥異於最初的報導。

謀殺案

凱蒂（凱瑟琳）是一位有吸引力且獨立自主的二十八歲女子，她在皇后區霍利斯（Hollis）的伊芙酒吧擔任侍者和經理，受到老闆與顧客的器重和喜愛。她住在基尤園的公寓，這是十英里外的另一個皇后區近郊住宅區，與一名女子瑪麗（Mary Ann Zielonko）同居。後來她的家人和朋友才明白她們之間的戀情。

一九六四年三月十三日，凱蒂遭殺害那天，她大約在凌晨三點將酒吧打烊，坐進她一九六三年款鮮紅色飛雅特汽車，沿著大中央公園大道開回家。她不知道有正當職業和家庭的莫斯利（Winston Moseley）當晚正四處搜尋欲殺害的對象。莫斯利發現凱蒂走出酒吧，於是開車尾隨，看著她將飛雅特汽車停在她家公寓附近的停車場。當凱蒂離開停車場走上一小段路回到她在奧斯丁街八二之七〇號的住宅時，她察覺到有人尾隨在後，因此加快了腳步；而莫斯利也立即快步跟上。

莫斯利趕上凱蒂，抓住她，並朝她的背部刺了兩刀。她的掙扎和呼救聲吵醒了鄰居。對街公寓的一個男人大喊：「別騷擾那個女人！」他後來說，他當時不知道吉諾維斯已經被捅了一刀，他以為兩個人是吵架的情侶。附近有一間貝利酒館，在街上爭吵是常發生的事。事實證明，當晚那間酒館早早打烊，街上空無一人。

莫斯利擔心喊叫聲會讓鄰居認出他，於是火速逃離現場，跑回車子上。凱蒂受了不算致命的傷，她慢慢起身走向公寓。身上的刺傷使她變得虛弱，她無力走完全程，而是在距離公寓兩個門口的門廳避難。當她試著恢復力氣，莫斯利仍然在他停靠好的車子裡坐著等待，想知道是否有人去報警。幾分鐘後，沒有警察過來，莫斯利認為他安全了。

莫斯利下了車，開始搜尋凱蒂，他走在奧斯丁街上，查看每棟公寓的入口門廳，不久便發現了凱蒂。之後，他又刺了她一刀，這次更兇殘，他還強暴了她！樓上的一位鄰居羅斯被吵鬧聲喚醒，當他打開了門朝樓梯下方張望時，他看見正在發生的事，但竟然什麼也沒說，立即關上了門。等警方到達時，莫斯利已經逃逸了，而凱蒂死於送醫途中。

凱蒂遭人謀殺的這起事件，在平靜的紐約皇后區簡直是平地驚雷，當時皇后區被認為是紐約市最安全的地區。然而，若非隨後的新聞報導揭露了更多事實，這起謀殺案也頂多被議論個幾天罷了。

謀殺案發生了幾天後，《紐約時報》的新聞主編羅森泰（Abe Rosenthal）與警察局長默菲（Michael Murphy）共進午餐。他們討論了這件犯行。默菲不經意說起該起謀殺案有三十八位目擊者，但沒有人打電話報警或出手介入。羅森泰馬上知道他有故事可寫了。他指派記者甘斯柏格（Martin Gansberg）去調查這件謀殺案。甘斯柏格花了三天訪談附近的鄰居，三月二十七日，《紐約時報》刊登了一篇包含以下內容的頭版報導：

長達半個多小時，三十八位為人正派、奉公守法的皇后區市民，目睹兇手在基尤園尾隨和三度刺殺一名女子……攻擊發生時，沒有任何一個人報警，只有一位目擊者在女子死亡後打了電話。

這篇報導很快引起轟動，其他報紙和雜誌紛紛轉載，並用它來譴責冷漠的城市生活。莫斯利奪走的不只是凱蒂的性命，他們表示，還突顯了一座大城市本身冷漠、疏離和不願互相幫助的特質——即使面臨攸關人命的事。到了一九六四年底，羅森泰出版了一本書，以城市居民不願意涉入為論點，重述當晚的事件。後來的報導將「九一一緊急通報系統」的發展，歸因於吉諾維斯之死。

旁觀者效應

約翰．達利與比布．拉塔納兩個人皆是社會科學家，他們讀到這起謀殺害，並以不同的方式解讀三十八名目擊者的行為。從那些鄰居的不願回應，他們看出了一種社會心理學現象，最終，他們設計出一系列實驗來證實他們的假說。

達利與拉塔納所達成的結論，如今稱作「旁觀者效應」，該現象的穩固性一再被證實。當人們處於群體中，責任就會被分散。如果當時只有自己一個人，人們可能會採取行動，然而一旦處於群體之中，便不會感受到相同的責任，而會聽任別人發起行動。這兩位研究者推斷，這正是發生在吉諾維斯身上的情況。旁觀者退縮，期待別人介入或報警。

教科書作者注意到這個現象，以及引起該現象的可怕故事，因此，「旁觀者效應」幾乎在每一本心理學入門和社會心理學書籍中都會出現，有些還極為詳細地描述了這件謀殺案。以當晚事件為素材的作品至少有一本小說、一齣電視故事和一部電影。幾年後，還有人拍了紀錄片，由凱蒂的弟弟比爾擔任要角。

目擊者寓言

這些年間，有幾位作者提出關於這起謀殺案的問題，但他們主要探究案件的細節。然而，有三名英國社會科學家寫了一篇論文深入探討該案件，他們的論文刊登在頂尖的專業期刊《美國心理學家》，駁斥許多有關吉諾維斯之死的所謂「事實」。他們表示，目前的證據根本無法證實對於謀殺案目擊者的看法，而且他們指稱，這個故事的典型敘述——《紐約時報》的講述方式——實為一則「寓言」。

曼寧（Manning）等人的文章並不質疑旁觀者研究本身，他們認為那是有效且妥善的研究，但他們的懷疑建立在與謀殺案有關的三個假定：一、有三十八名目擊者。二、目擊者確實注意到這件謀殺案，以及，三、目擊者沒有採取行動。

作者從幾個不同的來源收集證據，包括兇手本人莫斯利在接受審問時的供詞。他和幾位目擊者都提供了與某些假定事實牴觸的證據。一位當地律師暨業餘歷史學家德梅（Joseph De May Jr.）投入大量的時間和精力，試圖挖掘該起謀殺案的真相，他也做出關於周遭情況的不同結論。

曼寧等人認為，證據無法證實有三十八名目擊者這個論點。沒有人能說出他們每個人的名字，至今也不曾列出名單。那天晚上，許多居民可能聽見了些什麼，但不表示他們認為那些聲響不是任性的酒吧顧客發出來的噪音。

在審問莫斯利時，只有三位目擊者作證，表示他們確實在街上看見吉諾維斯和攻擊她的人，但他們沒有察覺到一件謀殺案正在發生——至少這是他們的證詞。他們看見的似乎是男女之間的那種爭吵，而沒有人目睹捅刀的過程。最重要的是，在某位鄰居大喊「別騷擾那個女人」時，莫斯利便離開了，而凱蒂隨後也起身慢慢離開。（當晚另有兩位目擊者看見凱蒂和兇手，但檢方選擇不傳喚他們作證，認為他們的證詞不會有幫助。）

關於這起案件的另一個爭議點，是吉諾維斯的公寓位置。公寓入口位於她住的大樓後方。當她繞過角落走向公寓時，不會有任何已知的目擊者看見她，因為他們全都住在對街九層樓高的莫布雷公寓。

當吉諾維斯掙扎著走回家，並進入附近公寓的門廳，實際上不會有任何人發現她。（只有一個例外，那就是莫斯利返回時，在這裡找到了她，並且對她刺了致命的第二刀，還強暴了她。）任何出來作證的目擊者都不可能看見這個致命的第二回遭遇。那麼，哪來的三十八名目擊者？

根據警方的報告，實際上有四十九個人看見或聽見些什麼，不過報告中只列了三十八個人，或許這便是「三十八」這個數字的由來。（一份早期公布的報告提到的是三十七位目擊者。）當晚，無疑有居民聽見了些什麼，但因此就將他們描述成謀殺案的目擊者，是很嚴重的不實陳述。

無論聽見或看見什麼的居民人數有多少，他們大多不認為他們看見的是謀殺案之類的情況。這些人之中，也沒有人看見導致吉諾維斯死亡的兩個事件。當晚似乎只有兩個人目睹、且可能瞭解這個正在發生的可怕事件。莫布雷公寓的助理監督人芬克（Joseph Fink）顯然從他的公寓內看見吉諾維斯在街上被刺了第一刀。他什麼事也沒做，便退回他的房間，而非採取任何行動。至於羅斯住在樓梯井最上方，樓梯井是吉諾維斯和莫斯利最後對抗的地方。在聽見掙扎的聲響後，羅斯打開他的門，往下看見現場，然後再度關上門，決定不介入。

事件的描述因其動機而不同。羅斯當晚顯然喝醉了酒。他是一個同性戀，擔心警方不會對他客氣。他沒有報警，而是先打電話給某個朋友，這位朋友叫他不要涉入，然後他打電話給另一位鄰居。最終，凱蒂的鄰居朋友法勒（Sophia Farrar）接到電話，得知正在發生的攻擊事件。她立刻跑到樓梯井去接應凱蒂，忽略了兇手可能還埋伏在附近。幸好莫斯利那時已經離開。法勒用雙臂兜住凱蒂，直到警方到達。當時，被救護車帶走的凱蒂還活著，但在送醫過程中死亡。發生謀殺案後，羅斯很快離開該區，再也沒有在當地出現。

曼寧等人提出的最後一個問題，或許也是最重要的問題：為何沒有人對此攻擊事件有反應，或者報警？答案似乎是許多人確實做出了反應，報告的說法是錯誤的。

發生第一次攻擊時，對著莫斯利大叫的那個男人介入得夠深，足以嚇退莫斯利，不過只有短暫的效果。後來有幾個人堅稱他們報了警：住在莫布雷公寓的退休警官霍夫曼（Samuel Hoffman）是其中之一。若干年後，有人也跳出來證實他們打了電話報警。警方可能有些不太願意受理這些報案，因為奧斯丁街上的酒吧向來經常惹麻煩。法勒確實有介入，她立刻跑到樓梯井，設法幫助凱蒂。簡而言之，說三十八名目擊者目睹罪行而選擇不反應的這個論點，有嚴重的瑕疵。

兇手心態

殺害吉諾維斯的兇手在犯案後逍遙法外了幾個星期。莫斯利試圖在距離犯案地點幾英里外的皇后區科羅那（Corona）搶劫一戶人家，某位當地人看見他帶著一台電視機，並且發現莫斯利並不是該社區的人，因此他正確地斷定莫斯利正在搶劫某間公寓。

根據某份報告，這位鄰居打開莫斯利的汽車蓋，讓車子無法發動，並且報了警。比起大城市的冷漠，他是多麼熱心！莫斯利被捕之後，一位機警的警官注意到莫斯利手指上的疥癬，同時發現莫斯利的整體外貌符合對殺害吉諾維斯的兇手的描述。莫斯利很快地認罪了。

事實證明，莫斯利有妻子、兩名幼兒、養了五條德國牧羊犬，並擁有一份全職工作。他和妻子貝蒂住在位於皇后區南臭氧公園的四房住宅。在做智力測驗時，莫斯利的智商是一百三十五，遠高於平均值。（後來測試分數較低，但仍然在平均水準之上。）從許多方面來看，莫斯利似乎是中產階級市民模範，只不過外表會騙人。

在犯案之前，莫斯利已經有些喜怒無常。他對外表向來講究，後來變得不修邊幅。他的妻子有點擔心他，但她是夜班護士，沒有太多機會和他討論他的改變。莫斯利有艱困的出身，包括母親在他八歲時遺棄他，不過他長大之後，母子得以團聚。他以為是他父親的男人，其實和他並無血緣關係。此外，謀殺凱蒂並非反映他病狀的唯一例子。

當警方進一步訊問莫斯利，他們發現，他早在幾週前就殺害了另一名女子——用非常可怕的手段。由於莫斯利是黑人，有些人推測他殺害凱蒂或許牽涉到種族問題。然而，被他謀殺的另一名女子，二十四歲的安妮（Annie Mae Johnson）也是黑人。這再度證實莫斯利的供述，當晚他只是產生了一股殺人衝動，他不在乎被害者是什麼人種。

莫斯利最終獲判一級謀殺罪，並且處以死刑，後來經上訴改判無期徒刑。莫斯利被分派到紐約上州的「阿提喀監獄」服刑，為了就醫，他曾刻意自殘。結果他逃出醫院，還挾持了一家人作為人質，幾天後再度被捕。

但是，這不是他最後一次逃獄。監禁期間，他順利地攻讀學士學位，許多年後，他以在獄中有重大改變為由申請假釋而遭駁回。他總共提出十七次假釋申請，全數被駁回，最終他成為紐約州監獄系統中服刑最久的囚犯。二〇一六年三月二十八日，莫斯利死在獄中，享年八十一歲。

可想而知，吉諾維斯一家人因為這件謀殺案而承受了極大的痛苦。凱蒂的父親因為擔心紐約市過於暴力，在此之前早已舉家遷居康乃迪克州的新迦南（New Canaan）。五個兄弟姊妹中，只有凱蒂留在紐約，並答應父母她會找個安全的地方定居。凱蒂的兄弟姊妹設法不讓母親瑞秋知道這起謀殺案的太多細節，但在瑞秋過世後，他們發現她偷偷保存了關於謀殺案的一整疊剪報。

凱蒂的弟弟比爾也深受其苦。凱蒂過世時，他只有十五歲。為了有朝一日可以弄清楚姊姊的死因，他加入了美國海軍陸戰隊。在越南時，他因為地雷爆炸而失去了雙腿，但他仍然堅持釐清姊姊的死因。二〇一五年發行了一部名為《致目命擊》（*The Witness*）的影片，由所羅門（James Solomon）製作和導演，呈現了比爾為了釐清姊姊死因所做的各種努力。這些努力包括他嘗試跟獄中的莫斯利對話，但沒有成功。不過比爾確實和莫斯利的兒子談過話——他是一位牧師。

凱蒂的愛人伴侶瑪麗在發生謀殺案的早晨完成認屍的苦差事。在警方鎖定莫斯利之前，瑪麗知道自己一直是這起謀殺案的嫌疑犯。原本凱蒂的家人多少已經接受瑪麗作為他們女兒的伴侶，但在凱蒂被殺之後，他們非常排斥她，在康乃迪克州的湖景墓園舉行葬禮時，從頭到尾無視了她。

悲劇的省思

凱蒂．吉諾維斯變成現代城市居民冷漠和漠不關心的象徵，這些城市人甚至不願回應生命垂危的犯罪。然而，這是一個建立在謊言之上的故事，因為人們的確做出了回應。錯得如此離譜的報導，為什麼還有這麼多人相信？媒體的力量提供了解答。

如同其他研究人員提到的，我們傾向於相信以權威方式告訴我們的事，而報紙一向是訊息的強大來源。如今報紙的影響力似乎減弱不少，然而，有鑑於社群媒體的無所不在，類似的悲劇難保不會以相同的方式上演。

背景環境的力量也在這個事件中扮演了重要的角色。如同經過詳細研究的「旁觀者效應」證明，人類的行為受到許多環境層面的高度影響，包括在場的人數。有多少個看見某件事正在發生的旁觀者——不必然是謀殺案——會為這件事挺身而出，如果他們認為自己是唯一的旁觀者？

目前許多教科書（特別是入門的社會心理學課程）持續以各種準確度訴說這個故事，它們描述的大多是經過淡化的三十八名目擊者版本。但是，我們從凱蒂令人心碎的故事中學到什麼？不要相信媒體？這也是個過於簡單的答案。更全面的答案可能是：我們身為人類，必須負起對彼此的責任。如同曼寧等人所指出的，這三十八名目擊者的故事的確是一則寓言，它提醒我們對彼此所負的責任。

問題討論

1. 最初的謀殺案報告為何錯得這麼離譜？當時有多少個目擊者？
2. 比較正確的故事版本，最終是怎麼釐清的？如今這個故事是否被正確地報導？
3. 儘管原本的故事並不正確，但「旁觀者效應」是否仍然有效？
4. 為何有這麼多奠基於心理學的故事遭到扭曲？其他學科是否也是如此？

【本書探討主題】

1. 介紹心理學及其方法：第六章（聰明漢斯）、第十一章（佛洛伊德）、第十二章（明斯特伯格）、第十三章（卡爾金斯）、第十八章（伯特）
2. 行為神經科學：第三章（菲尼亞斯·蓋奇）
3. 生命發展及其背景：第二章（野男孩）、第十六章（天才研究）、第二十二章（哈洛）
4. 感覺與知覺：第九章（羅夏克）
5. 意識與睡眠：第四章（催眠與歇斯底里）
6. 學習與記憶：第八章（巴甫洛夫）、第十章（蒙特梭利）、第十五章（小艾伯特）
7. 思想、語言和智力：第六章（聰明漢斯）、第七章（高爾頓）、第十四章（高達德）、第十六章（天才研究）、第十八章（伯特）、第十九章（尼姆·欽普斯基）
8. 人格：第三章（菲尼亞斯·蓋奇）、第九章（羅夏克）
9. 社會心理學：第一章（塞倫女巫）、第二十章（克拉克夫妻）、第二十一章（胡克）、第二十三章（米爾格蘭）、第二十四章（吉諾維斯）

10. 動機與情緒：第一章（塞倫女巫）、第十五章（小艾伯特）、第二十二章（哈洛）

11. 健康、壓力和幸福：第一章（塞倫女巫）、第十七章（明尼蘇達飢餓研究）、第二十三章（米爾格蘭）

12. 心理疾患：第五章（安娜．歐）、第九章（羅夏克）、第十一章（佛洛伊德）

13. 治療與介入；第二章（野男孩）、第四章（催眠與歇斯底里）、第五章（安娜．歐）、第十一章（佛洛伊德）

【參考資料】

第一個故事

- Caporael, L. R. (1976). Ergotism: The Satan loosed in Salem? *Science, 192*, 21–26.
- Demos, J. (2008). *The enemy within: 2,000 years of witch hunting in the Western world*. New York, NY: Penguin Group.
- Hill, F. (2002). *A delusion of Satan: The full story of the Salem witch trials*. Cambridge, MA: Da Capo Press.
- Norton, M. B. (2002). *In the devil's snare*. New York, NY: Knopf.
- Schiff, S. (2015). *The witches: Salem, 1692*. New York, NY: Little, Brown.
- Spanos, N. P., & Gottlieb, J. (1976). Ergotism and the Salem Village witch trials. *Science, 194*, 1390–1394.

第二個故事

- Bettelheim, B. (1967). *The empty fortress*. New York, NY: Simon & Schuster.
- Candland, D. K. (1993). *Feral children and clever animals*. New York, NY: Oxford University Press.
- Itard, J. M. G. (1962). *The wild boy of Aveyron*. New York, NY: Century-Appleton.
- Lane, H. (1976). *The wild boy of Aveyron*. Cambridge, MA: Harvard University Press.
- Shattuck, R. (1980). *The forbidden experiment: The story of the wild boy of Aveyron*. New York, NY: Farrar Straus.
- Yousef, N. (2001). Savage or solitary? The wild child and Rousseau's man of nature. Journal of the History of Ideas, 62, 245–263.

第三個故事

- Damasio, A. R. (1994). *Descartes' error: Emotion, reason, and the human brain*. New York, NY: Putnam.
- Damasio, H., Grabowski, T., Frank, R., Galaburda, A. M., & Damasio, A. R. (1994). The return of Phineas Gage: Clues about the brain from the skull of a famous patient. *Science, 264*, 1102–1105.
- Macmillan, M. (2002). *An odd kind of fame: Stories of Phineas Gage.* Cambridge: MIT Press.
- Macmillan, M., & Lena, M. L. (2010). Rehabilitating Phineas Gage. *Neuropsychological Rehabilitation, 20*, 641–658.
- Wilgus, J., & Wilgus, B. (2009). Face to face with Phineas Gage. *Journal of the History of the Neurosciences, 18*, 340–345.

第四個故事

- Crews, F. (2017). *Freud: The making of an illusion*. New York, NY: Henry Holt.
- Ellenberger, H. F. (1970). *The discovery of the unconscious: The history and evolution of dynamic psychiatry*. New York, NY: Basic Books.
- Ellenberger, H. F. (1993). *Beyond the unconscious: Essays of Henri F. Ellenberger in the history of psychiatry* (M. S. Micale, Ed.; F. Dubor & M. S. Micale, Trans.). Princeton, NJ: Princeton University Press.
- Owen, A. R. G. (1971). *Hysteria, hypnosis and healing: The work of Jean-Martin Charcot*. New York, NY: Garrett Publications.
- Wyckoff, J. (1975). *Franz Anton Mesmer: Between God and devil*. Englewood Cliffs, NJ: Prentice Hall.

第五個故事

- Borch-Jacobsen, M. (1996). *Remembering Anna O.: A century of mystification.* (K. Olson, trans.). New York, NY: Routledge.
- Breger, L. (2009). *A dream of undying fame: How Freud betrayed his mentor and invented psychoanalysis*. New York, NY: Basic Books.
- Breuer, J., & Freud, S. (1957). *Studies on hysteria.* (J. Strachey, trans.). New York, NY: Basic Books.

- Ellenberger, H. F. (1970). *The discovery of the unconscious*. New York, NY: Basic Books.
- Freud, S. (1910). The origin and development of psychoanalysis. *American Journal of Psychology, 21*(2), 181–218.
- Ellenberger, H. F. (1993). *Beyond the unconscious: Essays of Henri F*. Ellenberger in the history of psychiatry (M. S. Micale, Ed.; F. Dubor & M. S. Micale, Trans.). Princeton, NJ: Princeton University Press.
- Rosenbaum, M., & Muroff, M. (Eds.). (1984). *Anna O.: Fourteen contemporary reinterpretations*. New York, NY: Free Press.
- Rosenzweig, S. (1992). *Freud, Jung, and Hall the king-maker: The expedition to America (1909)*. St. Louis, MO: Rana House Press.

第六個故事

- Candland, D. K. (1993). *Feral children and clever animals*. New York, NY: Oxford University Press.
- Fernald, D. (1984). *The Hans legacy*. Hillsdale, NJ: Lawrence Erlbaum Associates.
- Heinzen, T. E., Lilienfeld, S. O., & Nolan, S. A. (2015). *The horse that won't go away: Clever Hans,*
- *facilitated communication, and the need for clear thinking.* New York, NY: Worth.
- Kressley-Mba, R. A. (2006). On the failed institutionalization of German comparative psychology prior to 1940. *History of Psychology, 9*, 55–74.
- Pfungst, O. (1911). *Clever Hans, the horse of Mr. Von Osten: A contribution to experimental animal and human psychology.* (C. L. Rahn, trans.). New York, NY: Henry Holt.
- Sebeok, T. A., & Rosenthal, R. (Eds.). (1981). *The Clever Hans phenomenon: Communication with horses, whales, apes, and people*. New York: New York Academy of Sciences.

第七個故事

- Brookes, M. (2004). *Extreme measures: The dark visions and bright ideas of Francis Galton*. New York, NY: Bloomsbury.
- Fancher, R. E. (1985). The intelligence men: Makers of the IQ controversy. New York, NY: W. W. Norton.
- Forrest, D. W. (1974). *Francis Galton: The life and work of a Victorian genius*. New York, NY: Taplinger.

- Gillham, N. W. (2001). *Sir Francis Galton: From African exploration to the birth of eugenics*. New York, NY: Oxford University Press.
- Terman, L. M. (1917). The intelligence quotient of Francis Galton in childhood. *American Journal of Psychology, 28*, 209–215.

第八個故事

- Fancher, R. E., & Rutherford, A. (2012). *Pioneers of psychology* (5th ed.). New York, NY: W. W. Norton.
- Kimble, G. A. (1991). The spirit of Ivan Petrovich Pavlov. In G. A. Kimble, M. Wertheimer, and C. L. White (Eds.), *Portraits of pioneers in psychology,* (pp. 27–40). Washington, DC: American Psychological Association.
- Todes, D. P. (1997). From the machine to the ghost within: Pavlov's transition from digestive physiology to conditioned reflexes. *American Psychologist, 52,* 947–955.
- Todes, D. P. (2000). *Ivan Pavlov: Exploring the animal machine*. New York, NY: Oxford University Press.
- Todes, D. P. (2014). *Ivan Pavlov: A Russian life in science*. New York, NY: Oxford University Press.
- Windholz, G. (1997). Ivan P. Pavlov: An overview of his life and psychological work. *American Psychologist, 52*, 941–946.

第九個故事

- Ellenberger, H. F. (1993). *Beyond the unconscious: Essays of Henri F. Ellenberger in the history of psychiatry* (M. S. Micale, Ed.; F. Dubor & M. S. Micale, Trans.). Princeton, NJ: Princeton University Press.
- Erdberg, P., & Weiner, I. B. (2007). Obituary: John E. Exner Jr. (1928–2006). *American Psychologist, 62*, 54.
- Kessler, J. W. (1994). Obituary: Marguerite R. Hertz (1899–1992). *American Psychologist, 49*, 1084.
- O'Roark, A. M., & Exner, J. E. (1989). *History and directory: Society for Personality Assessment fiftieth anniversary* (Separate Issue). London, UK: Routledge.
- Searls, D. (2017). *The inkblots: Hermann Rorschach, his iconic tests, and the power of seeing*. New York, NY: Crown.
- Wood, J. M., Nezworski, M. T., Lilienfeld, S. O., & Garb, H. (2011). *What's wrong with the Rorschach: Science confronts the controversial inkblot test.* San Francisco, CA: Jossey-Bass.

第十個故事

- Gutek, G. L., & Gutek, P. A. (2016). *Bringing Montessori to America: S. S. McClure, Maria Montessori, and the campaign to publicize Montessori education*. Tuscaloosa: University of Alabama Press Kramer, R. (1988). Maria *Montessori: A biography*. New York, NY: Da Capo Press.
- Lillard, A., & Else-Quest, N. (2006). Evaluating Montessori education. *Science, 313*(5795), 1893–1894.
- Lillard, A. S. (2017). *Montessori: The science behind the genius* (3rd ed.). New York, NY: Oxford University Press.
- Standing, E. M. (1962). *Maria Montessori: Her life and work*. New York, NY: The New American Library.

第十一個故事

- Evans, R. B., & Koelsch, W. A. (1985). Psychoanalysis arrives in America: The 1909 psychology conference at Clark University. *American Psychologist, 40,* 942–948.
- Freud, S. (1910). The origin and development of psychoanalysis. (H. W. Chase, trans.). *American Journal of Psychology, 21*, 181–218.
- Hale, N. G., Jr. (1971). *Freud and the Americans: The beginnings of psychoanalysis in the United States, 1876–1917*. New York, NY: Oxford University Press.
- Koelsch, W. A. (1987). *Clark University 1887–1987: A narrative history.* Worcester, MA: Clark University Press.
- Rosenzweig, S. (1992). *Freud, Jung and Hall the king-maker: The expedition to America* (1909). St. Louis, MO: Rana House Press.

第十二個故事

- Benjamin, L. T., Jr. (2000). Hugo Munsterberg: Portrait of an applied psychologist. In G. A.
- Kimble & M. Wertheimer (Eds.), *Portraits of pioneers in psychology, Vol. IV* (pp. 113–129). Washington, DC: American Psychological Association.
- Boring, E. G. (1929). *A history of experimental psychology.* New York, NY: D. Appleton-Century.

- Hale, M., Jr. (1980). *Human science and social order: Hugo Munsterberg and the origins of applied psychology*. Philadelphia, PA: Temple University Press.
- Moskowitz, M. J. (1977). Hugo Munsterberg: A study in the history of applied psychology. *American Psychologist, 32*, 824–842.
- Scott, W. D. (1903). *The theory and practice of advertising*. Boston, MA: Small, Maynard. Spillman, J., & Spillman, L. (1993). The rise and fall of Hugo Munsterberg. *Journal of the History of the Behavioral Sciences, 29*, 322–338.

第十三個故事

- Benjamin, L. T., Jr., (2006). *A history of psychology in letters* (2nd ed.). Malden, MA: Blackwell.
- Calkins, M. W. (1909). *A first book in psychology*. New York, NY: MacMillan.
- Calkins, M. W. (1915). The self in scientific psychology. *American Journal of Psychology, 26*, 495–524.
- Calkins, M. W. (1930). Autobiography of Mary Whiton Calkins. In C. Murchison (Ed.), *History of psychology in autobiography* (Vol. 1, pp. 31–62). Worcester, MA: Clark University Press.
- Furumoto, L. (1980). Mary Whiton Calkins (1863–1930). *Psychology of Women Quarterly, 5*, 55–68.
- Furumoto, L. (1990). Mary Whiton Calkins (1863–1930). In A. N. O'Connell & N. F. Russo (Eds.), *Women in psychology: A bio-bibliographic sourcebook* (pp. 57–65). Westport, CT: Greenwood Press.
- Scarborough, E., & Furumoto, L. (1987). *Untold lives: The first generation of American women psychologists*. New York, NY: Columbia University Press.

第十四個故事

- Goddard, H. H. (1912). *The Kallikak family: A study in the heredity of feeble-mindedness*. New York, NY: Macmillan.
- Goddard, H. H. (1914). *Feeble-mindedness: Its causes and consequences*. New York, NY: Macmillan.
- Goddard, H. H. (1942). In defense of the Kallikak study. *Science, 95*, 574–576.
- Herrnstein, R. J., & Murray, C. (1994). *The bell curve: Intelligence and class structure in American life*. New York, NY: Free Press.
- Smith, J. D. (1985). *Minds made feeble: The myth and legacy of the Kallikaks*. Rockville, MD: Aspen Systems

Corporation.
- Smith, J. D., & Wehmeyer, M. L. (2012). *Good blood, bad blood: Science, nature, and the myth of the Kallikaks*. Washington, DC: AAIDD.
- Zenderland, L. (1998). *Measuring minds: Henry Herbert Goddard and the origins of American intelligence testing*. Cambridge, UK: Cambridge University Press.

第十五個故事

- Beck, H. P., Levinson, S., & Irons, G. (2009). Finding little Albert: A journey to John B. Watson's infant laboratory. *American Psychologist, 64*, 605–614.
- Fridlund, A. J., Beck, H. P., Goldie, W. D., & Irons, G. (2012). Little Albert: A neurologically impaired child. *History of Psychology, 15*, 302–327.
- Harris, B. (1979). Whatever happened to little Albert? *American Psychologist, 34*, 151–160.
- Jones, M. C. (1924). A laboratory study of fear: The case of Peter. *Journal of Genetic Psychology, 31*, 308–315.
- Powell, R. A., Digdon, N., Harris, B., & Smithson, C. (2014). Correcting the record on Watson, Rayner, and Little Albert: Albert Barger as "Psychology's lost boy." *American Psychologist, 69*, 600–611.
- Watson, J. B. (1913). Psychology as the behaviorist views it. *Psychological Review, 20*, 158–177.
- Watson, J. B., & Rayner, R. (1920). Conditioned emotional reactions. *Psychological Review, 3*, 1–14.

第十六個故事

- Clynes, T. (2016, September). How to raise a genius. *Nature, 537*, 152–155.
- Feldman, D. H. (1984). A follow-up of subjects scoring above 180 IQ in Terman's genetic studies of genius. *Exceptional Children, 50*, 518–523.
- Friedman, H. S., & Martin, L. R. (2011). *The longevity project.* New York, NY: Hudson Street Press.
- Lubinski, D. (2016). From Terman to today: A century of findings on intellectual precocity. *Review of Educational Research, 86*, 900–944.
- Shurkin, J. N. (1992). *Terman's kids: The groundbreaking study of how the gifted grow up*. Boston, MA: Little Brown.

- Terman, L. M. (1926). *Genetic studies of genius. Vol. 1. Mental and physical traits of a thousand gifted children*. Stanford, CA: Stanford University Press.
- Terman, L. M., & Oden, M. H. (1959). *The gifted group at mid-life*. Stanford, CA: Stanford University Press.
- Warne, R. T. (2019). An evaluation (and vindication?) of Lewis Terman: What the father of gifted education can teach the 21st century. *Gifted Child Quarterly, 63*, 3–21.

第十七個故事

- Guetzkow, H., & Bowman, P. H. (1946). *Men and hunger: A psychological manual for relief workers*. Elgin, IL: Brethren Publishing House.
- Kalm, L. M., & Semba, R. D. (2005, June). They starved so that others could be better fed: Remembering Ancel Keys and the Minnesota experiment. *Journal of Nutrition, 135*, 1347–1352.
- Keys, A., Brožek, J., Henschel, A., Mickelsen, O., & Taylor, H. L. (1950), *The biology of human starvation (Vols. 1–2)*. Minneapolis: University of Minnesota Press.
- Maslow, A. (1943). A theory of human motivation. *Psychological Review, 50,* 370–396.
- Tucker, T. (2006). *The great starvation experiment: The heroic men who starved so that millions could live*. New York, NY: Free Press.

第十八個故事

- Burt, C. (1958). The inheritance of mental ability, *American Psychologist, 13,* 1–15.
- Fancher, R. E. (1985). *The intelligence men: Makers of the IQ controversy*. New York, NY: Norton.
- Fletcher, R. (1991). *Science, ideology and the media: The Cyril Burt scandal.* New Brunswick, NJ: Transaction.
- Hearnshaw, L. (1979). *Cyril Burt, psychologist*. Ithaca, NY: Cornell University Press.
- Jensen, A. R. (1991). IQ and science: The mysterious Burt affair. *The Public Interest, 105*, 93–106.
- Joynson, R. B. (1989). *The Burt affair*. London, UK: Routledge.
- Kamin, L. J. (1974). *The science and politics of IQ*. Potomac, MD: Lawrence Erlbaum Associates.
- Mackintosh, N. J. (Ed.). (1995). *Cyril Burt: Fraud or framed?* New York, NY: Oxford University Press.

第十九個故事

- Candland, D. K. (1993). *Feral children and clever animals*. New York, NY: Oxford University Press.
- De Waal, F. (2016). *Are we smart enough to know how smart animals are?* New York, NY: W. W. Norton.
- Hess, E. (2008). *Nim Chimpsky: The chimp who would be human.* New York, NY: Random House.
- Linden, E. (1986). *Silent partners: The legacy of the ape language experiments.* New York, NY: Ballantine Books.
- Terrace, H. S. (1979). *Nim*. New York, NY: Knopf.
- Terrace, H. S., Pettito, L. A., Sanders, R. J., & Bever, T. G. (1979). Can an ape create a sentence? *Science, 206*, 891–902.

第二十個故事

- Benjamin, L. T., Jr., & Crouse, E. M. (2002). The American Psychological Association's response to *Brown v. Board of Education. American Psychologist, 57*, 38–50.
- Clark, K. B. (1955). *Prejudice and your child*. Boston, MA: Beacon Press.
- Clark, K. B. (1965). *Dark ghetto: Dilemmas of social power*. New York, NY: Harper.
- Clark, K. B., & Clark, M. P. (1939). The development of consciousness of self and the emergence of racial identification in Negro preschool children. *Journal of Social Psychology, S.P.S.S.I Bulletin, 10*, 591–599.
- Clark, M. P. (1983). Mamie Phipps Clark. In A. N. O'Connell & N. F. Russo (Eds.), *Models of achievement: Reflections of eminent women in psychology* (pp. 267–276). New York, NY: Columbia University Press.
- Horowitz, R. E. (1939). Racial aspects of self-identification in nursery school children. *Journal of Psychology, 7*, 91–99.
- Jackson, J. P., Jr. (2006). Kenneth B. Clark: The complexities of activist psychology. In D. A. Dewsbury, L. T. Benjamin Jr., & M. Wertheimer (Eds.), *Portraits of pioneers in psychology, Vol. VI*, (pp. 273–286). Washington, DC: American Psychological Association.
- Keppel, B. (2002). Kenneth B. Clark in the patterns of American culture. *American Psychologist, 57*, 29–37.
- Klineberg, O. (1935). *Race differences*. New York, NY: Harper & Brothers.
- Philips, L. (2004). Antiracist work in the desegregation era: The scientific activism of Kenneth Bancroft Clark. In A. S. Winston (Ed.), *Defining difference: Race and racism in the history of psychology* (pp. 233–260). Washington, DC:

American Psychological Association.
- Pickren, W. E., & Tomes, H. (2002). The legacy of Kenneth B. Clark to the APA. *American Psychologist, 57*, 51–59.

第二十一個故事

- Anonymous. (1992). Awards for distinguished contributions to psychology in the public interest. *American Psychologist, 47*, 498–503.
- Hooker, E. (1957). The adjustment of the male overt homosexual. *Journal of Projective Techniques. 21*, 18–31.
- Hooker, E. (1993). Reflections of a 40-year exploration: A scientific view on homosexuality. *American Psychologist, 48*, 450–453.
- Kimmel, D. C., & Garnets, L. D. (2000). What a light it shed: The life of Evelyn Hooker. In G. A. Kimble & M. Wertheimer, *Portraits of pioneers in psychology, Vol. IV* (pp. 253–267). Washington, DC: American Psychological Association.
- Schmiechen, R. (Director), & Harrison, J. (Producer). (1991). *Changing our minds: The story of Dr. Evelyn Hooker* [Motion picture]. San Francisco, CA: Frameline.
- Shneidman, E. S. (1998). Evelyn Hooker (1907–1996). *American Psychologist, 53*, 480–481.

第二十二個故事

- Blum, D. (2002). *Love at Goon Park*. Cambridge, MA: Perseus Books.
- Harlow, H. (1958). The nature of love. *American Psychologist, 13*, 673–685.
- LeRoy, H. A. (2008). Harry Harlow: From the other side of the desk. *Integrative Psychological and Behavioral Science, 42*, 348–353.
- LeRoy, H. A., & Kimble, G. A. (2003). Harry Frederick Harlow: And one thing led to another . . . In G. A. Kimble & M. Wertheimer (Eds.), *Portraits of Pioneers in Psychology, Volume V* (pp. 279–297). Washington, DC: American Psychological Association.
- Sears, R. R. (1982). Harry Frederick Harlow (1905–1981). *American Psychologist, 37*, 1280–1281.
- Sidowski, J. B., & Lindsley, D. B. (1989). *Harry Frederick Harlow 1905–1981: A biographical memoir*. Washington,

DC: National Academy of Sciences.

第二十三個故事

- Baumrind, D. (1964). Some thoughts on ethics of research: After reading Milgram's "Behavioral study of obedience." *American Psychologist, 19,* 421–423.
- Blass, T. (1996). Stanley Milgram: A life of inventiveness and controversy. In G. A. Kimble, C. A. Boneau, & M. Wertheimer (Eds.), *Portraits of pioneers in psychology, Vol. II* (pp. 315–331). Washington, DC: American Psychological Association.
- Blass, T. (2004). *The man who shocked the world: The life and legacy of Stanley Milgram.* New York, NY: Basic Books.
- Blass, T. (2009). From New Haven to Santa Clara: A historical perspective on the Milgram obedience experiments. *American Psychologist, 64*, 37–45.
- Burger, J. M. (2009). Replicating Milgram: Would people still obey today? *American Psychologist, 64*, 1–11.
- Milgram, S. (1963). Behavioral study of obedience. Journal of Abnormal and Social Psychology, 67, 371–378.
- Milgram, S. (1964). Issues in the study of obedience: A reply to Baumrind. *American Psychologist, 19*, 848–852.
- Milgram, S. (1967, May). The small world problem. *Psychology Today, 1*, 60–67.
- Milgram, S. (1974). Obedience to authority: An experimental view. New York, NY: Harper & Row.
- Milgram, S., & Toch, H. (1969). Collective behavior: Crowds and social movements. In G. Lindsey & E. Aronson (Eds.), *The handbook of social psychology (2nd ed., Vol. 4*, pp. 507–610). Reading, MA: Addison-Wesley.
- Perry, G. (2012). *Behind the shock machine*. New York, NY: The New Press.

第二十四個故事

- Cook, K. (2014). *Kitty Genovese: The murder, the bystanders, the crime that changed America*. New York, NY: W. W. Norton.
- Gansberg, M. (1964, March 27). 37 who saw murder didn't call the police. *New York Times*, p. 1.
- Griggs, R. A. (2015). The Kitty Genovese story in introductory psychology textbooks: Fifty years later. *Teaching of psychology, 42*, 149–152.

- Latane, B., & Darley, J. M. (1968). Group inhibition of bystander intervention in emergencies. *Journal of Personality and Social Psychology, 10*, 215–221.
- Latane, B., & Darley, J. M. (1970). *The unresponsive bystander: Why doesn't he help?* New York, NY: Appleton-Century-Crofts.
- Manning, R., Levine, M., & Collins, A. (2007). The Kitty Genovese murder and the social psychology of helping: The parable of the 38 witnesses. *American Psychologist, 62*, 555–562.
- Pelonero, C. (2014). *Kitty Genovese: A true account of a public murder and its private consequences*. New York, NY: Skyhorse.
- Rosenthal, A. M. (1999). *Thirty-eight witnesses*. Berkeley: University of California Press. (Original work published 1964).

24 個最受歡迎的心理學故事
Twenty-Four Stories From Psychology

作　　者　約翰·霍根(JOHN D. HOGAN)
翻　　譯　林金源
封面設計　萬勝安
內頁排版　高巧怡
行銷企劃　蕭浩仰、江紫涓
行銷統籌　駱漢琦
業務發行　邱紹溢
營運顧問　郭其彬
責任編輯　李嘉琪
總 編 輯　李亞南
出　　版　漫遊者文化事業股份有限公司
地　　址　台北市松山區復興北路331號4樓
電　　話　(02) 2715-2022
傳　　真　(02) 2715-2021
服務信箱　service@azothbooks.com
網路書店　www.azothbooks.com
臉　　書　www.facebook.com/azothbooks.read
營運統籌　大雁文化事業股份有限公司
地　　址　台北市松山區復興北路333號11樓之4
劃撥帳號　50022001
戶　　名　漫遊者文化事業股份有限公司
初版一刷　2021年4月
初版五刷　2023年7月
定　　價　台幣420元

ISBN　978-986-489-434-5

國家圖書館出版品預行編目 (CIP) 資料

24 個最受歡迎的心理學故事/ 約翰. 霍根 (John D. Hogan) 著 ; 林金源譯. -- 初版. -- 臺北市 : 漫遊者文化事業股份有限公司出版 : 大雁文化事業股份有限公司發行, 2021.04
　面；　公分
譯自 : Twenty-four stories from psychology
ISBN 978-986-489-434-5(平裝)
1. 心理學 2. 歷史
170.9　　110003231